conversando com...

Anthony **Giddens**

Carlo **Ginzburg**

Eric J. **Hobsbawm**

François **Furet**

Howard S. **Becker**

Jacques **Le Goff**

Jacques **Revel**

Richard **Morse**

Robert **Darnton**

Tulio Halperín **Donghi**

Warren **Dean**

Realizaram as entrevistas

Alzira Alves de Abreu
Ângela de Castro Gomes
Aspásia Camargo
Cláudia Rezende
Diego Armus
Gerson Moura
Gilberto Velho
Helena Maria Bousquet Bomeny
José Augusto Drummond
José Maurício Domingues
Lúcia Lippi Oliveira
Margarida Maria Moura
Maria Ignez Duque Estrada
Marieta de Moraes Ferreira
Mauricio Tenorio Trillo
Mônica Herz
Monique Augras
Vera P. Costa

Organizadores
Lúcia Lippi Oliveira
Marieta de Moraes Ferreira
Celso Castro

Colaboração
Michele Vieira

conversando com...

Anthony **Giddens**

Carlo **Ginzburg**

Eric J. **Hobsbawm**

François **Furet**

Howard S. **Becker**

Jacques **Le Goff**

Jacques **Revel**

Richard **Morse**

Robert **Darnton**

Tulio Halperín **Donghi**

Warren **Dean**

FGV
EDITORA

ISBN 85-225-0433-4

Direitos desta edição reservados à
EDITORA FGV
Praia de Botafogo, 190 — 14º andar
22253-900 — Rio de Janeiro, RJ — Brasil
Tels.: 0800-21-7777 — 0-XX-21-2559-5543
Fax: 0-XX-21-2559-5532
e-mail: editora@fgv.br
web site: www.editora.fgv.br

Impresso no Brasil / Printed in Brazil

1ª edição — 2003

Revisão: Fatima Caroni e Mauro Pinto de Faria

Editoração eletrônica: Cristiana Ribas

Capa: Ricardo Bouillet e Sergio de Carvalho Filgueiras

Ficha catalográfica elaborada pela Biblioteca
Mario Henrique Simonsen/FGV

Conversando com... Anthony Giddens, Carlo Ginzburg, Eric J. Hobsbawm, François Furet, Howard S. Becker, Jacques Le Goff, Jacques Revel, Richard Morse, Robert Darnton, Tulio Halperín Donghi, Warren Dean / Organizadores: Lúcia Lippi Oliveira, Marieta de Moraes Ferreira, Celso Castro. — Rio de Janeiro : Editora FGV, 2003.
220p.

Entrevistas publicadas originalmente na revista Estudos históricos.

1. Historiadores — Entrevistas. 2. Cientistas sociais — Entrevistas. I. Oliveira, Lúcia Lippi, 1945-. II. Ferreira, Marieta de Moraes. III. Castro, Celso Correa Pinto de. IV. Fundação Getulio Vargas.

CDD — 920.99

Sumário

Apresentação • 7

Anthony Giddens • 11

Carlo Ginzburg • 31

Eric J. Hobsbawm • 45

François Furet • 59

Howard S. Becker • 83

Jacques Le Goff • 115

Jacques Revel • 127

Richard Morse • 149

Robert Darnton • 171

Tulio Halperín Donghi • 187

Warren Dean • 205

Apresentação

As entrevistas aqui reunidas foram publicadas, originariamente, na revista *Estudos Históricos*. Nelas são explorados momentos da história de vida de historiadores e cientistas sociais: como eles fizeram suas escolhas profissionais; as motivações que os levaram a tal escolha; os personagens que exerceram influências intelectuais sobre eles; as avaliações sobre normas e valores que entram em seu *métier*. Ou seja, estão basicamente no campo da memória. Ao mesmo tempo, estes depoimentos são dados por pessoas que detêm um saber específico voltado para a produção de evidências que, de algum modo, questionam a memória.

Sabemos que a evocação do passado é uma forma de preservação e retenção do tempo, salvando-o do esquecimento. A memória é também fonte de informação para a construção do saber histórico. As relações entre memória e história são múltiplas e complexas e isso está evidente nestes depoimentos que cobrem a memória de nossos entrevistados, o tempo de suas formações, suas histórias de vida e a história de seu campo disciplinar.

Esta conversa entre memória e história sempre foi uma das questões presentes na revista *Estudos Históricos*, que, lançada em 1988, tem sido publicada ininterruptamente pelo Centro de Pesquisa e Documentação de História Contemporânea do Brasil (Cpdoc) da Fundação Getulio Vargas. Seu objetivo principal era — e continua sendo — contribuir para a renovação dos estudos sobre a história do Brasil, vistos de uma perspectiva multidisciplinar. A revista tem mantido periodicidade semestral e seus números são temáticos. A opção por números temáticos visa a integrar, num mesmo volume, contribuições de origem e natureza diversas, porém que possam ser vistas, em algum nível, como um conjunto expressivo daquilo que está sendo produzido a respeito de um determinado tema.[1]

---

[1] Para mais informações sobre a revista, visite o Portal Cpdoc: <http://www.cpdoc.fgv.br>.

O momento de criação da revista refletia o amadurecimento institucional do Cpdoc, instituição criada em 1973 e que, ao completar 15 anos, tinha como legítima aspiração a publicação de uma revista acadêmica. *Estudos Históricos*, no entanto, não tem como finalidade principal divulgar a produção do próprio Cpdoc, estando totalmente aberta a contribuições de pesquisadores de outras instituições, em pé de igualdade.[2]

A revista publicou, em seus 30 números, um total de 18 entrevistas com historiadores e cientistas sociais. É esse importante patrimônio intelectual que queremos, mais uma vez, divulgar, no momento em que a revista completa 15 anos — e o Cpdoc, 30 anos. Para tanto, reunimos, neste volume, o texto integral das entrevistas com os 11 entrevistados estrangeiros: François Furet, Richard Morse, Warren Dean, Robert Darnton, Howard S. Becker, Eric Hobsbawm, Carlo Ginzburg, Jacques Le Goff, Tulio Halperín Donghi, Anthony Giddens e Jacques Revel. Em um segundo volume serão reunidas as entrevistas com historiadores e cientistas sociais brasileiros. Essa divisão foi tomada para evitar que o tamanho do texto inviabilizasse a publicação.

No que diz respeito aos historiadores, podemos reuni-los em dois grupos: aqueles que se destacaram na produção de interpretações inovadoras sobre o Brasil e a América Latina, como é o caso dos brasilianistas norte-americanos Morse e Dean e do argentino Halperín Donghi. O segundo conjunto reúne nomes que representaram as novas tendências da historiografia internacional nas últimas décadas, através das afirmações da nova história francesa (Furet, Le Goff, Revel), do marxismo inglês (Hobsbawm), da micro-história (Ginzburg) e da história cultural (Darnton). Esses autores forneceram contribuições inovadoras, tanto pelo estilo de suas narrativas quanto pelas suas abordagens metodológicas, inaugurando a incorporação de novas temáticas ao universo do historiador. No caso dos sociólogos (Giddens e Becker), temos dois expoentes da sociologia britânica e americana, respectivamente. Suas produções acadêmicas nos informam as tendências das ciências sociais ocupadas em oferecer perspectivas para compreender o mundo complexo e globalizado de hoje.

Em seu conjunto, essas entrevistas ilustram, por um lado, trajetórias intelectuais de personagens centrais para a história e as ciências sociais;

[2] Nos 30 primeiros números publicados, apenas 34 entre 230 artigos (14,8%, numa média de 1,1 artigo por número) são de autores que, à época da publicação, trabalhavam no Cpdoc. Nesse total incluem-se apenas artigos, estando excluídas entrevistas, resenhas e outros tipos de textos.

por outro, trazem visões sobre temas relevantes do nosso *métier*. É esta nossa maior expectativa ao partilhar com o público leitor esta fascinante conversa. Ao fazê-lo, queremos também fazer de sua publicação uma forma de comemorar os 15 anos da revista *Estudos Históricos* e os 30 anos do Cpdoc.

Lúcia Lippi Oliveira
Marieta de Moraes Ferreira
Celso Castro
Pesquisadores do Cpdoc

•Anthony Giddens•

O sociólogo inglês Anthony Giddens, professor e membro do Kings College, de Cambridge, tornou-se conhecido do público brasileiro principalmente a partir da publicação de *A estrutura de classes das sociedades avançadas* (Zahar, 1975). Sua produção mais recente envolve títulos como *Modernity and self-identity: self and society in the late modern age* (Polity Press, 1991), *A transformação da intimidade: sexualidade, amor e erotismo nas sociedades modernas* (Unesp, 1994) e *Beyond left and right: the future of radical politics* (Polity Press, 1994). Esta entrevista, tratando de temas como intimidade, globalização e fundamentalismos, foi concedida em 1993 a José Maurício Domingues, Mônica Herz e Cláudia Rezende, em Cambridge.

Poderia nos dizer algo sobre sua trajetória como sociólogo?

— Obtive um diploma pela Universidade de Hull, em Yorkshire, fui para a London School of Economics por dois ou três anos, e lá escrevi minha tese de mestrado. Posteriormente ensinei em Leicester e então vim para Cambridge. Quando comecei, a sociologia estava completamente dominada pela sociologia americana, por autores como Parsons e Merton. O funcionalismo era muito influente na sociologia internacional, e nós passamos grande parte de nosso tempo criticando esse tipo de orientação e buscando uma abordagem diferente. Por outro lado, havia muito marxismo ortodoxo, e nós tentávamos estabelecer uma alternativa tanto para esse tipo de marxismo quanto para o funcionalismo. A maioria dos debates centrava-se nessas questões. Mas no fim dos anos 60 tudo mudou.

Nos anos 60 o senhor passou também algum tempo nos Estados Unidos, não?

— Passei mais ou menos um ano e meio na Califórnia, e ainda mantenho conexões com eles. Quando estive lá da primeira vez, o movimento estudantil e o movimento contra a Guerra do Vietnã estavam no auge, e a sociedade estava numa efervescência maior do que eu jamais imaginara. Já havia rachaduras aparecendo na sociedade americana naquele momento, como no mundo todo. Aquilo me marcou profundamente. Todos os tipos de engajamento político e vários movimentos sociais apareceram naquele período.

Isso mudou sua visão sobre o que a agenda da esquerda européia deveria incorporar?

— Talvez. Uma das coisas que mais me impressionaram foi que os radicais europeus eram bastante radicais em suas idéias, mas não muito radicais em seus estilos de vida. Havia muitos socialistas na Europa que viviam um estilo de vida bastante burguês. Na Califórnia, ou na Costa Oeste dos Estados Unidos de modo geral, não era assim. As pessoas que tinham idéias radicais tendiam muito mais a viver aquelas idéias, e isso implicava que seguissem estilos de vida muito menos tradicionais que a maioria dos socialistas ou outros radicais na Europa, ao menos naquele momento. Isso produzia um grande contraste.

Seu trabalho recente parece de alguma forma se remeter a essa experiência.

— Sim, de certo modo. Aquelas eram experiências com estilos de vida, experiências genuínas. As pessoas não tinham medo de fazer grandes mudanças em suas vidas. É claro que não eram experiências gerais, da sociedade toda, eram mais de pequenos grupos individualizados de pessoas. Mas a política do modo de vida já estava claramente se desenvolvendo nos anos 60. Hoje ela é muito mais generalizada, mas de maneira diferente. Hoje se tem um tipo de experimentação em que todos estão engajados. Quando você decide, por exemplo, que quer estar com outra pessoa, ou se apaixonar, você não pode contar mais com categorias tradicionais. A experimentação hoje é mais articulada com a globalização e tem efeitos sobre as tradições locais, tradições afetando o gênero ou a família, por exemplo, não apenas tradições religiosas. Estou tentando trabalhar com isso neste momento. O que vem acontecendo com a tradição me parece decisivo.

Recentemente a teoria social passou a ter grande destaque na sociologia inglesa, e para isso o seu trabalho tem desempenhado um importante papel.

— Aqui na Inglaterra tinha-se muito mais uma combinação da tradição da London School of Economics e de trabalhos mais empíricos, além da produção de gente como Hobhouse e Ginsberg. E o que Perry Anderson diz sobre o impacto do marxismo é verdade também — o marxismo foi algo em relação ao qual eu tive que ser introduzido, e autores como Dahrendorf e outros ajudaram muito nisso. Não tínhamos realmente uma cultura teórica. Tivemos que importar todas essas idéias, que não eram de fato articuladas a tradições efetivamente inglesas. Quando as idéias teóricas tornaram-se mais centrais, houve uma grande mudança. Isso data dos anos 60 e obviamente não se resume a mim, mas envolve uma plêiade de pessoas que trabalharam para introduzir discussões de questões filosóficas e culturais que não eram muito debatidas aqui. Isso levou a encontros entre várias tradições dominantes naquele período. A teoria da estruturação nasceu em parte desses encontros.

A teoria da estruturação, que o senhor elaborou, tem sido criticada por pesquisadores ligados a todas essas tradições. Alguns a classificam como subjetivista e outros a denunciam como objetivista. Alexander, por exemplo, a considera por demais individualista, enquanto Kießling critica-a por ser excessivamente estrutural e determinística. O senhor acredita que acertou no equilíbrio entre esses fatores?

— Como você diz, tenho sido criticado de ambos os lados. Alguns dizem que não dei atenção suficiente à ação subjetiva, e outros dizem que dei pouca atenção a condições estruturais, e então suponho que acertei em grande medida. Basicamente, esse tipo de crítica não me incomoda. De todo modo, não me sinto inclinado a mudar a perspectiva que sugeri, em termos gerais.

O senhor reconhece certa inspiração em Marx, particularmente nas "Teses sobre Feuerbacb". Não se pode dizer que o senhor busca articular uma dialética entre sujeito e objeto?

— De modo geral, essas questões relacionam-se com alguns aspectos de algumas partes de Marx. Inicialmente, há coisas que usei como fonte de inspiração, mas não acho que haja de fato muita conexão entre meu trabalho e Marx.

Quer dizer, acho que existe uma conexão filosófico-histórica. Situo a teoria da estruturação dentro de um movimento de transição geral de todas as tradições de filosofia e teoria social em direção ao abandono da primazia ou do sujeito ou do objeto, o que envolve certos movimentos de mudança na física também. Trata-se de dar relevo à recursividade, às condições de reprodução da vida social que emergem dela mesma, sem qualquer centro real. Portanto, trabalho realmente com uma dialética entre o sujeito e o objeto. Mas isso me parece meio vago. É preciso ser mais preciso. Eu tentaria sugerir que é necessário teorizar o que é o sujeito, o que é a ação, pois isso não é óbvio.

O mesmo se dá com os problemas estruturais, que não devem ser tomados como dados nem ter seu entendimento buscado no funcionalismo. Precisamos de uma teoria para lidar com isso. Parto da premissa da continuidade da vida social, não do indivíduo ou da sociedade. Portanto, é necessário desconstruir o indivíduo e a sociedade. Tomemos como dado que a sociedade equivale ao Estado-nação. Mas na verdade é preciso teorizar as condições sob as quais os Estados-nação emergem. Não é possível gerá-los a partir de uma avaliação filosófica como sujeito e objeto.

O senhor então prefere acentuar a necessidade de uma descontinuidade com a teoria social do século XIX para buscar entender a sociedade contemporânea. É necessário um novo começo, uma nova abordagem.

— Sim, acredito que uma ruptura substancial com o pensamento do século XX seja necessária. Desde que comecei a escrever sobre isso nos anos 70, com o livro sobre *Capitalismo e teoria social moderna*, eu estava tentando reinterpretar o período clássico contra a perspectiva de Parsons, que se havia tornado um ponto de partida para muitas análises da sociedade moderna. Parece-me necessário olhar para o passado da teoria social, mas ao mesmo tempo fazer uma nova ruptura com ela. Acho que se pode ter muita inspiração a partir das figuras clássicas, mas as condições sociais mudaram tanto que podemos fazer uso apenas de certos elementos de suas idéias. Assim, busco tanto uma ruptura como uma continuidade com a teoria social clássica.

E o senhor busca isso em termos europeus, não-americanos, acentuando a pujança das correntes teóricas na Europa.

— Sim, basicamente. O que os americanos — gente como Parsons — fizeram foi escrever sobre a história da teoria social como se ela fosse européia até os anos 1920 e desde então se houvesse tornado americana. É como se nada de interessante houvesse acontecido na Europa posteriormente. Isso não era verdade, e portanto decidi rebater essa interpretação.

O senhor dá grande importância aos sistemas e estruturas, assim como aos indivíduos como agentes reflexivos. Alguns autores diriam que existe uma brecha em sua teoria, uma camada faltando, em termos de conceitos sobre ação coletiva, em termos de classes como agentes, como em Marx, ou em termos de "atores coletivos", no sentido de Parsons. O senhor reserva ainda a ação reflexiva para agentes individuais?

— Eu não mudaria minha visão a respeito disso também. A reflexividade é essencial nos vários sentidos da ação humana, e esta é uma propriedade de indivíduos. É preciso uma noção de estrutura que seja diferente de noções mais ortodoxas de estrutura. Há também circunstâncias nas quais grupos fazem coisas, mas é um erro tratar grupos como se fossem análogos a indivíduos, e por isso sempre fui hostil a essa perspectiva. Mas certamente há necessidade de uma noção de hierarquia social. Certas coisas que Mouzelis diz não me parecem de modo algum incompatíveis com o que sempre pensei. Obviamente, reservo um papel importante para as instituições, as quais são certamente diferentes de movimentos sociais, por exemplo, que são reflexivamente muito mais abertos. Ainda não sinto que Mouzelis tenha muito a dizer sobre o que coloquei. Jamais sugeri uma conexão simples entre o indivíduo e o sistema, uma vez que há todo um universo de meios através dos quais coletividades se organizam. Esse tipo de questão parece-me intrínseco ao que eu queria discutir.

O senhor fala da causalidade de atores individuais e da causalidade condicionante das estruturas sobre esses atores. Mas não será preciso falar da causalidade específica da ação coletiva, dos sistemas sociais?

— Movimentos sociais e organizações são as duas grandes formas de sistema social que existem em condições sociais modernas. De certo modo eles agem, mas esse modo é bem complicado. Não estou bem certo de onde você quer chegar, mas acho que o que você tem em mente provavelmente não existe. É preciso traduzir isso de outra maneira. Não há atores coletivos, exceto num sentido elíptico — isso talvez seja uma diferença entre nós. Jamais aceitei a noção parsoniana de atores coletivos para organizações e Estados, por exemplo.

O que o senhor quer dizer com "estrutura", já que defende uma conceitualização diferente desse termo?

— Falo de propriedades estruturais de organizações e sistemas, e não de algo análogo à estrutura física de um prédio, algo que se poderia ver de um modo concreto. A estrutura tem de ser pensada em termos da recursividade da vida social. Não é algo que esteja lá simplesmente, ela passa pela ação dos indivíduos, e nesse sentido há semelhanças interessantes entre as estruturas de sistemas e a estrutura da linguagem, pois esta só existe na medida em que as pessoas falam, mas tem continuidade dentro de comunidades, através do tempo e do espaço. E as pessoas falam uma determinada língua enquanto sabem as formas e regras para fazê-lo. Há algo coercitivo nisso, mas não é preciso recorrer a Durkheim para explicar essas questões. Na sociologia ortodoxa buscam-se causas sociais, mas estas na verdade só existem através da ação dos indivíduos. A estrutura para mim tem dois sentidos: é tanto habilitadora como coercitiva.

Seu conceito, portanto, é bem diferente do conceito de estrutura do estruturalismo.

— O estruturalismo é basicamente uma orientação equivocada. É por isso que sou também bastante hostil a certas versões do pós-modernismo. Eles se equivocam já na construção da teoria do significado, o que implica um erro básico. No estruturalismo, significado é uma relação entre itens dentro de um sistema semiológico ou de um código semiótico, de modo que ele é organizado internamente, como, por exemplo, no caso da linguagem ou outro sistema de comunicação. Isso está errado, pois a linguagem se desenvolve no contexto de seu uso, e prefiro muito mais uma teoria wittgensteiniana da linguagem.

O senhor atribui um caráter substancialista às estruturas, ou se vê próximo de Bourdieu e atribui às estruturas meramente o caráter de um modelo que o pesquisador abstrai da realidade?

— Não, não faço isso, nem acho que Bourdieu o faça. Estruturas existem, como no caso da linguagem (que não é somente uma estrutura semiótica), apenas não existem no tempo e no espaço. Elas são organizadas através de encontros práticos com o mundo real, nos quais compartilham-se esquemas perceptivos comuns — e é aí que vejo similaridades com Bourdieu. Embora eu tenha sido influenciado pelo estruturalismo, não o aceito, e nem ao pós-estruturalismo, como um corpo teórico geral. É uma pena que tantas discussões sobre a pós-modernidade tenham sido influenciadas por eles.

Em seu trabalho recente sobre relações pessoais, o senhor fala bastante sobre o "eu" (*self*) como um projeto reflexivo. Não fala muito dos condicionamentos sociais desse projeto, como os de classe, por exemplo. Na construção da identidade, a escolha pessoal seria muito mais importante.

— A reflexividade afeta a estrutura de classe e outras formas de organização da vida moderna, mas você não pode falar de classe apenas como se ela fosse um dado, para daí traçar seu impacto nas biografias pessoais ou no estilo de vida ou na vida emocional. É preciso analisar a mudança na estrutura de classe e ver como isso afeta o tipo de mudança pessoal de que estou falando. Há muitas conexões óbvias. Porque se você está, digamos, na situação de uma mulher pobre numa área carente de uma *inner city*, isso caracteriza uma destradicionalização radical, na qual você tem de tomar muitas decisões, com o pano de fundo de uma carência de recursos e todos os tipos de problemas que não se aplicam a uma pessoa de classe média.

E o que dizer do gênero? O senhor fala do eu como um projeto reflexivo, mas ele pode ser caracterizado da mesma forma para homens e mulheres?

— Acredito que isso se responde em dois planos. Teoricamente, em geral, acho que não há influência do gênero. É uma questão de como se vive numa sociedade que se está destradicionalizando. Nesse sentido, o projeto reflexivo se aplica tanto a homens como a mulheres. Deve-se tratar disso como uma parte central da análise do eu, de suas emoções e seu envolvimento com outras pessoas. Mas as diferentes histórias dos gêneros cruzam-se com isso quando se chega a questões substantivas. É o que tento mostrar em meu livro, *A transformação da intimidade — as trajetórias distintas do eu em relação à vida emocional na sociedade moderna*. Por exemplo, o lado emocional do homem na civilização moderna tem sido pouco revelado pelas ciências sociais, que se relacionam com a interpretação ortodoxa que os homens têm de si próprios. Se se considera os clássicos das ciências sociais, como por exemplo *A ética protestante*, tem-se de fato uma teoria das emoções, uma teoria do impulso motivador do crescimento econômico. Mas é somente uma teoria da emoção masculina, do empresário masculino, do homem no espaço público que não discute de forma alguma a vida amorosa do empresário, nem o que acontece na família, nem outras emoções que seriam relevantes na sociedade moderna. Em uma certa medida, as mulheres são obrigadas a se tornar especialistas no amor, que é tão central para a civilização quanto os impulsos motivadores dos empresários e do espaço econômico público da sociedade moderna. Elas fazem um grande serviço emocional para os homens na civilização moderna. Portanto, acho que se poderia produzir uma teoria das relações de gênero e das emoções a partir desse tipo de estudo, mas ela teria que se apoiar também em uma interpretação mais abstrata do eu. Ao contrário de algumas feministas, não acredito na idéia de que o gênero precede a subjetividade.

Como se dá essa mudança de interesse, de questões teóricas mais amplas para uma preocupação com relações pessoais, discutidas em seus últimos livros? O desenvolvimento da teoria da estruturação foi de certa forma uma preparação para isso?

— Essa transição foi algo que fiz mais ou menos deliberadamente. Pensei primeiro em fazer uma revisão da história do pensamento social, para depois trabalhar com algumas questões metodológicas nas ciências sociais.

Ao mesmo tempo, eu queria desenvolver uma abordagem de formas mais substantivas de mudança social — esse tipo de tema é também menos filosófico, mais fácil de ler e de trabalhar. São coisas que desenvolvi simultaneamente, mas evidentemente é preciso certa especialização. Comecei com questões institucionais, mas me interessei pela história das emoções na sociedade moderna, que não está escrita. Fiz terapia durante dois anos e isso me influenciou bastante. Ademais, isso me pareceu uma transição natural: eu não havia escrito o suficiente sobre emoções até então. Eu entendia os atores de um modo muito prático e cognitivo, e hoje acho que isso é provavelmente uma forma masculina de ver as coisas.

O senhor parece estar bastante interessado na psicologia social americana, mas não tanto em Freud — que nunca foi muito influente na Inglaterra.

— Não sei, certas formas de psicanálise são fortes na Inglaterra. Alguns seguidores de Freud construíram círculos psicanalíticos aqui. É verdade que o impacto deles na nossa vida cultural não foi tão grande quanto em outras sociedades, mas também não foi insignificante. No meu caso, estava reagindo sobretudo contra a psicanálise lacaniana. Interesso-me mais pela interpretação das relações objetais da psicanálise, em parte porque isso me parece se adequar melhor à vida emocional das pessoas e, portanto, seria possível desenvolver uma teoria sociológica a partir disso. Embora não estivesse particularmente interessado na psicanálise, busquei abordagens na Europa continental que pudessem se opor à corrente lacaniana e ao estruturalismo. Meu ponto de partida para articular linguagem e subjetividade foi Sartre, e comecei a ligar isso a uma noção de confiança que é discutida por Erickson de modo bastante interessante, e a qual reputo muito importante.

Nos Estados Unidos e no Brasil a psicanálise teve bastante penetração, em termos de uma clientela que recorre a ela. Por que isso não aconteceu na Inglaterra, apesar de certa influência em círculos mais acadêmicos?

— Houve grandes mudanças na sociedade inglesa e noutras sociedades ocidentais, mas não necessariamente ligadas à psicanálise, que demanda muito tempo, é muito cara e muitas vezes mais elitista. Houve um crescimento significativo de várias formas de terapia que para mim expressam uma crescente reflexividade social e uma destradicionalização da sociedade. Mesmo não sendo uma coisa tão comum como nos Estados Unidos, existem muitas pessoas hoje na Inglaterra que procuram terapeutas de um tipo ou de outro. Mas vejo isso como uma expressão de uma mudança social mais ampla, que não está relacionada apenas à cultura britânica ou à americana, que talvez tenha sido sempre mais aberta e menos tradicional que a européia, e por isso adotou essas coisas antes.

O senhor então associa o crescimento da procura de terapia à questão da modernidade e da reflexividade?

— Sim, ao desenvolvimento do que chamo de reflexividade social institucionalizada. Não vejo isso como um fenômeno individual.

Na sua definição de modernidade, o senhor discute dimensões institucionais, como o capitalismo, a vigilância e o industrialismo, mais os conceitos de tempo e espaço, e as questões dos mecanismos de desenraizamento (*disembedding*) e da confiança. Como relaciona esses aspectos?

— Tento distinguir as dimensões da modernidade. Há algumas tendências dinâmicas que são mais importantes que outras. As duas forças institucionais gerais mais importantes são a expansão do capitalismo e a natureza do sistema de Estados-nação. Esses são os dois *loci* institucionais de maior mudança na história moderna. Em ambas as áreas encontramos mecanismos de desenraizamento operando. Por exemplo, contratos de trabalho capitalistas são um mecanismo de desenraizamento porque separam o trabalhador da localidade e o colocam em um sistema socioeconômico muito mais amplo. Mas as questões do risco e da confiança não podem ser originadas de instituições como o capitalismo e o Estado-nação, e sim das condições que elas produzem. Essas condições estão relacionadas a aspectos gerais da modernidade associados à questão do controle do futuro e da organização do tempo e do espaço em relação ao passado. A noção de risco é essencial para isso, pois é uma forma basicamente de organizar o tempo. É um modo de colonizar o futuro.

Então você considera a situação de desenraizamento como uma espécie de conseqüência do desenvolvimento dos aspectos institucionais da modernidade?

— Sim, e especialmente seu impacto sobre o passado e a tradição, e sua orientação para a ocupação do futuro. A noção de risco é realmente essencial para todos esses aspectos, já que é primordialmente uma relação com o tempo e o espaço. Mas esses aspectos são mais gerais que uma classificação de instituições.

Em seu livro *The nation-state and violence* o senhor discutiu o papel do Estado na modernidade e trabalhou com as teorias realistas. Mas surpreende que não tenha discutido também a escola inglesa ou a literatura racionalista, que enfatiza o papel das normas e de valores comuns, que permitem não apenas um sistema de Estados, mas igualmente uma sociedade de Estados, nos termos de Hedley Bull, ou uma ordem internacional. Não há mecanismos de confiança que se desenvolvem entre os Estados, entre as elites estatais?

— Tentei dizer, talvez não com a clareza suficiente, que não se pode ter um sistema de Estados soberanos a não ser que haja regras que organizam a soberania do exterior, bem como a partir do interior. Para que se tenha o Estado-nação é necessário um sistema de Estados, que não pode ser inteiramente anárquico, pois é preciso que haja certas regras: a soberania não pode ser meramente interna. No livro, chamei isso de "sistema reflexivo de Estados". Entretanto, não tentei tratar o problema kantiano da ordem global. O livro tem de fato um foco específico. Para discutir qual a natureza do sistema de Estados, teria que escrever um tipo diferente de livro. E também não discuti exatamente o que é interno ao Estado — a natureza do sistema legal, por exemplo —, o que teria de ser feito se estivesse fazendo uma análise mais detalhada. Eu estava tentando preencher um buraco na literatura, com respeito às conexões entre violência e território, e entre o controle dos meios de violência e território. Portanto, o livro nem de longe pretendia ser uma teoria das relações internacionais.

Isso foi uma conseqüência não-intencional de seu projeto?

— Bem, agora se fala de globalização, muito mais que de internacionalização. Não há como evitar debater o que costumava ser a província das relações internacionais como disciplina. Parece-me que há muitas pessoas na disciplina que estão em desacordo com ela, que está essencialmente desaparecendo, em parte porque não se pode mais falar de relações entre Estados separadamente do que se passa dentro deles. Há processos importantes de globalização que atravessam hoje o campo das relações internacionais concebido de forma ortodoxa. Com isso, muitas dessas coisas tornam-se questões sociológicas que interessam a pessoas em outras ciências sociais e, por outro lado, as relações internacionais tornam-se menos um campo de especialistas, se é que algum dia o foram.

A seu ver faz sentido sustentar uma divisão disciplinar tradicional?

— Você pode sempre sustentar uma divisão acadêmica em campos, uma divisão de trabalho, porque sempre há diferentes tradições de pensamento, de treinamento. É inevitável, portanto, que um especialista em relações internacionais tenha uma formação especializada diferente da de um sociólogo. Mas acho que se pode cada vez menos defender essas divisões, em grande medida porque as mudanças que estou tentando analisar dizem respeito à interseção entre a globalização — e globalização não é o desenvolvimento de uma cultura global, mas o desenvolvimento de novas texturas de experiência no tempo e no espaço — e a transformação da vida cotidiana. De modo que o que você faz na vida cotidiana tem conseqüências globais, e o que acontece no nível global tem conseqüências pessoais. É um mundo muito diferente daquele em que sempre se viveu antes. Acho também que o novo quadro que se tem realmente que compreender não se encaixa nas atuais divisões acadêmicas. Então, vejo a globalização não apenas referida a grandes sistemas, "lá fora", mas sim no aqui e agora, como algo que afeta o tecido de experiência da vida de cada um, porque penso em termos tanto do impacto dos meios eletrônicos de comunicação quanto de, digamos, relações entre os Estados e a divisão internacional do trabalho, de maneira que você pode ter mais familiaridade com o que se passa na Bósnia que com o que ocorre em alguma comunidade local junto de você na sua própria sociedade. Muitas transformações interessantes necessariamente surgirão do que vejo como uma nova agenda para a análise social, que cruza muitos campos preexistentes. Trata-se igualmente de uma nova agenda para o mundo, porque você não pode ser um especialista profissional com exclusividade em nenhuma dessas coisas. Todos pensam a respeito delas, elas são discutidas reflexivamente — a Bósnia, a União Soviética, o futuro da Europa. Elas se articulam com sua própria reflexividade. Portanto, a posição de um observador especializado é bastante diferente do que costumava ser. Você compartilha de um discurso. E para mim isso tem conseqüências bastante além das relações internacionais. Isso significa que os Estados não podem tratar seus súditos como costumavam. Não se tem mais propriamente súditos (*subjects*). Tem-se gente muito mais ativa, o que se pode chamar de "pessoas espertas" — que são, como Rosenau diz em seu livro, pessoas que não são mais inteligentes que antes, mas que têm um envolvimento maior com grandes sistemas, pois isso é parte de suas vidas. É muito impressionante ir ao Brasil e descobrir que pessoas pobres, de modo a não perder dinheiro com a inflação, têm de entender de taxas de juros e jogar o jogo dos mercados financeiros mundiais. As organizações mundiais mudam também, as burocracias não têm a mesma forma, o socialismo desaparece. Todas essas coisas estão ligadas à interação entre a globalização e a transformação da vida pessoal. E nós ainda estamos batalhando para lidar, mundial e academicamente, com muitas dessas coisas. Isso de novo tem a ver com a teoria da estruturação, pois o mundo tem-se tornado descentrado. Todas as ações e interações agora se articulam, para retornar a perguntas anteriores. A teoria da estruturação é uma perspectiva que se relaciona com esse mundo.

Mas o que dizer das reações de povos com diferentes culturas e histórias, dos conflitos que surgem dessa globalização e expansão de uma forma de modernidade que até certo ponto é ocidental?

— Novamente, essa é uma enorme questão. Mas é possível chegar a uma abordagem crítica de alguns de seus aspectos. Há duas questões aí: sobre a natureza desses conflitos e se a modernidade é ou não um projeto ocidental. Obviamente, há novas formas de conflito emergindo, uma acomodação da sociedade global após a Guerra Fria, uma reorganização do sistema, combinada com as coisas que venho analisando. Tem-se um novo impacto do fundamentalismo. Em meus escritos recentes, tento relacionar a teoria do fundamentalismo em conflitos locais e a transformação da tradição pela globalização. Argumento que, crescentemente, vivemos num tipo de mundo cosmopolita do qual não há como sair, com o que todos estão envolvidos num choque de culturas. Nesse tipo de mundo, o estatuto da tradição muda. Tradições eram algo que não precisava ser defendido, porque, se você acreditava numa tradição, isso bastava. Esse é um modo autêntico de ser e tem um tipo de ritual, uma forma de verdade. Quando tradições são forçadamente colocadas em conflito, você não pode mantê-las mais daquela maneira. Ou, se você o faz, isso se torna fundamentalismo, que é somente a tradição defendida de modo tradicional. Numa situação de cosmopolitismo cultural forçado, o fundamentalismo surge por todos os cantos, não apenas em termos religiosos, mas também de nacionalismo, de etnicidade, mesmo em termos de gênero e de culturas locais. No que venho escrevendo sobre sexualidade e violência, tento dizer que há um fundamentalismo do gênero. Isso implica essencialmente o homem normal que se recusa a dialogar com a mulher, e, ao invés disso, a agride. Isso é uma recusa à comunicação, uma forma de fundamentalismo. Vejo, portanto, uma conexão estreita entre a diversidade de fundamentalismos e a violência no mundo moderno, com um tipo de potencial de mão dupla. Você tem um tipo positivo de espiral de comunicação que a diferença cultural torna possível, de modo que se se é um homem e uma mulher, por exemplo, ou quaisquer duas pessoas, num encontro sexual, pode-se usar isso como uma prova de comunicação, a sua diferença se opõe e joga com as outras diferenças, você pode chegar a uma melhor compreensão de si mesmo e daí por diante.

Ou você deixa as coisas se deteriorarem e degenerarem numa espiral de violência e ódio. Parece-me, mesmo se isso soa meio exagerado, que há uma similaridade com o que acontece numa relação — você começa amando uma pessoa e acaba odiando-a. Foi isso que aconteceu na Bósnia. Você tem um ciclo de deterioração, no qual as coisas que anteriormente ligavam você a outra pessoa produzem um ciclo de ódio. As coisas de que se gostava inicialmente numa pessoa são aquelas que tendem a fazer você odiar no fim de uma relação, pequenas excentricidades que se tornam horríveis, coisas que irritam. Eu acho que o mundo está lutando com essas formas possíveis de comunicação, fundamentalismo e violência. Essas são condições sociais bastante novas — pureza e fundamentalismo, porque acho que isso é um tipo de tradição sob cerco; portanto, o desenvolvimento do separatismo étnico é relativamente novo.

Então, o reviver de ideologias neofascistas na Europa tem a ver com isso?

— Sim, mas genericamente há o fato de que pessoas que pareciam ser capazes de viver juntas não mais o são, em algumas regiões do mundo, como na Índia e no Kashmir. Tenho, portanto, uma interpretação, essencialmente, de que há novos focos de conflito no mundo surgindo daquelas junções problemáticas, que com freqüência são uma versão renovada de outras mais antigas, como, por exemplo, aquela entre culturas muçulmanas e cristãs. Tenho desenvolvido a idéia de que se vive numa sociedade pós-tradicional. Por isso penso que uma teoria da tradição é tão interessante, desde que você queira falar de tradição não apenas referindo-se às grandes tradições, mas também às tradições de gênero, da sexualidade, da família, que se estão transformando também. Creio que essas transformações da intimidade significam uma revolução histórica no mundo tão importante quanto revoluções políticas. Quando vemos as mulheres em todo o mundo se afirmando, sem mais aceitar ser a propriedade de outra pessoa, isso é uma enorme mudança na história mundial, e não é surpreendente que haja uma guerra contra as mulheres. O livro de Marilyn French, *War against women*, recebeu más resenhas de comentadores do sexo masculino. A guerra contra as mulheres é uma maré crescente de violência masculina, uma rejeição das possibilidades de que as mulheres resistam aos homens, se bem que nem todos os homens nem todas as mulheres. Anteriormente, os homens controlavam as mulheres controlando outros homens: se um homem saía da linha, seriam outros homens que o puniriam, se um homem se relacionasse com alguém com quem ele não devia, engravidasse alguém, teria que se casar, pagar uma multa ou ser punido fisicamente. Obviamente, os homens não podem controlar os outros homens como anteriormente, e isso produz mais violência contra as mulheres. Isso se conecta aos temas do fundamentalismo, da diversidade, do diálogo, da violência; e, junto com a violência sexual, é um grande problema em algumas sociedades.

O senhor não acredita também que essa tendência de acentuar particularidades — das mulheres, dos negros, dos povos indígenas — pode ser articulada a esse padrão de reações à globalização?

— Sim, no contexto do que a globalização fez com os meios de vida locais habituais. Quando se tem um mundo de cosmopolitismo forçado, essas coisas não significam o mesmo que costumavam significar. O mundo sempre foi cosmopolita, mas costumava sê-lo em grande medida através da separação geográfica. Tinha-se muitas culturas diferentes, bastante separadas umas das outras. Agora isso não pode acontecer mais. Eu veria essas coisas como algumas formas de fundamentalismo. A negritude, ou o ódio da negritude ou da religião islâmica, essas coisas tomam uma nova força contra esse globalismo, a transformação da vida local e a destradicionalização. A destradicionalização não é o desaparecimento da tradição, é realmente uma reorganização, a tradição retrabalhada. Nem todos os fundamentalismos são perniciosos, mas há alguns que são. É importante sublinhar que minha ênfase principal na globalização não se resume ao desenvolvimento da economia mundial, nem do sistema mundial. A globalização é primordialmente a transformação do tempo, do espaço, da experiência local, não uma coisa só, mas um complicado conjunto de transformações das condições básicas da vida social. Ela não produz necessariamente um mundo mais unificado. Ela produz fragmentação. Esses dois elementos acham-se imbricados um no outro. Não sei se em português é assim, mas de qualquer modo o tratamento dessas coisas é recente na literatura em inglês; comumente se associa isso ao nome de Wallerstein. Não havia conceito de fundamentalismo em inglês até os anos 50. Mas a globalização não é um processo único, embora meios eletrônicos de comunicação — como satélites — sejam o fator individual mais importante — por isso pode-se ter mercados financeiros no ar por 24 horas. Quando os índios brasileiros encontram-se com Sting, eles deixam de ser um objeto, que se punha na bibliografia e pronto; não se pode fazer mais isso. Ninguém mais está fora da globalização e da reflexividade.

Isso tem importantes reflexos sobre o Estado. Esses processos solapam a soberania do Estado, não?

— Na verdade, isso tem diferentes conseqüências em partes diferentes do mundo, embora de modo geral eu concorde com quem diz que o

Estado-nação está sendo profundamente transformado. Algumas sociedades conseguem maior poder, maior inclusive dentro de suas fronteiras. Obviamente, é o que ocorre na Europa oriental desde que se livraram da União Soviética, mas genericamente o Estado-nação está mudando. O que essa reestruturação vai envolver é ainda uma questão em aberto.

Com isso tudo, o mundo está se tornando então um lugar bastante perigoso, não?

— Bem, é uma barganha que ocorre: tem-se riscos globais que não existiam antes, perigos globais, mas tem-se vantagens também. Há muitas coisas que se pode fazer com mais segurança que anteriormente. Essa é uma situação ambígua, contraditória, mas não se pode falar propriamente de otimismo ou pessimismo. É preciso pensar na centralidade dos riscos, limitá-los, limitar os danos que resultam da intervenção humana no mundo. Não se trata mais de riscos externos, primariamente. Os riscos costumavam ser externos — riscos de enchente, de terremoto etc. Os riscos num mundo reflexivo são criados por nós mesmos, em grande medida. O risco, por exemplo, de formar uma relação com alguém quando você não sabe o que se passa com o casamento, não sabe o que gênero significa mais, qual é a sua vida emocional; essas são oportunidades para desastres em potencial. Ademais, a natureza costumava ser externa, e agora é essencialmente parte de um meio de risco socialmente organizado. Com isso, o aquecimento global tem um papel diferente que as enchentes tradicionais tinham, por exemplo. E isso se junta à transformação da tradição. A natureza e a tradição costumavam ser paisagens externas onde a ação se desenrolava. Mas agora tudo deve ser decidido. A existência das mulheres, por exemplo, por causa da gravidez e dos filhos, fundia natureza e tradição. Com famílias pequenas e contraceptivos, tudo isso mudou.

Por que esses movimentos e idéias de tipo fundamentalista parecem ter mais peso hoje do que ideologias mais universalistas, como o socialismo?

— É isso que tento desenvolver nesse meu livro sobre política. Minha teoria é de que o socialismo e outras formas de pensamento que tentaram tomar o pulso da história funcionaram bastante bem num mundo que era organizado por nações e Estados, inclusive em termos econômicos, e onde se tinha estilos de vida mais ou menos estáveis. Portanto, o keynesianismo e o comunismo funcionaram bastante bem até o fim dos anos 60. Eles não funcionam bem sob condições de globalização e reflexividade, de transformação da vida local. Nós vemos um mundo que se projeta contra os limites da modernidade, em que não se pode mais vê-la como história, onde a história não tem mais o mesmo sentido. Precisa-se de uma política para um mundo danificado, em termos de meio ambiente, de solidariedades sociais. Danos que oferecem oportunidades, em um certo sentido, mas que precisam ser controlados, limitados. Muito trabalho de reparo é necessário para restaurar solidariedades sociais, para conectar diferentes partes do mundo, superar essas fragmentações. Um novo tipo de protesto radical, embora não de esquerda, pois deve assumir certos temas conservadores, paradoxalmente, ao que parece. No final das contas, um liberalismo que reivindica ser uma forma de filosofia de direita, que joga tudo no mercado, tem seu próprio conservadorismo. Mas as forças do mercado destroem a tradição, aquelas coisas das quais os conservadores dependem. Por isso, penso que uma certa dose de conservadorismo sugere uma forma de lidar com um mundo danificado, um mundo onde não se pode ter uma modernidade infindável, uma mudança sem fim, a qual produz apenas danos.

Contra essa modernidade que não deixa nada de pé, seria portanto necessário buscar maior estabilidade?

— Penso que ser radical agora é em parte lutar por uma força de estabilidade, em certa medida por causa do impacto global do neoliberalismo, que é muito radical. Ele não tem tempo para a tradição e simplesmente dá liberdade às forças do mercado para transformar o mundo a seu bel-prazer. McDonald's por todos os cantos, todo o resto do capitalismo comercial que conhecemos. Portanto, acho que precisamos de uma crítica do capitalismo hoje e de algo para além dele, mas certamente não do socialismo. Há, contudo, um modo diferente de viver a vida que, por exemplo, repara a continuidade entre as gerações, as relações entre os sexos — ou tenta fazê-lo —, repara as formas de solidariedade nas cidades. Essas coisas tornaram-se realmente radicais.

O senhor se refere, então, a um tradicionalismo reflexivo?

— Sim, seria o uso da tradição de forma não tradicional, evitando o fundamentalismo. E baseado na conexão biológica entre culturas diferentes, usando as espirais positivas de comunicação para parar as espirais negativas. Pois, por exemplo, o modo pelo que se dá fim ao que se passa na Bósnia não é mexer-se depois que esse tipo de coisa acontece, uma vez que não é possível parar o ódio, e existem muitas espirais de ódio no mundo no momento, como resultado dessas mudanças. É possível controlá-las e limitá-las, em princípio. A comunidade mundial pode tentar, nações poderosas podem tentar. Venho me interessando em particular pela conexão entre política ecológica e conservadorismo filosófico, longe do direitismo, conexão que diz respeito apenas a esse sentido de ter uma comunidade, ter solidariedade, uma continuidade entre as gerações.

Esse tipo de tema conecta-se com o que você chama de "política dos estilos de vida". E a "política das chances de vida"? Ambas implicam movimentos sociais, certo? Mas uma coisa exclui a outra?

— Essas duas coisas são importantes. Políticas de classe, e uma política de decisões de vida num mundo em que você tem de decidir inclusive sobre a tradição, porque a política dos estilos de vida está imbricada com o fato de se viver num mundo destradicionalizante. Você poderia decidir ser tradicional, ser um Cristão "renascido"; mesmo os índios na selva brasileira estão capturados reflexivamente na cultura mundial. Eles podem proteger suas antigas tradições, mas isso é uma decisão. Há poucas situações no mundo em que se pode viver a tradição de modo tradicional, a não ser que a pessoa se torne fundamentalista. Portanto, a política da vida é central hoje em dia, e com freqüência precede as lutas pela igualdade. Poder-se-ia pensar que seria preciso emancipar a todos e então essas pessoas descobririam como viver. Acho, ao contrário, que é preciso descobrir como se quer viver freqüentemente antes da emancipação, ou como parte da emancipação. Você tem que descobrir o sentido da vida, porque vale a pena viver, como se pode reparar as coisas, como se pode viver junto com os outros, como viver uma vida satisfatória, atingir uma identidade razoável e um espectro razoável de direitos. Todas essas são questões abertas para nós agora. Mas ambas as coisas vão juntas. Veja, por exemplo, o que ocorre com o trabalho hoje em dia na Europa ocidental. Desemprego, gênero, trabalho: todos têm a ver com a desigualdade e estão ligados a como as pessoas vêem o trabalho em suas vidas, como elas lidam com o tempo livre, ficam com os filhos etc.

E no plano global?

— O mesmo se passa nesse plano. Se se quer viver numa sociedade em que o desenvolvimento econômico não é o fim de tudo, isso demanda mudanças no estilo de vida e de orientação frente a outros povos.

Quando o senhor fala de danos, isso é uma metáfora? Há alguma relação com o conceito similar de Adorno?

— Não, é uma idéia mais ampla que a dele. É uma metáfora quando aplicada à vida social, mas acho que se pode ver solidariedades danificadas por todos os cantos. O problema da política moderna é como reconstruir a solidariedade de forma tal que ela seja compatível com os direitos individuais, com a autonomia e um eu reflexivo. O que eu estava tentando mostrar no livro sobre a intimidade é que certos tipos de mudança que são bastante democráticos na vida pessoal podem ser meios de solidariedade, que não é mais de tipo tradicional, nem tem nada a ver com o mercado; nem *Gemeinschaft* nem *Gesellschaft*, algo na verdade diferente. Com grande envolvimento emocional, mas sem necessariamente proximidade física, por exemplo. Você pode ter uma pessoa do outro lado do mundo, mas você sustenta uma conexão de grande proximidade com ela, através de sistemas de comunicação eletrônica ou de outro tipo. Famílias modernas dependem disso, ao menos a maioria está separada geograficamente, com o que, se você pode manter certa solidariedade, você tem de manter contatos de formas que não implicam interação face a face.

Quando se olha para a globalização do ângulo das relações internacionais, vê-se que ela está relacionada com a ordem internacional, com certas normas e idéias que se expandem e afetam cada indivíduo na sua vida cotidiana, mas que, ao mesmo tempo, é um processo controlado por certos centros ocidentais. Como diferenciais de poder entram nessa discussão?

— A globalização sobre a qual tenho escrito é hoje muito mais descentrada do que anteriormente. Por causa de um conjunto de influências, mas também em parte por causa da natureza geral da comunicação instantânea hoje. Há ainda um imperialismo na vida econômica e na cultura, via comunicação de massas, mas não na mesma forma que costumava ocorrer, em parte porque não se pode pensar nisso com referência às alternativas que se tinha anteriormente. Tinha-se contrafactuais, inclusive o socialismo, ao que pensávamos ser a dominância do Ocidente e o imperialismo e a dependência, coisas desse tipo. Sem isso, a dominação internacional não se apresenta da mesma forma. Mas, de fato, os EUA são obviamente a única superpotência, e eles têm ainda a vantagem de não ter problemas de nacionalidade internamente.

Então o senhor acha que seria aceitável tratar os EUA como fonte de estabilidade no sistema internacional?

— Eu não acho isso desejável, mas me parece inevitável no momento. Contudo, não desenvolvi propriamente uma discussão sobre geopolítica, e não tenho nada muito específico a dizer sobre o papel dos EUA. De qualquer forma, acredito que precisamos de uma teoria política normativa da violência, para pensar como se pode controlá-la, para entender quais são as condições de sua produção. Há, por exemplo, uma continuidade da violência individual masculina contra as mulheres com a guerra, embora não se possa dizer diretamente que isso é a causa da guerra; mas há certas articulações entre temas psicológicos e condições sociais. Para pensar na perspectiva de um mundo pacificado, precisa-se articular os temas do fundamentalismo, do diálogo e do cosmopolitismo, e imaginar instituições capazes de lidar com essas questões nos planos global e pessoal.

O senhor não relacionaria o seu trabalho a uma tradição radical inglesa, que tem figuras como Bertrand Russel em seu centro, trabalhando temas como violência e vida pessoal, e que difere bastante de correntes importantes do continente?

— Vejo apenas uma conexão bastante geral. Quem trabalha com uma teoria da violência em termos pessoais e tenta pensar uma teoria política da violência até certo ponto tem que começar do zero. O socialismo nunca teve uma teoria da violência, à parte a violência de classe e do Estado. As relações internacionais possuem teorias da violência do Estado-nação, mas obviamente não sobre a violência de gênero ou de outro tipo. Teorias liberais são as únicas teorias que dizem muito sobre a violência, mas a vêem como endêmica e inerente à condição humana, o que não é de modo algum suficiente. Eu gostaria de cruzar literaturas diferentes para tentar chegar a uma teoria da violência que, por outro lado, reconheça a especificidade de cada uma de suas expressões. E que seria uma teoria crítica normativa que se colocaria a questão do controle da violência.

O senhor se vê como tentando moldar a agenda das ciências sociais na Grã-Bretanha?

— Sim, mas no momento estou mais interessado na política, na necessidade de mudar a agenda radical, que não é, ao menos num sentido ortodoxo, de esquerda, e que tem, no entanto, de encarar um mundo que está basicamente errado. De qualquer maneira, temos que nos acostumar a aceitar que o mundo é imperfeito. A filosofia conservadora tem um tipo de teoria da imperfeição, ela não acha que o mundo pode ser mudado de acordo com os propósitos humanos infinitamente. A Ilustração achava que, como os problemas eram criados humanamente, podiam ser desta forma resolvidos. Mas isso hoje não é bem verdade, embora haja questões, como a pobreza global, que se enquadram nessa categoria de problemas que foram criados e podem ser solucionados pelos seres humanos.

O senhor vê a teoria da estruturação como teoria crítica?

— Não; ela é apenas um instrumento. Uma teoria crítica depende dessas formas de realismo utópico de que falávamos e terá de mergulhar nesse tipo de questão para o qual venho chamando a atenção: ela não pode mais ser puramente emancipatória.

•Carlo Ginzburg*•

O historiador italiano Carlo Ginzburg, especialista na análise dos processos da Inquisição nos séculos XVI e XVII, é conhecido do público brasileiro por seus livros *O queijo e os vermes* (1987), *Os andarilhos do bem* (1988) e *Mitos, emblemas, sinais* (1989), todos traduzidos e publicados pela Companhia das Letras. Professor da Universidade de Bolonha e da Universidade da Califórnia em Los Angeles, esteve no Brasil em setembro de 1989, onde proferiu palestras a convite da USP, da Unicamp e do PPGAS do Museu Nacional (UFRJ).

Nesta entrevista concedida a Alzira Alves de Abreu, Ângela de Castro Gomes e Lúcia Lippi Oliveira, discorre sobre sua formação, as influências que sofreu e sua própria obra, contribuindo para o debate sobre a relevância dos temas históricos.

A. A. — Poderia nos falar sobre suas origens, familiares e culturais?

— Nasci em Turim em 1939, numa família de judeus assimilados e intelectuais, tanto do lado paterno quanto materno. Meu pai, Leone Ginzburg, nasceu em Odessa e foi para a Itália criança. Viveu em Turim e foi colega de colégio e amigo de Bobbio, que depois escreveu a introdução da coletânea póstuma de seus escritos, um texto muito bonito e comovente. Meu pai era professor de literatura russa, mas em 1932, quando os fascistas exigiram que os professores jurassem fidelidade ao regime, pediu demissão. Em 1934 entrou na conspiração antifascista e tornou-se líder de um grupo em Turim que tinha ligações com a França. Foi preso e passou dois anos na cadeia. Quando saiu, foi um dos fundadores da Editora Einaudi, junto com Cesare Pavese. Logo depois que começou a guerra, em 1940, como era muito vigiado, foi confinado numa cidadezinha nos Abruzzi. A família foi junto, e

* Esta entrevista foi transcrita por Helena Araújo Leite de Vasconcelos e traduzida e editada por Dora Rocha.

passei minha primeira infância, até 1943, nesse lugarejo. Nesse ano o rei destituiu Mussolini, e meu pai voltou para Roma, que estava ocupada pelos alemães. Sempre ligado à conspiração antifascista, foi preso e morreu na prisão alemã em Roma em 1944.

Minha mãe, Natalia Ginzburg, Levi em solteira, era filha de um histologista muito conhecido e importante, professor da Universidade de Turim. Três dos alunos de meu avô receberam o prêmio Nobel, o que é um número significativo: Luria, Dulbecco e Rita Levi-Montalcini, que deu aulas em São Paulo. Aliás, em 1948 meu avô passou um ano em São Paulo, suponho que a convite de algum de seus ex-alunos.

Depois da guerra, minha mãe recomeçou a escrever. É uma romancista muito conhecida, e seus livros foram traduzidos em vários países, inclusive no Brasil. Também escreveu para teatro e tem um livro chamado *Lexico familiar*, uma espécie de autobiografia, uma história de sua família, em que ela própria aparece pouco mas fala de meu avô e dos outros.

Nasci portanto nessa família de intelectuais, o que sem dúvida representou um privilégio cultural. Ao mesmo tempo, há o fato de que éramos judeus e de que, um pouco devido à guerra, conservei uma lembrança muito nítida da perseguição sofrida. Tenho assim essa dupla marca. Não chega a ser uma ambigüidade, no fundo é algo muito ligado à questão judaica, comum aos intelectuais judeus.

A. A. — Onde o senhor fez seus estudos?

— Comecei meus estudos em Turim, depois Roma, e fiz a universidade em Pisa, na Scuola Normale Superiore, que era uma espécie de cópia da École Normale Supérieure francesa. Era o mesmo tipo de instituição, extremamente seleta do ponto de vista cultural, com um rigoroso concurso de admissão. A escola oferecia seminários nas áreas de matemática, física, letras ou humanidades. Não eram ciências humanas, porque não havia sociologia ou antropologia. Mas havia história. Acontece que os alunos da Scuola Normale seguiam também os cursos da Universidade de Pisa. Além dos exames na universidade, havia os seminários da escola, era um programa muito puxado. Eu freqüentava a Faculdade de Letras e Filosofia da Universidade de Pisa, mas fiz minha dissertação em história.

L. O. — Por que história?

— Quando eu era criança, sonhava em ser escritor, o que era até previsível já que minha mãe escrevia. Depois, pensei em ser pintor. Pintei na adolescência, cheguei a estudar um pouco de pintura, mas, num determinado momento, percebi que não era pintor. E o curioso é que tanto a literatura como a pintura têm a ver com o que faço hoje. Existe uma dimensão literária no trabalho do historiador e tenho muita consciência desse elemento. Existe também esse amor pela pintura, que é muito importante para mim.

Ao iniciar meus estudos na Scuola Normale, em Pisa, pensava em trabalhar com história da literatura, tornar-me um literato. E havia um seminário de um professor que ensinava em Florença chamado Delio Cantimori, um dos historiadores mais importantes da Itália. Ele ia passar uma semana em Pisa, e disse que iria ler e comentar a obra de Burckhardt, *Considerações sobre a história do mundo*. Lembro-me muito bem do momento em que o vi pela primeira vez: era um homem gordo, não muito alto, de barba branca, com uma cara de cardeal, como nos retratos de cardeais de El Greco. Falava com uma voz pastosa e perguntou: "Algum de vocês lê alemão?". Muito poucos liam. Ele continuou: "Bom, vamos ler o livro de Burckhardt, mas vamos comparar as traduções italiana, francesa, inglesa etc.". Começamos, e depois de uma semana tínhamos lido cerca de 10 linhas. Aquilo me marcou profundamente. Aquela maneira de ler o texto levantando uma multiplicidade de problemas foi algo que me pareceu realmente magnífico. Um ano depois, decidi estudar história. O fato de poder trabalhar com Cantimori, que vinha freqüentemente a Pisa, foi muito importante para mim.

Mas há ainda um outro fato ligado a essa escolha. Havia na Scuola Normale um historiador medievalista chamado Arsenio Frugoni, não tão importante como Cantimori, mas muito bom professor, autor de um livro sutil e inteligente sobre um herege queimado pela Igreja Romana no século XII. Assim que entrei para a universidade, ainda interessado em literatura, Frugoni tentou convencer-me a estudar história e me deu um ensaio de Croce para ler. E o fato é que o primeiro livro de história que eu havia lido era justamente a *História da Europa*, de Croce, um pouco por influência familiar. Meu pai havia sido um discípulo de Croce e, quer por razões políticas, ligadas ao antifascismo, quer por razões culturais — meu pai falava russo e Croce lhe teria pedido para traduzir alguma coisa quando escreveu seu livro — o exemplar da *História da Europa* que li tinha uma dedicatória de Croce a meu pai com agradecimentos. De modo que havia esse lado, e por isso li muito Croce. Aliás, faço parte da última geração na Itália que leu realmente Croce. Depois disso, não se leu mais. E isso foi importante para mim, mesmo que eu não goste de Croce. Há coisas boas nele, mas faço uma história totalmente diferente da que ele propõe.

Voltando ao meu tempo de escola, Frugoni me deu o ensaio de Croce para ler, um célebre ensaio sobre um marquês napolitano que abraçou o protestantismo no século XVI. Comecei a lê-lo e percebi que não me interessava nem um pouco. Disse a Frugoni que não ia estudar história, porque era uma disciplina que não me despertava interesse. Depois de ter ouvido Cantimori e ter mudado de idéia, voltei a Frugoni. Eu tinha que escolher um tema de estudo, e ele me sugeriu que trabalhasse com os *Annales*. Perguntei: "O que é isto?". É interessante que naquela época, 1958, houvesse alguém na Itália propondo os *Annales* como tema a um estudante que não sabia do que se tratava. De toda forma, havia a coleção completa dos *Annales* numa biblioteca de Pisa, o que prova que as ligações eram mais antigas. Hoje existe na Itália uma idéia equivocada de que a influência dos *Annales* teria começado nos anos 70, quando na verdade se iniciou muito antes.

Comecei então a ler os *Annales* desde os primeiros números. Li Marc Bloch e fiquei muito impressionado, sobretudo com *Les rois thaumaturges*, que na época não era visto como um livro importante — só depois da introdução de Le Goff para a reedição da Gallimard foi que se passou a considerá-lo a obra-prima de Bloch. Li muito Bloch, e meu primeiro trabalho remunerado foi a tradução de seus *Caractères originaux de l'histoire rurale française*. Franco Venturi, que trabalhava na Editora Einaudi e tinha sido amigo de meu pai, me propôs traduzir o livro. Eu ainda era estudante e hesitei, pois achei que seria muito difícil, mas resolvi tentar. Aqui também influiu esse aspecto sobre o qual já falei, o fato de fazer parte, por razões familiares, da *intelligentsia* italiana. Esse privilégio representava uma vantagem, mas também tinha seu preço em relação à percepção do mundo. Assim como podia ajudar, podia se tornar um obstáculo. Compreendi isso lentamente.

Além desse encontro com Marc Bloch, houve outro fato fundamental. Li o livro de um historiador italiano muito importante, Federico Chabod, sobre a história religiosa do Estado de Milão no século XVI e as primeiras reações à Reforma protestante. Havia ali páginas admiráveis, e sobretudo uma, que me impressionou muito da primeira vez que a li. Chabod havia trabalhado intensamente com os arquivos milaneses e tinha encontrado uma minuta de documento oficial em cujo verso havia algumas frases sobre a predestinação que haviam sido riscadas. E Chabod fazia uma análise maravilhosa desse documento esquecido, riscado, quase destruído, em cujo verso alguém, talvez um pequeno funcionário anônimo, havia escrito aquelas palavras. Chabod dizia que esse funcionário poderia, como encontramos muitas vezes nos arquivos, ter feito desenhos obscenos ou ter escrito palavras soltas, mas suas preocupações religiosas estavam tão presentes que o levaram, num momento de tédio, a escrever aquelas palavras que lá estavam. A análise de Chabod era realmente extraordinária, sobretudo sua idéia de recuperar um documento como aquele para a história. Hoje, pensando retrospectivamente, acho que naquele momento, mesmo de uma forma obscura, compreendi o que se podia fazer com a história.

A. A. — E assim o senhor decidiu ser historiador.

— Sim. No ano seguinte eu devia escolher um outro tema de estudo e lembro que estava passeando quando pensei: "Vou estudar as feiticeiras". Eu não sabia nada sobre o assunto, mas de uma forma totalmente imediata soube que o que me interessava eram as feiticeiras ou feiticeiros, e não a perseguição que sofreram. Eu não sabia que estava fazendo uma escolha que não era comum — mesmo hoje, trabalha-se muito mais com a perseguição da feitiçaria. Como eu não conhecia nada, fui para a biblioteca e comecei a ler o verbete *stregholeria* na *Enciclopédia Italiana*. Aliás, isto é uma coisa que conservo até hoje: gosto muito de começar trabalhos completamente novos, sobre coisas a respeito das quais não conheço nada. Sempre tento explicar aos meus alunos que o que existe de realmente excitante na pesquisa é o momento da ignorância absoluta. Penso que não se deve ter medo de ser ignorante, e sim procurar multiplicar esses momentos de ignorância, porque o que interessa é justamente a passagem da ignorância absoluta para a descoberta de algo novo. Considero que o verdadeiro perigo está em nos tornarmos competentes.

A. A. — O senhor teve algum tipo de formação religiosa?

— Não. Meu pai não era religioso, e minha mãe, embora o seja no fundo, não é praticante. Meu avô materno era um positivista feroz. Não tive nenhuma educação religiosa, freqüentei uma escola pública e leiga. É verdade que depois de Mussolini, e até hoje, as escolas italianas têm aulas de religião católica. Assisti a essas aulas, como todo mundo. Mas hoje posso dizer que não tenho nenhuma relação com qualquer religião revelada.

A. A. — Mas a religião parece ter grande importância em seu trabalho.

— Sim. Trabalhei muito com fenômenos religiosos, e penso que a religião é uma dimensão extremamente importante da história. Muito importante também para o que faço.

A. G. — Por que a escolha das feiticeiras como tema de estudo?

— Certamente pesou nessa escolha a idéia de que os fenômenos religiosos são importantes. Mas havia outra coisa também, que na época me escapou de uma maneira surpreendente: a idéia de trabalhar com marginais, com hereges, podia estar ligada ao fato de eu ser judeu. Reprimi completamente essa associação, e foi um amigo que me alertou para ela numa conversa, como algo evidente. Havia ainda outro elemento muito profundo em meu interesse pelas feiticeiras: a fascinação pelos contos de fadas que minha mãe lia quando eu era criança. Isso foi uma coisa que retornou e teve um papel muito importante, por exemplo, no livro que acabo de publicar na Itália, *Storia noturna*. É um livro sobre o sabá que será traduzido aqui pela Companhia das Letras. Essa ligação entre as feiticeiras e os contos de fadas também teve um papel fundamental.

L. O. — O senhor falou em Croce. Vico também foi uma influência em seus anos de formação?

— Vico é realmente um grande clássico. Foi redescoberto no começo do século XIX, mas sobretudo foi redescoberto por Croce. Foi através de Croce que Vico se tornou tão importante. A idéia de Vico, tão nova e tão perturbadora, de levar a sério *i bestioni*, os homens primitivos, o início do gênero humano, e de reconhecer neles uma cultura, esse lado meio "antropológico" de Vico, foi algo que certamente chegou até mim nos meus anos de formação. Mas essa questão de influências é complicada, porque no início temos uma certa porosidade intelectual que depois vai desaparecendo. E acho que esse período de porosidade é crucial, porque é então que se forma um arcabouço cultural, assim como antes já se formou um arcabouço psicológico. Alguns dos livros mais importantes que li, li antes dos 22 anos. Até essa época eu não havia lido Vico, mas tinha lido o diário de Pavese. E Pavese refletiu muito sobre Vico, de uma maneira que não era a mesma de Croce. Ele tem reflexões muito interessantes sobre o papel da metáfora, que me deixaram fascinado. De modo que acho que foi através de Pavese que sofri a influência de Vico.

Pavese foi um homem que fez um enorme sucesso na Itália e até hoje é muito lido. Mas hoje ele desapareceu da discussão intelectual. Acontece que ele foi grande amigo tanto de meu pai quanto de minha mãe, que escreveu dois ensaios a seu respeito. Lembro de tê-lo conhecido, lembro de quando chegou a notícia de seu suicídio... Ele escreveu um livro que foi muito importante para mim, chamado *Dialoghi con Leucò*. Talvez seja seu melhor livro. São diálogos com personagens mitológicos, onde a mitologia aparece como uma coisa viva. Sua maneira de abordar a mitologia não é nem um pouco erudita, embora ele lesse grego, fosse um homem muito culto. Li esse livro naquele estado de porosidade intelectual, e foi uma experiência marcante. Também através de Pavese li outras coisas importantes. Ele dirigia uma coleção na Editora Einaudi de estudos antropológicos, religiosos, psicológicos, algo que foi até muito discutido na época, pois o Partido Comunista via essa série com desconfiança. Através de Pavese li então Ernesto di Martino, sobretudo seu livro *Il mondo mágico*, um trabalho que considero extraordinário, que me impressionou muitíssimo. Acho que minha decisão de trabalhar com as feiticeiras também foi influenciada por esse livro.

Acredito que no fundo os livros de história talvez não tenham sido a coisa mais importante que li. Acho que *Guerra e paz* de Tolstoi, por exemplo, me marcou muito mais profundamente do que qualquer livro de história, inclusive os de Marc Bloch. Assim também Dostoievski. Ou seja, os romances foram os livros que mais me tocaram.

Devo mencionar ainda outra grande descoberta que fiz em minha vida: o Warburg Institute, em Londres. Aby Warburg pertencia a uma grande família de banqueiros alemães de Hamburgo, e há uma história segundo a qual ele, que era o filho mais velho, teria dito ao irmão mais moço: "Você pode ficar com os direitos do primogênito, contanto que eu tenha bastante dinheiro para comprar todos os livros que quiser". Algo no estilo *Esaú e Jacó*. Era um homem rico, interessado em história da arte, antropologia, filosofia, psicologia etc., começou a comprar livros e construiu uma enorme biblioteca, que era aberta aos pesquisadores. Conta-se que Cassirer, quando viu a biblioteca, disse: "Tenho que escolher entre ignorá-la ou me enterrar nela". E sua obra *A filosofia das formas simbólicas*, especialmente o segundo volume, sobre o símbolo, foi feita na Biblioteca Warburg.

Aby Warburg morreu em 1929, no dia do *crack* da Bolsa de Nova York. Após sua morte, seu sucessor, Saxl, que também era um grande historiador da arte, decidiu transferir a biblioteca para Londres. Isso foi antes de Hitler, talvez em 1931. E até hoje existe o Warburg Institute em Londres, um centro absolutamente extraordinário, cujo núcleo foi a biblioteca vinda de Hamburgo. Pessoas como Panofsky foram ligadas ao Warburg Institute, Eric Gombrich foi seu diretor durante muitos anos.

Uma ocasião, quando eu ainda estudava em Pisa, fui a Londres visitar minha mãe, que se havia casado novamente com um professor de literatura inglesa em Roma. Eles estavam em Londres, e fui encontrá-los. Cantimori também estava lá e me levou para conhecer o Warburg Institute. Fiquei fascinado pelo instituto, pela história da arte, pela possibilidade de trabalhar com história da arte numa perspectiva mais ampla. Em 1964, quando estava preparando meu livro *Os andarilhos do bem*, ganhei uma bolsa de um mês e fui para Londres. Trabalhei como um louco, descobri a obra de Gombrich, sobretudo *Art and illusion*, comprei os livros de Saxl, voltei para a Itália com uma mala cheia de livros. Comecei a ler Gombrich, e foi uma experiência extraordinária, algo que me marcou muito. Escrevi então um artigo sobre a tradição da Biblioteca Warburg, que depois foi publicado na coletânea *Mitos, emblemas, sinais*. Enviei o artigo a Gombrich, e a seu convite voltei a Londres por um ano. E isso para mim foi muito importante.

Na Itália como no Brasil, as pessoas perceberam meu trabalho através da tradição dos *Annales*. Sem dúvida os *Annales* foram importantes para mim. Nos últimos 15 anos tenho sido regularmente convidado a ir a Paris para discutir com o grupo dos *Annales*. Mas acho que meu arcabouço intelectual é mais heterogêneo. Houve outras coisas que me marcaram.

A. A. — O senhor também sofreu influência do marxismo?

— Realmente, como todos sabem, a vida intelectual na Itália foi impregnada pelo marxismo. Meu encontro com Gramsci sem dúvida foi muito importante. Lembro-me do momento em que comecei a ler suas *Cartas da prisão*: era 1957, eu estava terminando o colégio, e foi muito marcante. Depois conheci Cantimori, que havia sido membro do Partido Comunista e tinha traduzido o primeiro volume de *O capital* como dever de militância. Cantimori talvez tenha sido o historiador comunista mais importante depois da guerra. Li Hegel e Marx no curso de um intelectual comunista chamado Cesare Luporini, uma figura interessante. Evidentemente, isso também me marcou. Mas acho que os historiadores comunistas daquela época na Itália interessavam-se por Gramsci numa perspectiva um pouco escolástica. Estavam interessados não tanto na história do Partido Comunista, mas na história do movimento operário da Itália antes do partido. Queriam fazer a história política do movimento operário, e este não era um tema que me interessasse.

Lembro que quando fui para Londres, ainda estudante, Cantimori me mandou procurar um amigo seu que falava muito bem o italiano. Era Eric Hobsbawm. Eu era muito tímido e não o procurei. Só o conheci mais tarde, e é engraçado, porque ele foi o primeiro a escrever sobre meu livro *Os andarilhos do bem*. Mas antes disso li na revista teórica do Partido Comunista Italiano, *Società*, um artigo de Hobsbawm intitulado "Por uma história das classes subalternas". Era um artigo que partia de Gramsci, mas sugeria um panorama internacional, esboçava uma perspectiva mais ampla. Àquela altura eu já estava trabalhando com as feiticeiras e pensei: "Estou no bom caminho". Foi uma sensação agradável, porque durante muito tempo tive a impressão de que estava completamente isolado. É bom estar sozinho, mas também é bom compreender que existem outras pessoas trabalhando na mesma direção. Eu tinha essa sensação de isolamento porque ninguém, entre os historiadores que eu conhecia, sobretudo depois da morte de Cantimori, se interessava pelo Instituto Warburg, pelas feiticeiras ou coisas desse tipo. Lembro que em 1968/69 eu era assistente da faculdade em Roma, e todos os estudantes que se interessavam por história só queriam saber de um único período: o que havia ocorrido em Turim entre maio e setembro de 1920, ou seja, Gramsci, os conselhos operários etc. Não existia nada fora disso.

L. O. — O senhor é um historiador italiano internacionalmente conhecido. Como se deu sua inserção nos meios intelectuais internacionais?

— Acho que esta é uma pergunta importante porque tem implicações que vão muito além do meu caso pessoal. Publiquei *Os andarilhos do bem* em 1966, e tive uma resenha anônima no Times Literary Supplement — era o texto de Hobsbawm, que não o assinou. Alguns anos mais tarde, saiu outra resenha bastante elogiosa na Bibliothèque de L'Humanisme et Renaissance. Era um texto de Bill Monter, um historiador americano que trabalhou com feitiçaria, história espanhola, Inquisição etc. Fiquei muito contente. Havia um outro historiador americano chamado Jerry Siegel, que conheci em Florença. Ele escreveu um livro sobre Marx e depois começou a trabalhar com os humanistas italianos. Voltou para os Estados Unidos, e enviei-lhe um texto que eu havia escrito sobre a história religiosa da Itália, chamado "Folclore, magia e religião". Era parte de uma história da Itália em vários volumes que foi publicada pela Einaudi. Jerry Siegel escreveu-me de volta, dizendo que o Davis Center for Historical Studies de Princeton, dirigido por Lawrence Stone, ia lançar um programa sobre religiões populares e que eu deveria me candidatar a dar um curso lá. Fui aceito e em 1973 fui para Princeton.

Quando cheguei aos Estados Unidos, descobri que havia pesquisadores que conheciam *Os andarilhos do bem*. Embora o livro não tivesse passado despercebido na Itália, fiquei surpreso. Mas só no final dos anos 70, quando *O queijo e os vermes* começou a ser traduzido, o caminho foi aberto. Estou convencido de que *Os andarilhos do bem* foi realmente um livro inovador, algo que até então não tinha sido feito, enquanto *O queijo e os vermes* é um livro menos novo — não estou falando do valor dos livros, e sim de seu aspecto "novidade". Talvez até por ser menos novo, *O queijo e os vermes* pôde ser melhor percebido e fez grande sucesso. O momento era propício, havia uma conjuntura internacional favorável, Braudel escreveu dizendo que era um livro muito bom, que devia ser traduzido...

Há aí uma questão interessante, que é o problema colocado pela tradução de certos livros, inclusive os meus. Penso também, por exemplo, em *O retorno de Martin Guerre*, de Natalie Zemon Davis, ou em *O grande massacre dos gatos*, de Robert Darnton, livros muito diferentes, mas que têm algo em comum. Acho que existe uma grande diferença entre os temas históricos que se justificam por si mesmos e aqueles que devem ser justificados por uma abordagem específica. Ou seja, quando se escreve um livro sobre a Revolução Francesa, ele pode ser bom ou ruim, mas não é preciso justificar a idéia de escrevê-lo. Mas quando se escreve um livro sobre, digamos, um moleiro do século XVI, é preciso justificá-lo. É preciso justificar o próprio tema. Acredito que isso tenha alterado algo de muito profundo na profissão do historiador.

A necessidade de justificar um tema que não se justifica por si mesmo já existia, por exemplo, na antropologia. O antropólogo analisa uma comunidade qualquer não por ela mesma, mas porque através dela levanta questões. As pesquisas antropológicas têm uma ligação com a história do gênero humano que não é diacrônica. Ora, no campo da história aconteceu exatamente o contrário: a partir do século XVIII, XIX, surgiram temas que se justificavam por si mesmos sobretudo porque estavam ligados a histórias nacionais. Este era o *framework*, o quadro geral. Era em relação a esse quadro que os temas eram mais ou menos justificados. Evidentemente havia temas que não eram interessantes e importantes apenas para uma determinada comunidade nacional, como a Revolução Francesa ou a descoberta da América. Mas sempre havia essa mediação da história nacional. E penso que nada do que fiz passa por essa mediação. A conseqüência disso é que a história que faço, que poderia ser abordada de uma maneira inteiramente local, pode ser traduzida para o japonês. E acredito que isso se aplique também a Natalie Davis ou Darnton.

Penso que a traduzibilidade de meus livros está ligada ainda a outro elemento. Entre os historiadores italianos sempre prevaleceu, e prevalece até hoje, com raras exceções, a tendência a escrever para profissionais. Há muito de implícito no que se escreve, e isso dificulta a tradução. Cantimori, por exemplo, escrevia de uma maneira muito complicada, cheia de parênteses, de subentendidos. Eu era fascinado por ele como historiador, mas desde muito cedo decidi que gostaria de trabalhar de maneira diferente, de escrever tanto para profissionais quanto para um público mais amplo. E foi o que fiz em *Os andarilhos do bem* e *O queijo e os vermes*. Mesmo o livro que será publicado aqui pela Paz e Terra, sobre Piero della Francesca, é um livro que tem um lado técnico, e no entanto foi lido na Itália por um público que não era formado apenas por profissionais.

A idéia de escrever para um público amplo me parece ser um fim em si mesmo. Se a pesquisa é importante, por que deveria permanecer como apanágio de um grupo restrito de profissionais? Poderemos interessar pessoas que não são profissionais se dividirmos com elas não apenas o resultado da pesquisa, mas também o caminho percorrido para chegar até ele. Às vezes a pesquisa pode ser mais fascinante do que o resultado.

A. G. — **A penetração de seus livros teria sido facilitada por uma conjuntura intelectual que tende a valorizar a história das mentalidades, a história social?**

— O fato de ter trabalhado com temas que não se ligam à história nacional certamente facilitou a tradução dos meus livros, mas acho também que me beneficiei dessa conjuntura a que você se refere. Não sei se contribuí um pouco para a cristalização dessa atmosfera — espero que o tenha feito —, mas em todo caso penso que a conjuntura é algo muito mais profundo, que não está ligado de maneira específica àquilo que faço. Mas evidentemente ela contribuiu para o sucesso de meus livros. Houve essa coincidência.

Os andarilhos do bem talvez tenha se adiantado um pouco, pois foi escrito num momento em que essa conjuntura ainda não era tão evidente. Foi um livro que circulou pouco, no começo. Agora está traduzido, e devo dizer que sinto um prazer um pouco infantil com essa idéia de tradução. Gosto muito de viajar, e a idéia de pluralidade cultural, pluralidade física, é algo que me fascina. A idéia de que pessoas que não conheço e talvez não conheça nunca, no Brasil ou no Japão, podem ler meus trabalhos realmente me atrai. E isso está ligado ao fato de que sempre tento controlar o que escrevo, ou seja, sempre procuro criar efeitos. Isto é muito importante para mim, e muito consciente. Há em meus livros um lado meio romance do século XIX, um lado meio *coup de théâtre*. Procuro criar esses efeitos, controlar as leituras, mas sei perfeitamente que não posso controlar a maneira como alguém no, Brasil, por exemplo, irá ler o que escrevo. E, quando venho ao Brasil, acho que compreendo melhor essa pluralidade cultural, percebo que o diferente, que é reconstituído por meus livros, pode ter ressonâncias aqui. O fato de toda comunicação ser imperfeita, mas ainda assim existir, é o que realmente me fascina e está na raiz do prazer que sinto em viajar.

A. A. — **Poderia nos falar um pouco sobre seu último livro, *Storia noturna*?**

— É o livro mais longo que escrevi, e no qual trabalhei mais de 15 anos, com longos intervalos — houve um intervalo, por exemplo, quando comecei a escrever o livro sobre Piero della Francesca. *Storia noturna* foi um livro muito difícil de escrever, embora eu estivesse muito apaixonado pela pesquisa. Durante muito tempo achei que não seria capaz de terminá-lo. Publiquei-o em abril de 1989, mas mesmo agora tenho a impressão de que foi escrito por alguém que não eu. É claro que, quando penso no livro, lembro de quando o escrevi, mas relendo alguns trechos sempre tenho sentimentos de surpresa. É uma obra que tem implicações muito pessoais, e penso que isso desempenhou um papel importante nessas dificuldades. Mas é também um livro que deseja ir além dessas implicações pessoais, não é um romance ou uma autobiografia disfarçada. É um livro de história, há um trabalho de pesquisa, há notas etc.

Storia noturna aborda o problema do sabá numa perspectiva ao mesmo tempo histórica e morfológica. A primeira parte é histórica, a segunda é morfológica, e há ainda uma terceira parte em que faço uma comparação entre as duas perspectivas e tento operar uma convergência. Há uma conclusão e uma introdução teórica bastante longa. Na primeira parte, começo com o sabá, ou seja, a reunião das feiticeiras, vista pelos inquisidores, pelos juízes. Analiso a idéia de complô, que é algo muito importante. Há um pequeno trecho na introdução em que falo do papel do terrorismo, porque penso que há uma relação entre a percepção que tive dessa idéia do complô e o terrorismo na Itália a partir de 1969. Procuro colocar esse problema do complô numa perspectiva histórica para tentar compreender como surgiu a idéia de uma sociedade de feiticeiras hostil à sociedade mais ampla. Esta é a primeira parte, um histórico muito detalhado, ligado a uma série de documentos muito densa, seja no tempo, seja no espaço.

Na segunda parte, tento compreender aquilo que considero ser o núcleo folclórico do sabá, ou seja, o vôo mágico e a metamorfose em animais. Coloquei-me o problema do núcleo folclórico e procurei recolher fenômenos com uma preocupação puramente formal, alheia a qualquer consideração de ordem histórica, cronológica ou geográfica. Reconstituí séries de fenômenos ligados entre si do ponto de vista estrutural, no nível da morfologia profunda, dispersos pelo continente eurasiano.

Na terceira parte, há um capítulo que se chama justamente "Conjecturas eurasiáticas", em que tento propor uma série histórica, apresentar relações históricas documentadas que poderiam explicar essa dispersão de dados. Nesse momento, porém, achei que isso não era suficiente e utilizei Lévi-Strauss, que é o interlocutor mais importante do livro. Lévi-Strauss tem um artigo publicado em 1944/45 sobre os desdobramentos da representação na China e nas culturas do noroeste da América em que se pergunta se teria havido uma difusão. O contato explicaria a difusão, mas não explica o fato de que esses fenômenos continuaram a existir, de que houve permanência. Descobri que havia um trecho semelhante, porém independente, em Marc Bloch, e essa convergência me impressionou. Mas o que mais me impressionou foi a discussão de Lévi-Strauss, ao dizer que a explicação histórica não bastava. E o que tentei fazer nesse terceiro capítulo, que é o mais longo e talvez o mais audacioso do livro, foi combinar as duas abordagens.

A. A. — Para terminar, gostaríamos de ouvi-lo sobre a evolução da história na Itália. Estaria ocorrendo hoje uma renovação?

— É muito difícil analisar. O fascismo representou um período de fechamento intelectual que marcou toda uma geração, e acredito que isso pode ser comprovado pelas exceções. Tomemos alguém, por exemplo, como Arnaldo Momigliano. Ele nasceu em 1904 ou 1908, preparou-se para ser um historiador de primeira ordem, mas, como era judeu, foi expulso da universidade italiana, mudou-se para Londres e viveu sua vida de pesquisador fora da Itália. Seu caso é revelador, pois o exílio o afetou de uma maneira positiva do ponto de vista intelectual. Aprendi muito com ele como pesquisador, foi um homem que nos últimos anos me influenciou muito e sobretudo me deu o exemplo de uma linguagem simples, que podia ser traduzida. Penso que existe realmente um problema com a prosa científica italiana. É claro que existem grandes exemplos no passado, mas acho que neste século, afora Gramsci, Giorgio Pasquali, o grande filólogo, e Momigliano, os exemplos são raros.

Depois do exílio, Momigliano não apenas começou a escrever de uma maneira diferente, mas passou a ter uma visão mais ampla das coisas. Teria sido um grande historiador mesmo na Itália, mas acho que demonstra por oposição o que acabo de dizer, ou seja, que havia algo de sufocante na atmosfera intelectual sob o fascismo. Cantimori, num determinado momento, também começou a viajar pela Europa. Venturi, porque seu pai foi expulso da Itália por ser antifascista, fez seus estudos na França. Trata-se de pessoas de alto padrão que de certa forma não foram afetadas, e acho que isso prova alguma coisa.

Na geração seguinte, havia evidentemente historiadores talentosos, como Arsenio Frugoni. No entanto, acho que ele tinha uma certa timidez intelectual que estava ligada à raridade dos contatos, a um clima sufocante. Mesmo nas pessoas que reagiram a isso, como os jovens historiadores do Partido Comunista, percebe-se algo de, eu não gostaria de dizer provinciano, porque acho que esta é uma palavra que não explica nada, mas algo de abafado, sufocado. Houve historiadores mais ou menos bons, mas sempre com essa marca.

Na minha geração já houve a possibilidade de viajar. Lembro que li com muita pena as cartas de um historiador italiano que nos fins dos anos

30 teve permissão para ir a Paris por um ou dois meses. Ele era antifascista, não lhe davam passaporte, de modo que nunca tinha podido viajar. As cartas que escreveu à mulher eram dolorosas. Quando as li, eu já tinha estado em Paris sem qualquer problema. Acho que isso foi muito importante, pois as idéias começaram a circular. É claro que esse contato material não é tudo, não é uma condição necessária. Vico, por exemplo, não sabia francês, só sabia latim, viveu numa província longínqua e foi um grande gênio...

•Eric J. Hobsbawm[*]•

Eminente historiador britânico, um dos mais conhecidos no Brasil, o professor Eric J. Hobsbawm é o autor de uma vasta e complexa obra historiográfica, na qual as grandes sínteses socio-político-culturais respondem ao mesmo tempo a exigências de rigor documental e a orientações metodológicas precisas. Definindo-se como historiador de formação marxista e dialogando permanentemente com a antropologia, a economia e a ciência política, entre outras ciências humanas, Eric Hobsbawm tem-se aproximado de temas como banditismo social, campesinato e política, teoria e método histórico e relações internacionais, com a mesma desenvoltura e erudição com que estuda as grandes revoluções liberais do século XIX na Europa.

Profundamente interessado na América Latina, o professor Hobsbawm tem vindo freqüentemente ao Brasil a convite de instituições acadêmicas para conhecer de perto nossos problemas e nossa história. Aposentado do Birkbeck College (Universidade de Londres), mas dando ainda parte do seu tempo à atividade acadêmica na New School for Social Research em Nova York, continua a produzir obras de inestimável valor, como a recente *A era dos impérios*, já traduzida para o português.

Nesta entrevista, concedida a Margarida Maria Moura e Gerson Moura, em fevereiro de 1989, ele conta a história de sua formação acadêmica e discute alguns problemas do campo historiográfico, particularmente a sempre instigante questão das relações história-ciências sociais.

Quando começou seu interesse pelo estudo da história?

— Meu interesse pela história como disciplina acadêmica começou de fato na universidade, mas meu interesse pela história em geral começou antes, através de Marx. Quando eu estava na escola secundária em Berlim, antes

---

[*] Esta entrevista foi traduzida por Margarida Maria Moura e revista por Dora Rocha.

de vir para a Inglaterra, já era politicamente consciente, e ouvi a seguinte advertência de meu professor: "Você não sabe nada, é bom começar a ler". Foi o que fiz, lendo Engels, Marx e outros. Sem dúvida, a concepção materialista da história foi parte essencial da minha formação. Entretanto, o ensino da história na Alemanha era horrível, muito antiquado, e conseqüentemente não me interessou. Quando atingi as classes mais avançadas da minha Grammar School na Inglaterra, tive a sorte de ter um professor que era muito entusiasmado e descobriu que eu tinha jeito para a história. Ele me emprestou seus livros e sugeriu que eu me candidatasse a uma bolsa de estudos para Cambridge. Ganhei a bolsa, e já na universidade não decidi imediatamente estudar história. No entanto, acabei chegando à conclusão de que os outros assuntos que eu queria estudar, poderia fazê-lo em caráter particular, ao passo que a história, da maneira como era ensinada nas universidades, era um campo que eu conhecia pouco e valia a pena investigar em detalhe. Foi assim que fiz uma graduação em história. Na universidade inglesa àquela época, ou seja, na década de 30, a história era uma disciplina muito especializada e se podia fazer uma graduação exclusivamente nessa matéria.

Quais eram as principais tendências do ensino e da pesquisa de história àquela época em Cambridge?

— Naquela época não havia em Cambridge uma corrente dominante clara. Eu diria que havia o começo de uma revolta contra a concepção convencional de história na Inglaterra, a chamada interpretação "whig" da história, baseada na visão de que a história inglesa se desenvolveu gradualmente até os modernos triunfos da democracia e da liberdade. Havia muito poucos trabalhos de história européia ou história do ultramar. E de fato pareceu-me, tanto a mim quanto a outros jovens esquerdistas, que a história em Cambridge não despertava muito interesse, com exceção da história econômica. Por sorte a história econômica estava nas mãos de um acadêmico brilhante mas pouco confiável —, o falecido professor Michael Postan, um *émigré* russo que tinha sido algo radical na juventude. Embora fosse muito antimarxista, ele era o único em Cambridge que estava efetivamente informado não só sobre os escritos de Marx, da história marxista e da teoria social marxista na Rússia em que ele cresceu, como também sobre a tradição européia, a tradição alemã e particularmente a tradição da história econômica e social. Aprendemos muito com ele, e acho que é correto afirmar que o procuravam os jovens historiadores mais brilhantes. Além disso, aprendemos realmente muito uns com os outros. Tínhamos vários grupos de discussão e aprendemos muito com os jovens pesquisadores que estavam fazendo seus doutorados, alguns dos quais acabaram se tornando historiadores bastante respeitados. Em resumo, o que aconteceu conosco foi um programa de auto-educação numa universidade que punha à nossa disposição uma enorme quantidade de livros, periódicos e fontes históricas.

Além da história econômica, que outros campos da história o senhor estudou em Cambridge?

— Estudamos também o que se chamava de história constitucional, quase uma história legal da Constituição e do sistema político britânico. E, é claro, estudamos muito da convencional história institucional e política da Europa.

Em que momento ocorreu uma mudança de direção nos estudos históricos na Inglaterra, no sentido do abandono da história convencional por um novo tipo de história?

— Certamente isso não ocorreu antes da Segunda Guerra Mundial. Creio que houve uma geração de estudantes da minha idade que foi amplamente responsável pela mudança. Lembre-se que antes da guerra já estávamos interessados na história econômica, com o professor Postan. Já conhecíamos os *Annales* da França e já havíamos tido a oportunidade de ouvir Marc Bloch, que foi convidado para fazer uma conferência na Inglaterra — na época foi-nos dito que ele era o grande medievalista vivo. De fato, já tínhamos um horizonte mais largo do que o comum entre os historiadores estabelecidos. Pode-se dizer que a mudança principal ocorreu na década de 50, quando meus contemporâneos se tornaram pesquisadores e depois professores.

Poderia mencionar nomes e influências que ajudaram a promover essa mudança?

— Posso mencionar pessoas como Lawrence Stone em Oxford. Paradoxalmente, a mudança veio um pouquinho mais cedo na história antiga, por razões que nunca compreendi muito bem. A história da Antiguidade Clássica, de Grécia e Roma, atraía sempre pessoas com os mais variados interesses sociais e, numa certa medida, até mesmo os marxistas. Em geral, desde a Segunda Guerra a principal cadeira de história antiga em Cambridge esteve nas mãos de historiadores sociais ou de historiadores bastante criativos. Antes da guerra, isto não ocorria. Penso em A.H.M. Jones e outros como ele. Uma grande parte da mudança deveu-se certamente a um grupo de historiadores marxistas, que, novamente, eram meus contemporâneos. Alguns um pouco mais velhos, outros um pouco mais moços, organizaram entre outras coisas uma revista histórica, *Past and Present*, que representava as novas tendências. Lançada na década de 50, *Past and Present* firmou-se como a revista mais importante ainda antes dos anos 60. A mudança também se beneficiava de tendências internacionais, porque depois da guerra o Congresso Internacional de História foi dominado por um certo período pelo grupo francês dos *Annales*. E através desse grupo, que colaborava com o professor Postan e outros, uma dimensão social e econômica nova foi introduzida mesmo na história ortodoxa, fato que todos aprovamos.

Poder-se-ia pensar em semelhanças no desenvolvimento da história social e da história econômica na Inglaterra e na França, no sentido de que esse desenvolvimento envolveu a colaboração entre historiadores marxistas e não-marxistas?

— Há diferenças. Por exemplo, na França, os historiadores marxistas não desempenharam um grande papel, e muitos jovens brilhantes daquele tempo que estavam no Partido Comunista francês não tomaram parte como marxistas nas discussões que nós estávamos organizando. Nós não soubemos que eles eram marxistas ou comunistas, senão quando eles deixaram o Partido Comunista e tomaram rumos diferentes, tal como Le Roy Ladurie, François Furet e outros. Nossos contatos, como esquerda dos historiadores ingleses, foi muito mais com os *Annales*, e com o tipo de história francesa representada por Marc Bloch.

Na França, muitos intelectuais, historiadores inclusive, deixaram o Partido Comunista e mudaram suas abordagens históricas em decorrência das principais crises do movimento comunista no plano internacional. Foi assim também na Inglaterra?

— Curiosamente isto não ocorreu na Inglaterra de um modo significativo. As crises políticas no movimento comunista levaram antigos historiadores comunistas a deixar o Partido Comunista, mas eles permaneceram na esquerda. A situação é bastante diversa da França, onde gente que tinha sido antes muito militante, às vezes stalinista, deixou o partido, e ao deixá-lo mudou sua ideologia e sua interpretação da história. Acho que se trata de uma situação diferente. Na Inglaterra, muito poucos dos que começaram como historiadores marxistas tornaram-se hoje historiadores antimarxistas.

Considerando a velha e sempre renovada questão da relação entre história e ciências sociais, em sua opinião, que tipo de contribuições das ciências sociais podem ser úteis ao ofício do historiador?

— Em princípio, sempre acreditei que a história está profundamente enraizada nas ciências sociais e pode se beneficiar enormemente delas. Penso que a história é uma disciplina que encontra explicações generalizantes. Desde o século XIX tem havido um debate acerbo, particularmente na Alemanha, entre os historiadores que acreditam que a história não pode generalizar, que só trata de fatos específicos, pessoas específicas, e portanto não se pode fazer afirmações amplas, e aqueles que desejam ver na história um padrão evolutivo ou outro qualquer. Neste debate, que se consubstanciou em acesas discussões entre os cientistas sociais na década de 90 do século passado, é claro que pessoas como eu estavam muito mais do lado dos generalizadores e dos cientistas sociais. Mas, por outro lado, os cientistas sociais muitas vezes não têm sido particularmente úteis aos historiadores pelo modo como se especializaram. Por exemplo, na década de 50, as principais linhas da ciência social estavam dominadas pela algo mecânica teoria da modernização, que começou nos Estados Unidos e não era de grande interesse para o historiador. Como modelo de mudança histórica é primitivo demais. Conseqüentemente, não havia muito o que fazer. Além disso, politicamente falando, esse modelo estava muito ligado à ideologia da Guerra Fria.

Mas isto não é uma crítica à abordagem das ciências sociais em geral. Novamente, se olharmos a economia, veremos que há alguns tipos de economia que o historiador considera extremamente úteis, mesmo se distantes de Marx — por exemplo, a escola econômica que trabalha com o que parece ser uma mudança de longa duração (Schumpeter), ou com tudo aquilo que estaria ligado a realidades sociais. Pessoalmente, admiro pessoas como Arthur Lewis, o economista; ele é útil no estudo do desenvolvimento econômico. Por outro lado, uma grande parte da economia hoje em dia é altamente técnica, uma abordagem baseada em esquemas neoclássicos bastante estreitos e deliberadamente irrealistas. Um de meus colegas disse um dia que estudar o equilíbrio não é lá muito interessante para os historiadores porque estamos interessados em situações onde não há equilíbrio. Esta é a razão pela qual, em geral, não emergem da *cliometrics*[1] questões históricas interessantes.

A *cliometrics* parece ter ainda grande influência nos Estados Unidos.

— Ela é importante e influente nos Estados Unidos, embora eu não deixe de ter a sensação de que não é tão forte quanto foi. Dizer isto não significa um ataque ao uso da tecnologia dos computadores ou de qualquer outra técnica quantitativa disponível. Estou dizendo, simplesmente, que estas coisas são métodos e não o conteúdo da teoria. E se voltarmos a olhar

[1] *Cliometrics* ou "história social-científica quantitativa" designa uma técnica de análise histórica fundada na quantificação de dados empíricos. Seus defensores mais radicais consideram-na o método científico por excelência da análise histórica.

para a sociologia, veremos que há teses sociológicas que são sem dúvida muito valiosas para o historiador. Karl Marx é um exemplo óbvio, e Max Weber, outro. Quer se concorde, quer não, qualquer historiador que leia Max Weber vai achá-lo útil. Mas há também tipos de sociologia, como a da modernização, que não são particularmente úteis. Pessoalmente, sempre achei a escola da antropologia social a mais fecunda em me dar idéias, e outros historiadores ingleses concordam comigo.

No entanto, é preciso dizer que há algumas tendências recentes nas ciências sociais e possivelmente até mesmo na filosofia das ciências sociais que são inaceitáveis, sobretudo a tendência a negar a existência de uma realidade objetiva, traduzindo tudo em termos subjetivos. Esta tendência parece estar ganhando terreno tanto na sociologia quanto na antropologia social. E devo dizer que, se não há diferença entre os fatos da história e a ficção, então não faz sentido ser historiador.

Poderíamos pensar também, além de idéias, em métodos e técnicas de pesquisa derivados das ciências sociais?

— Estou afirmando que as ciências sociais podem prover idéias, podem fornecer modelos. O aspecto interessante é que a maioria dos modelos gerais de mudança histórica, de evolução histórica do mundo, não é de autoria de historiadores profissionais porque na maior parte os historiadores profissionais são especializados demais e ficam um pouco ansiosos de ter que sair de sua especialidade. Os modelos nasceram de figuras que não eram historiadores profissionais, mas cientistas sociais — aqueles que retrospectivamente tratamos de cientistas sociais, como Marx, ou que mais recentemente vêm da ciência política. Assim, penso que a criação de modelos é mais fácil para eles do que para os historiadores não-marxistas. Quanto à metodologia, é claro que de algum modo a metodologia da história é *sui generis*, mas há muito pouco que pode ser dito sobre o assunto. O domínio da metodologia básica, da técnica de arquivo e de outras, é algo que não envolve nenhum problema especial.

No seu artigo "From social history to history of society", o senhor sugere que o historiador deveria usar algumas técnicas que outras ciências sociais já desenvolveram, tais como procedimentos estatísticos, observação participante, entrevistas em profundidade e até mesmo métodos psicanalíticos.

— Qualquer técnica que seja relevante para um trabalho deve ser tentada. Na antropologia, por exemplo, não creio que seja somente a observação participante que tem valor. O que achamos de valor na antropologia é o conceito de sociedade como um complexo interativo, por assim dizer, de instituições, valores e atividades, no qual tudo está interligado na tarefa de reprodução da sociedade da atual para a próxima geração. É pelo menos este problema da produção da sociedade que torna mais fácil à antropologia social influenciar um tipo de historiador que tem uma formação marxista como eu.

Falando em antropologia, alguns estudiosos têm mencionado o uso de conceitos tais como etnicidade, comunidade e cultura na história do trabalho como resultado do impacto da antropologia. Trata-se de uma avaliação correta?

— O problema é saber se estamos falando de palavras ou de modelos. Não precisamos dos cientistas sociais para nos dizer o que é comunidade. Qualquer pessoa que estuda história agrária, por exemplo, a história do campesinato, sabe que a comunidade é certamente uma coisa muito importante naquelas áreas do mundo onde as vilas são muito fortemente organizadas. Então, a questão é se podemos avançar para além disto. Penso que há modelos provenientes de outras fontes que podem ser úteis; por exemplo, modelos para o estudo do campesinato. No geral, os historiadores econômicos e os historiadores sociais que estudam o problema do campesinato e as mudanças na sua participação na vida moderna têm aprendido muito com os cientistas sociais, tanto com os antropólogos sociais quanto com os pesquisadores de campo. Por outro lado, ao invés de ver a história como um parasita das ciências sociais ou de uma ciência social, devemos visualizar todas as ciências humanas como que voltadas para o mesmo tipo de questionamento a partir de ângulos diferentes. É hoje evidente que nomes das ciências sociais têm sido influenciados por historiadores que estão ou estiveram na mesma "freqüência". Edward Thompson, por exemplo, e, em certa medida, eu próprio, temos sido lidos por sociólogos e antropólogos, do mesmo modo que nós os temos lido. Penso que não é só uma questão de aprender um com o outro, mas de se ligar às questões a partir do seu próprio ponto de vista.

Que tipo de problemas a história e as ciências sociais poderiam estudar em comum de um modo frutífero?

— Parece-me que a questão está em formular o problema com o qual nos defrontamos. Do meu ponto de vista, há um problema geral com o qual a história e as várias ciências sociais devem se defrontar, a saber, o da evolução da sociedade global. Em primeiro lugar, como é que ocorre que a sociedade humana, que começa de fato com caçadores e coletores, acaba onde estamos hoje, numa sociedade de alta tecnologia. Em segundo lugar, como é que a evolução não se deu homogeneamente através do mundo, mas de uma maneira muito complicada, mais intensa em algumas partes do que em outras, e em determinado momento conquistando ou reconquistando o mundo a partir de uma base regional precisa. De uma perspectiva de longa duração, esta me parece ser a questão maior, ou ao menos uma grande questão que o historiador deve enfrentar. Em terceiro lugar, esta é também uma questão que antropólogos, sociólogos, economistas e muitos outros têm que enfrentar, na medida em que possamos concordar sobre qual é o problema. Na busca da resposta, poderão ser dadas contribuições de diferentes pontos de vista.

Um fato notável que hoje se observa na história social é o grau de especialização a que se chegou, com a institucionalização de campos e subcampos e a virtual ausência de contato desses campos e subcampos entre si. Como o senhor avalia esse problema?

— A especialização crescente é em alguma medida uma função da profissionalização crescente, ou de uma academicização dos assuntos. Penso que esta é uma trilha negativa. Significa que novos pesquisadores precisam "publicar ou perecer". Significa também que a melhor maneira de publicar e ficar conhecido é lançar um periódico novo. Vê-se que um certo número de periódicos novos lançados por determinados grupos são em parte autopropaganda, em parte propaganda de sua própria universidade e em parte outra ordem de coisas. É compreensível, mas não tem nada a ver com o avanço da historiografia. O segundo fator é obviamente que quanto mais pessoas há no campo, mais difícil fica para os mais jovens a descoberta de áreas nos estudos históricos que ainda não tenham sido trabalhadas. Conseqüentemente, surge uma vez mais a tendência a desenvolver campos relativamente especializados de modo a transformá-los em campos maiores. Não acho que isto seja particularmente prejudicial, porque há uma seleção natural. Todos nós sabemos que enquanto há muitas centenas de periódicos, que podem crescer a uma taxa de 50% ao ano, há de fato um certo número mais preeminente que todo o mundo lê, mais um ou dois de sua própria especialidade. Contudo, é verdade que uma especialização excessiva apresenta um problema de comunicação. Trata-se, talvez, de um problema menos agudo na história do que nas ciências naturais, em parte porque muito mais é publicado nas ciências naturais, e em parte porque se a maioria de nós está apta a ler um artigo das revistas históricas e entendê-lo, nas ciências naturais já é necessária a existência de periódicos sérios como *The Scientific American*, ou *The New Scientist*, que explicam "pedaços" de ciência a outros cientistas que os desconhecem.

De qualquer modo, haveria problemas nessa crescente especialização da história social, não?

— Parece-me haver uma razão pela qual se deve ser mais crítico em relação à especialização crescente na história social. Parece-me haver por trás da especialização dois conceitos completamente distintos de história social. Um conceito é o do estudo de aspectos particulares da vida; de algum modo há que fazer o estudo diacronicamente, mas em geral não é esta a ênfase do campo. Por exemplo, tomemos a história da comida ou a história da doença, ou os que estão interessados na história da infância; apenas isto. Mas haverá sempre infância, e haverá sempre comida... Na verdade, estas pessoas estudam alternativas àquelas partes da história que mudam, que se desenvolvem, que se expandem. O outro tipo de história social, que eu chamo de história da sociedade, é o que está interessado em saber como a sociedade muda, em saber como a sociedade veio a ser o que é, e no que difere do que aconteceu no passado.

Há uma tendência de alguns periódicos da nova história social a se tornarem veículos de pesquisadores interessados num aspecto particular da vida humana, sem se proporem qualquer questão histórica séria. São periódicos de antiquário, revistas de colecionador, destinados àqueles que estão simplesmente interessados em ter mais um exemplo de, digamos, um caso de lesbianismo na Espanha do século XVII. São interessantes para as pessoas que se interessam por um aspecto particular em si mesmo; mas há que perguntar quão importante é isto para aqueles que não estão interessados no problema do lesbianismo na história. Este me parece um perigo, um grande perigo para a história social. É lógico que cada pequena parcela de pesquisa especializada pode ser articulada com a problemática ampla da mudança histórica. Deste modo, não estou dizendo que se trata de uma coisa completamente inútil, mas será que aqueles que estabelecem este campo específico pensam do modo como foi explicado acima? Ou será que o concebem como um campo para colecionar fatos interessantes e atraentes, fatos que interessam a um grupo específico, a um público específico de colecionadores?

Seria esta a principal tendência hoje em dia?

— Não, não é. Há sempre um desenvolvimento duplo: há uma tendência à especialização crescente, mas ela é sempre contraposta pelo que chamamos de tendência à interdisciplinaridade. Na fronteira de cada área de especialização, há aquela área onde todos os campos se encontram e os temas interdisciplinares se comunicam.

Parece ser uma questão filosófica, a de definir que temas são relevantes, que temas não são relevantes. Há 15 anos no Brasil, muitos diriam que não era importante estudar o campesinato. Mas hoje...

— É uma questão filosófica muito difícil, é verdade; e é também muito difícil descobrir por que um historiador ou um cientista social ficam subitamente atraídos pela abertura de uma área. Há aí um elemento de moda, sem dúvida. No entanto, acontece que de tempos em tempos certos temas começam a se tornar significativos. Acho que há razões históricas para isto. Uma das razões pelas quais a história do trabalho se desenvolveu tão rapidamente na Inglaterra e na maioria dos países a partir do final da década de 50 é precisamente a ocorrência de grandes mudanças na classe operária. E tanto os historiadores enquanto historiadores, como historiadores enquanto expressão da classe operária, tomaram consciência dessas mudanças. Alguns dos estudos consagrados mais antigos eram quase sempre autobiográficos, como os de Richard Hoggart e Raymond Williams, já que tratavam da transformação na vida, nos espaços de comunicação da classe trabalhadora e na família que os próprios autores haviam vivenciado. O começo da mudança, tanto quanto o declínio da classe operária tradicional nas indústrias tradicionais, foi o que atraiu a atenção dos pesquisadores.

Acredito que o mesmo ocorreu com os estudos sobre o campesinato. Os estudos camponeses tornaram-se importantes no momento em que claramente o campesinato não era mais uma massa estável. Ela estava se movendo, estava migrando, estava desgastada, estava sendo expulsa, e foi nesta circunstância que logicamente muitas pessoas começaram a se interessar pelo campesinato. Temos que distinguir aqui entre fazer julgamentos de valor político e julgamentos de valor acadêmico sobre um assunto. O que o papel político do campesinato é ou foi é uma coisa; outra coisa é o fato de que o campesinato está sendo pela primeira vez transformado de grande maioria da raça humana em um segmento específico. E é isto que está sendo estudado no seu conteúdo. Mais: é algo que projeta luz no contexto mais amplo das mudanças de longa duração na sociedade humana. Mas, ainda assim, você está certa; por que razão escolhemos um assunto, é muito difícil saber. Seria muito interessante ver se existe algum modo objetivo de compreender por que escolher determinado assunto, por que em certos períodos encontramos historiadores e cientistas sociais bastante independentes convergindo para um campo particular. Não sou capaz de compreender isto completamente.

Como o senhor avaliaria a aplicação de seu conceito, algo polêmico, de "pré-político" ao estudo do campesinato hoje?

— Eu não utilizaria mais este termo sem uma qualificação bastante cuidadosa. O que eu queria dizer não era que as pessoas não eram de nenhum modo políticas, mas que eram políticas antes da invenção da terminologia, do contexto moderno e do complexo institucional da política — o cenário moderno, o teatro moderno da política, o drama moderno da política. É algo que, em geral, não existiu até o final do século XVIII, até a era das grandes revoluções. Antes, é lógico, não é que não houvesse qualquer política. É que simplesmente a política operava de uma maneira diferente e, eu diria, muito freqüentemente de modo muito mais limitado, porque havia muito menos possibilidade de influenciar autoridades que tomavam decisões em larga escala. Nessa perspectiva, existe um sentido de mudança importante. Contudo, mesmo depois do desenvolvimento do moderno teatro da política, de seu cenário e de seus enredos, há uma série de processos, movimentos sociais e classes que num certo sentido representam os velhos enredos. Não estão ainda habituados a operar no novo modo, ainda pensam à moda antiga. Nesta medida, o conceito de pré-político persiste e mantém sua força. Parece-me claro, por exemplo, que hoje, no Irã, um grande número das massas de indivíduos organizados não pensa nos moldes do século XX. Mesmo que um de meus colegas tenha demonstrado claramente que o chamado fundamentalismo do aiatolá Khomeini repousa operacionalmente no conceito territorial do moderno Estado-nação e no governo moderno, o qual não tem nada a ver com o Corão e com a situação no século VII, assim mesmo, um grande número não pensa nestes termos. Eles pensam nos mesmos termos em que seus bisavós ensinavam a pensar sobre questões sociais, sobre o modo de organizar a sociedade e sobre o que é e o que não é uma sociedade justa ou uma sociedade tolerável.

Nesse caso, "pré-político" significaria político de outro tipo?

— Certamente. É neste sentido que estou tentando tornar claro o conceito. Já tentei esclarecê-lo em uma ou duas publicações, porque sei que o assunto e o próprio termo têm-se mostrado muito controversos.

Para encerrar a reflexão sobre história e ciências sociais, como o senhor avaliaria a utilidade de conceitos tais como ideologia, mentalidade e cultura, largamente utilizados nos escritos históricos?

— Cultura é útil certamente; cultura no sentido antropológico, isto é, uma totalidade de idéias, sistemas de valores, formas de comportamento e outros aspectos.

Mentalidade eu não acho particularmente útil, a não ser quando por exceção se aproxime do que o antropólogo chama de cultura, porque fora daí o termo me parece ser meramente descritivo. Seria preferível, como têm feito os antropólogos, tentar formar um sistema de pensamentos para ver como atividades e idéias específicas estão ligadas entre si, e com a sociedade onde têm suas raízes, e não dizer simplesmente "mentalidade", pois nesse caso os riscos são os mesmos dos estudos tradicionais de folclore: "Isto é o tipo de coisa que o povo faz, que tal pessoa faz, não há necessidade de explicar mais". Ora, o que eu acredito é que se precisa explicar mais. Por que as pessoas se comportam assim? Por que elas pensam desse modo? O que é que elas estão tentando pensar? E quais são as limitações do seu pensamento? Entre os indígenas dos Andes há um mito bastante conhecido, e que pode ter sido revivido posteriormente, sobre o possível retorno do Império. Por que é que tais coisas existem? Não é suficiente afirmar: aqui estão as esperanças dos índios que não esqueceram o Império Inca. Por que tais memórias, que devem ser tão remotas, ainda operam com eficácia, enquanto no México não há equivalente? O que significa exatamente, nos termos de um padrão geral de vida, ter idéias deste tipo? É algo parecido com a devoção de um santo local, que tem uma função definida — se você tem um problema específico para ser resolvido, você reza de uma maneira específica, faz sacrifício de uma maneira específica. Em que circunstâncias surge isto? Dito de outro modo, como isto pode ser articulado com o que idealmente esperamos ser um sistema coerente de crenças e explicações do mundo? Como se ajusta, se adapta e, se possível, muda o mundo?

Quanto à ideologia, é, como foi, algo que se aplica às pessoas que formulam ideologias.

Finalmente, como o senhor vê o contraste entre um certo crescimento do marxismo nas universidades norte-americanas e a crise do marxismo da Europa oriental?

— Se eu não quisesse falar sério, poderia responder. "Você precisa viver no capitalismo para encontrar uma ideologia anticapitalista...". Mas realmente o avanço do marxismo nas universidades americanas é um fato concreto, na história e nas outras humanidades, ainda que não em toda parte... É um subproduto da radicalização dos estudantes e intelectuais dos fins dos anos 60. Uma grande percentagem deles, após o declínio do movimento, foi para a universidade e lá se tornou atuante. Então, eu acho que essa geração radicalizada vem introduzindo ainda mais marxismo na universidade americana. Da mesma forma que, de certo modo, a minha própria geração, a dos anos 30 e 40, introduziu o marxismo na universidade inglesa, mas num grau bem menor. Acho que é isto o que está acontecendo, não sei se consigo encontrar outra explicação. Mas todas essas pessoas são atores relativamente jovens. Agora, quanto à crise do marxismo na Europa oriental, é parte da crise dos regimes da Europa oriental. Isso está ocorrendo agora porque durante muito tempo o marxismo foi a teologia oficial, e conseqüentemente o pensamento marxista original não tinha muita expressão. É uma coisa que temos de aceitar: o marxismo na Europa oriental não tem sido eficiente nem competente.

•François Furet•

Um dos expoentes da historiografia francesa atual, autor, entre outras obras, de *Penser la Révolution Française* (1978), François Furet pertence a uma geração de historiadores que se formou nos anos 50 sob a égide da École des *Annales*. Esta corrente, ou este grupo, que trouxe uma contribuição fundamental à historiografia deste século constituiu-se em torno da revista *Annales Économies, Sociétés*, (hoje acrescenta-se Civilisations ao título), lançada em 1929 por Marc Bloch e Lucien Febvre. No pós-guerra, uma segunda geração de historiadores, tendo à frente Fernand Braudel, veio consagrar em definitivo a importância dos *Annales*, que conquistaram um espaço institucional com a fundação, em 1948, da VI Seção da École Pratique des Hautes Études, hoje transformada em École des Hautes Études en Sciences Sociales.

Dividindo atualmente seu tempo entre Paris e Chicago, François Furet retoma, nesta entrevista que concedeu a Aspásia Camargo em abril de 1987, em Paris, algumas das idéias que desenvolve no prefácio de seu *L'Atelier de L'histoire*. Sua trajetória como historiador, suas posições políticas, as diversidades de perspectivas dentro da École des *Annales*, a relação entre história e filosofia, a definição mesma no campo da história, são alguns dos temas aqui tratados.

A. C. — Gostaria que nos falasse sobre suas origens, sua família e seus estudos. O que o senhor estudou, e como começou a se interessar por história?

— Nasci em Paris, sou filho da burguesia francesa. Meu pai era banqueiro. Embora burguesa, minha família era de esquerda, socializante, foi favorável à Frente Popular em 1936. Um tio meu chegou a ser ministro de Léon Blum. De modo que tive uma educação totalmente liberal, e mesmo quase anárquica. Quanto aos estudos, fiz letras, direito e depois história na Sorbonne. Foram estudos um tanto longos, porque fui tuberculoso durante muitos anos — na época era uma doença séria — e tive interrupções com temporadas no sanatório. Obtive a licenciatura em história em 1954, aliás, quando Braudel era o presidente da banca examinadora. Por que eu me interessei por história? Penso que foi sob a influência do marxismo. Foi na medida em que me tornei marxista, entre 20 e 25 anos de idade, que comecei a me interessar pela história como a ciência-mãe, a disciplina central a partir da qual se poderia compreender todas as outras.

A. C. — **O senhor fala muito nos historiadores de sua geração. Alguns deles — entre os mais conhecidos — o acompanharam desde o início de sua formação?**

— Sim, formamos uma geração que possui um *curriculum* comparável e que aliás, no conjunto, foi bem-sucedida nas instituições universitárias. E o que temos em comum é que fizemos 20 anos nos anos que se seguiram à Segunda Guerra Mundial. Vivemos o fim da guerra como adolescentes, e muitos de nós estivemos na Resistência. Eu, por exemplo, estive no Maquis um pouco antes da libertação da França, entre junho e setembro de 1944, quando tinha 17 anos.

A. C. — **Como o senhor entrou para o Maquis?**

— Eu estava no Lycée Janson e fazia parte de uma resistência dos estudantes secundaristas. Fazíamos coisas como distribuição de panfletos, atividades de campanha política, e era uma resistência de esquerda, mas não especificamente comunista. Em junho de 44, já depois do desembarque dos americanos, quando as coisas começaram a se precipitar, fui para o Berry, na região central da França, onde minha família tinha uma propriedade. De lá fui para o Maquis, junto com um regimento de forças francesas do interior, que foi então constituído. Foi uma experiência muito importante para mim, embora, para falar a verdade, eu não tenha lutado realmente muito. Minha única experiência de combate foi a tomada de uma passagem de nível. Mas para um adolescente superprotegido, com uma vida sem grandes problemas, foi efetivamente um acontecimento.

Ao voltar, retomei meus estudos e, como muitos jovens franceses que eram bons alunos na escola secundária, preparei-me então para a École Normale Supérieure, para a qual prestei exames em 46. Fui reprovado no exame oral e nunca mais tentei de novo, de modo que uma das originalidades que apresento é não ser um *normalien*.

A. C. — **Realmente existe essa coincidência, de que quase todos os grandes nomes da intelectualidade francesa são *normaliens*.**

— É, mas ao contrário das pessoas que encontrei depois, na época da licenciatura, como Le Goff, Bergeron, Le Roy Ladurie, Agulon, que passaram pela École Normale, jamais estive lá. Aliás, isso não me prejudicou em nada, e creio mesmo que de uma certa maneira me beneficiou. Tenho minhas dúvidas de que os anos passados na École Normale sejam favoráveis à abertura dos jovens espíritos para o mundo. Na verdade, tenho observado que, para muitos jovens que foram promissores nos bancos escolares, a passagem pelas grandes *écoles* significou muitas vezes o fenecimento de sua inventividade e de sua ambição.

Mas, parando de falar só sobre mim, o que há de característico na minha geração é que efetivamente muitos de nós fomos comunistas. A geração quase como um todo era formada por pessoas de esquerda ou de extrema esquerda. Lembro que quando eu era jovem ser socialista era praticamente impensável, de tal forma isso parecia anódino. Quando se era de esquerda, era-se comunista. Lembro que quando eu me preparei para o concurso da licenciatura, o grupo de candidatos — do qual faziam parte alguns que trilharam seu caminho na história, como Le Roy Ladurie, Agulon, Besançon, Richet, Ozouf — era todo de comunistas. Nessa época éramos todos marxistas e filiados ao Partido Comunista, Os que não estavam no partido em geral estavam muito próximos, eram simpatizantes. A diáspora do partido ocorreu em torno dos anos 55, 56, 57, ou seja, com o krutchevismo.

A. C. — Ou seja, coincidiu com o XX Congresso do PCUs.

— Exato. E para nós, para a nossa geração, coincidiu também com o momento em que começávamos nossa vida profissional. Fomos comunistas quando éramos estudantes, e, por força das circunstâncias, deixamos o partido e deixamos de ser comunistas no momento em que obtínhamos nossos primeiros postos como professores. De modo geral todos deixamos o partido no mesmo momento, uns um pouco antes, outros um pouco depois, mas sempre nos anos em torno do XX Congresso.

A. C. — Para explicar a entrada maciça dos intelectuais, dos jovens estudantes no partido, podemos supor que a Resistência tenha exercido grande influência. Mas como o senhor explica essa saída?

— Realmente, não há mistério na nossa entrada. Éramos todos filhos do antifascismo, e no período da libertação, bem como no após-guerra, a forma privilegiada do antifascismo nos pareceu ser o comunismo. Havia o mito da Rússia, do Exército Vermelho, um mito que aliás nos cegou, porque efetivamente ficamos cegos diante de todas as evidências. Aceitamos ingenuamente uma série de mentiras sobre o mundo soviético. Os mais prudentes de nós — foi o meu caso — felizmente não escreveram nesse período. Se eu o tivesse feito, teria escrito um monte de bobagens. Não sei realmente se não escrevi porque era jovem ou porque tinha uma espécie de bloqueio inconsciente.

Agora, por que nós saímos? Porque a sucessão de Stalin fez com que viesse à tona a enormidade das mentiras das quais nós tínhamos vivido, e, de um momento para outro, o mundo do Partido Comunista Francês, que era um mundo particularmente stalinista, nos pareceu refratário à mudança. Como quase todos os que deixam o partido, começamos a abandoná-lo ainda dentro dele. Ou seja, dizíamos: "O princípio continua válido, apenas houve um desvio em seu interior. Portanto, permaneçamos no mundo comunista para fazê-lo mudar". É o modelo absolutamente clássico do revisionismo interno. Mas ao cabo de algum tempo, você percebe a total ineficácia dessa ação interna, sobretudo num partido tão militarmente centralizado como o Partido Comunista Francês. E depois, uma terceira etapa vem colocar em causa também o próprio princípio, a própria idéia comunista enquanto tal. Eu, pessoalmente, vivi todas essas etapas: o revisionismo interno, em seguida a saída do partido e finalmente o questionamento da idéia comunista, da idéia de um Estado capaz de modificar a sociedade no sentido de uma maior igualdade e de uma maior transparência. Eu diria que fiz isto entre 55 e 58, e que desde então não mudei muito de opinião em política.

Estou à direita da esquerda e à esquerda da direita, bastante cético quanto aos limites da ação política, ou, ao contrário, bastante convencido quanto ao valor básico da democracia como a melhor forma política para a vida dos cidadãos. Dentro destes limites, nunca fiz política muito ativamente. Para me situar, entretanto, eu diria que fui conselheiro técnico de Edgar Faure em 1968, quando ele fez a reforma universitária francesa que foi muito atacada pela direita. E nos anos 70, fui muito reticente diante da equação Mitterrand-união da esquerda, porque a considerava hipotecada pela união com os comunistas. Mas votei em Mitterrand em 81. Sempre achei, porém, que sua experiência desde o início esteve comprometida por um peso extremamente negativo, que é a aliança comunista, cujas conseqüências são uma série de equívocos sobre a sociedade moderna. Sempre achei, em função disso, que, se os socialistas tomassem o poder, estariam condenados a cometer erros tais que seriam obrigados ou a renunciar ao poder, ou a renunciar às suas idéias.

A. C. — **O que o senhor acha que aconteceu?**

— Eles renunciaram às suas idéias! O que faz com que não tenham governado tão mal. Mas hoje em dia eles estão diante da necessidade de uma renovação de idéias, que é o cerne do problema da esquerda francesa.

A. C. — Não seria da esquerda internacional?

— É um problema internacional, mas que os espanhóis, por exemplo, estão resolvendo melhor do que os franceses, na minha opinião. Em poucos anos Felipe Gonzalez conseguiu fazer do socialismo espanhol uma força governamental dotada de credibilidade — mesmo que nos últimos seis meses isso possa soar menos verdadeiro do que há um ano atrás. Quero dizer com isso que ele libertou o socialismo espanhol das hipotecas do marxismo-leninismo que ainda pesam muito sobre o socialismo francês.

Parece-me que a grandeza de Mitterrand teria sido fazer o socialismo francês dar um passo absolutamente decisivo, que consiste precisamente em libertá-lo dessa cultura fictícia do radicalismo revolucionário na qual a esquerda francesa se destaca há 200 anos. Ele até fez isso, mas sem declará-lo — a pedagogia de Mitterrand, como sempre, é uma pedagogia prática. Ele fez isso sem dizer que estava fazendo, sem confessá-lo, e tanto isso é verdade que o Partido Socialista hoje está incerto quanto ao rumo a seguir. Não sabe se as concessões que foi obrigado a fazer à sua doutrina entre 1983 e 1986 são definitivas ou provisórias, se um dia poderá voltar às velhas idéias de ruptura com o capitalismo. O que se verá nos próximos 10 anos é justamente isto: se o Partido Socialista Francês vai aceitar ser uma força clássica da alternância democrática do poder na França, ou seja, um partido de governo um pouco como a socialdemocracia espanhola, alemã, e até certo ponto inglesa, ou se prevalecerá o peso da velha cultura revolucionária francesa.

Como sou otimista, parece-me que o Partido Socialista Francês, de cinco ou seis anos para cá, está no bom caminho. É isto aliás o que me faz não lamentar meu voto em 81. Considero bom ter votado em Mitterrand em 81, porque considero bom que a esquerda tenha chegado ao poder e possa ter a experiência de governo. Como hoje a França é um país que exporta muito, que está dentro do mercado europeu e mundial, não é mais possível fazer uma política louca do ponto de vista econômico durante muito tempo, pois logo começam a piscar os sinais de alarme. Se você faz uma desvalorização, já não é muito bom. Duas, ainda vá lá. Mas não é possível fazer seis. Ou bem você é obrigado a corrigir o rumo, e adota uma política econômica e social mais razoável, ou bem é obrigado a pular fora. E a França fez a primeira opção. Sob este ponto de vista, sou também inteiramente favorável à Europa, porque a comunidade européia introduz nas culturas políticas de nossas velhas democracias um elemento de racionalização de gestão que não existe na esquerda.

A. C. — Além de ser favorável à comunidade européia, o senhor é otimista em relação à sua consolidação?

— Acho, como todo mundo, que ela avança lentamente. Mas este problema é extraordinariamente grave e não deve ser subestimado. É extraordinariamente grave porque a contribuição histórica da Europa à civilização e à história universal foi exatamente a nação. O que a Europa inventou, em comparação com a Antiguidade, os impérios, as cidades-estados, foi precisamente a nação. Apesar de tudo, você pode ver essa maravilha cultural tão grande ao lado de tantas coisas. Se você retirar a França, a Inglaterra, a Alemanha, a Itália modernas, da história universal, você percebe que fica faltando muito à humanidade. Pois bem, agora se resolveu dizer às nações européias: "Foi muito bom ter-se feito as nações, mas neste momento é preciso dissolvê-las". E isto para fazer uma coisa que não é clara, que é a renúncia àquilo que foi feito de melhor. É isto que é muito difícil, e é preciso evitar encará-lo com a ingenuidade americana, que não tem nenhuma experiência do que seja uma nação européia e acredita que um modelo federativo de tipo americano possa se instalar com facilidade na Europa. As realidades não são absolutamente comparáveis.

Menciono isso tudo para dizer que lentidão não me atemoriza muito. Nos últimos 30 anos, apesar de tudo, a idéia de um poder político comum progrediu. O grande problema daqui para frente vai ser a relação com os americanos, pois a relação bilateral dos países europeus com os Estados Unidos muitas vezes é muito mais importante do que a relação desses países entre si.

A. C. — Certamente. É o caso da Alemanha, por exemplo?

— Sim. E da França também. Veja as relações intelectuais. Nós temos 10 vezes mais relações intelectuais com as universidades americanas do que com as universidades alemãs ou inglesas. Isto coloca um problema sério, que é o do restabelecimento do equilíbrio do lado da Europa. Considero isto fundamental. Mas enfim, a coisa está avançando. Se você observa a maneira como a França se abriu para o exterior nos últimos 20 anos, é uma coisa espetacular. Quando eu era estudante, as universidades eram rigorosamente francesas. Havia poucos professores estrangeiros, ninguém falava inglês etc. A mudança foi gigantesca. Se você tomar as grandes instituições de pesquisa na França, verá que elas são internacionais.

A. C. — É verdade. Estou aqui como professor visitante da École des Hautes Études certamente por causa disso.

— A École des Hautes Études, que dirigi por muito tempo, é uma instituição totalmente cosmopolita. Ela tem 200 professores franceses e, a cada ano, recebe 100 professores visitantes estrangeiros, convidados.

A. C. — Voltando ao Partido Comunista, que balanço o senhor faz de sua passagem por ele? Quais foram os pontos positivos, tanto sob o prisma pessoal, como profissional e intelectual?

— É difícil dizer. É difícil avaliar em termos positivos ou negativos as coisas que aconteceram na nossa vida. Elas aconteceram, e pronto. Fazemos do que aconteceu o melhor que podemos. Mas, para qualquer pessoa que saiba refletir, um acontecimento da vida nunca é totalmente perdido, mesmo quando é considerado o resultado de uma ilusão ou de um equívoco. Vou começar pelos pontos negativos: o primeiro é que perdemos muito tempo. Durante 10 anos, em vez de ler os grandes livros da literatura universal, todos os que estávamos no partido lemos muitos livros que não eram importantes. Não estou me referindo a Marx, que foi provavelmente o único autor muito importante que lemos na época. Mas enquanto estávamos no partido, não lemos Benjamin Constant, não lemos Hobbes, não lemos Locke, não lemos Tocqueville etc. etc. É verdade que eu já conhecia Tocqueville desde o tempo do colégio, mas só fui estudá-lo, e aos outros, seriamente, depois, Portanto, houve uma perda de tempo.

O que nós ganhamos, afora pequenos talentos de organização, que aprendemos no Partido Comunista e podem ser úteis na existência quando nos ocupamos de tarefas administrativas, foi uma experiência política totalitária, que, na minha opinião, distingue aqueles que passaram por ela dos demais. Existem coisas que são espontaneamente compreendidas por aqueles que passaram pelo partido, e que o resto da geração tem mais dificuldade de perceber. Eu fico até espantado de ver que pode existir um universo comum entre as pessoas que passaram pelo Partido Comunista e compreenderam por que o deixavam, e os outros. Digo "que compreenderam por que o deixavam" porque há muitas pessoas que passaram pelo Partido Comunista e saíram por razões acessórias, sem nunca terem compreendido a realidade do fenômeno, que deixaram o Partido Comunista mas permaneceram espiritualmente comunistas. É muito comum isso na França. Estou falando das pessoas como eu, que deixaram o Partido Comunista rompendo com o tipo de raciocínio, de cultura e de premissa intelectual subjacente à adesão inicial. É uma mentira dizer que todas essas pessoas passaram para a extrema direita. Algumas foram para a extrema direita, mas a massa das pessoas como eu é de centro-esquerda, centro-direita. Ou seja, tornaram-se democratas liberais. Este é o caso mais freqüente.

A. C. — **Em sua opinião, portanto, quando as pessoas que passam pelo partido e saem por razões conscientes, elas se tornam mais liberais?**

— Sim. Elas atribuem então mais importância àquilo que no marxismo se chama de "liberdades formais". O peso das liberdades formais só pode ser bem apreciado num sistema que as nega, como sempre.

A. C. — No seu caso, isso explicaria seu interesse atual pela Revolução Francesa?

— Sim, embora meu interesse pela Revolução Francesa date de antes, do tempo em que eu era marxista. Ainda quando era estudante fiz uma dissertação sobre a imprensa em 1789. Portanto, mantive meu interesse ao longo da minha evolução. No começo, a Revolução Francesa me interessava por ser uma das genealogias mais prováveis do bolchevismo. Depois, ela me interessou pelas mesmas razões, só que eu me coloquei num ponto de vista crítico. Em outras palavras, é evidente que eu me interessei pela Revolução Francesa por razões ligadas ao meu engajamento político. Aliás, digo isso francamente, eu me interesso pela história pelo que ela comporta de inteligibilidade para o presente.

Penso que existem dois grandes tipos de historiadores. Existem pessoas que gostam da história pela história: ficam felizes quando estão diante de arquivos, de maços de manuscritos, através dos quais tentam ressuscitar uma época, e pronto. Este tipo de curiosidade não é suficiente para me fazer trabalhar, para me fazer escrever uma história. Sinto necessidade de procurar na história o segredo do presente. Este me parece ser o segundo tipo de curiosidade histórica, e não o privilégio, apenas reconheço que é o meu. Mas sempre me espantou o fato de que esta curiosidade pela história como chave do presente esteja distribuída de maneira tão desigual entre os historiadores que conheço. Há pessoas que se interessam pela história simplesmente porque se interessam pela história.

A. C. — Isto me faz pensar na chamada história tradicional. Durante seu período de formação, qual era o peso da história tradicional?

— Você fala da história *événementielle*? O peso era muito grande nas instituições, na Sorbonne, por exemplo, mas espiritualmente ela já estava liquidada. Lembro nitidamente que nós, jovens marxistas, nunca púnhamos os pés na Sorbonne — você sabe que as universidades francesas são muito flexíveis nesse ponto, você pode fazer os exames sem assistir às aulas. Freqüentávamos a VI Seção da École Pratique de Hautes Études, ouvíamos Braudel, Vilar, Labrousse, e só excepcionalmente íamos à Sorbonne para assistir a um ou dois cursos obrigatórios para a licenciatura. Para nós a questão nem se colocava. O que contava eram os *Annales*, e pelo que eles ofereciam de compatível com o marxismo.

A. C. — Este é justamente o outro lado da minha pergunta. Naquele momento a École des *Annales* já estava constituída desde algum tempo, e Braudel inclusive fazia parte da segunda geração do grupo.

— Sim. Braudel fundou a VI Seção da École Pratique contra a Sorbonne. E no começo dos anos 50 ele já havia ganho a partida, pois era o presidente da VI Seção, professor do Collège de France e presidente da banca responsável pelo concurso para a licenciatura. Tinha uma situação absolutamente importante, era um homem poderoso, mas curiosamente se pensava como minoria, porque não estava na Sorbonne. O que prova a que ponto as mentalidades sobrevivem às situações. Até morrer Braudel sempre me disse que era perseguido. Quando ele entrou para a Academia Francesa, *Le Monde* estampou na primeira página: "Um perseguido [ou um marginal, não lembro bem] entra para a Academia". Para você ver como os mitos são prodigiosos na França.

A. C. — Como foi seu concurso para a licenciatura? Vocês, comunistas, estavam isolados dos outros?

— Não, absolutamente. A prova é que todos passamos mais ou menos brilhantemente no concurso, que era difícil, e pouco depois Braudel nos levou para a École Pratique des Hautes Études. Não estávamos isolados, mas, como sempre, a mentalidade comunista é aristocrática... Você a conhece! Digo mentalidade aristocrática no sentido de que se trata de um pequeno grupo que sabe mais que os outros, que possui uma doutrina esotérica que supostamente compreende e conhece aquilo que os outros não compreendem e não conhecem. Mas não se pode dizer que na França dos anos 50 os comunistas estivessem à margem da sociedade.

Lembro que neste concurso dei uma aula de um marxismo absolutamente ortodoxo sobre a Polônia do século XVIII, e que Braudel a considerou espantosa. Eu explicava tudo pelo comércio do trigo na segunda servidão, pela necessidade de exportar e de aumentar a taxa da mais-valia.

A. C. — Ainda assim o senhor não teve problemas com a banca?

— Não, porque você sabe que existem algumas pontes entre o braudelismo e o marxismo, como bem mostrou o Braudel dos últimos tempos. Quando você explica o essencial da história através das grandes pulsações econômicas, de alguma maneira você tem uma linguagem comum com os marxistas. Mas os marxistas, sobretudo os comunistas franceses, eram tão sectários naquela época que atacavam Braudel, escreviam contra ele. O que era um absurdo, porque os "níveis" de Braudel são perfeitamente articuláveis com uma teoria marxista da história, embora, naturalmente, sejam muito menos dogmáticos do que o marxismo. Porque no marxismo, afinal, de alguma forma há uma teoria da causalidade.

A. C. — Mas o que eu queria saber é se no seu tempo de faculdade havia discussões entre os estudantes em torno dos modelos da história social, praticada pelo grupo dos *Annales*, e da história *événementielle*. Discutia-se isso?

— Para nós, se você quer saber, o que os *Annales* diziam não era suficiente, era apenas evidente. E era evidente porque eles reabilitavam a parte econômica. Pela mesma razão nós tínhamos uma grande admiração por

Rostovtzeff — ainda que ele fosse um historiador anti-soviético —, porque ele fazia uma interpretação econômica e social da queda do Império Romano. Achávamos isso formidável, uma interpretação econômica e social... Pelas mesmas razões por que Braudel é compatível com uma interpretação marxista, Rostovtzeff também o é.

A. C. — Como o senhor vê, no interior dos *Annales*, o papel do marxismo e o papel da sociologia, de Durkheim?

— O papel do marxismo nos *Annales* foi inexistente no começo. Não há vestígios de marxismo em Marc Bloch e em Febvre, nem mesmo vestígios de que eles tenham lido Marx seriamente. O que foi importante no começo dos *Annales* foi a geografia, o determinismo geográfico, os inícios da sociologia, com Durkheim, Halbwachs, Mauss, e da economia estatística, com Simiand. Isto é que foi importante. Você percebe que são fontes essencialmente francesas, porque vivíamos ainda num mundo muito protecionista do ponto de vista cultural.

Foi realmente Marc Bloch quem mais se abriu para o exterior, quem mais teve curiosidade sobre os ingleses e os alemães, embora com uma visão não muito metodológica. Mas nem Marc Bloch nem Febvre são epistemólogos. Na verdade, são práticos da história, que pretendem abrir o campo da história. Mais tarde, Braudel, em sua tese sobre o Mediterrâneo, no fundo também não está muito preocupado com uma epistemologia sistemática. Ele tem sua teoria dos níveis, do tempo longo, mas não se interessa fundamentalmente pelo problema da epistemologia histórica. Penso que o encontro dos *Annales* com o marxismo é mais tardio, ocorre com a geração precisamente dos anos 60, quando o marxismo se torna uma doutrina dominante na França, com as ciências sociais. Eu digo mesmo que assistimos nestes últimos anos a uma marxização do braudelismo.

A. C. — Como o senhor vê a influência da École des *Annales* sobre outras culturas que não a francesa, já que se tratava de um movimento exclusivamente francês em sua origem?

— Penso que é uma influência importante, mas difícil de ser delimitada, pois está muito misturada à de outras correntes, como o marxismo, o estruturalismo, as ciências sociais. Ou seja, está misturada à idéia que predominou na França nos anos 60, de que o que importa não é aquilo que é manifesto, aquilo que se vê, mas o que está por detrás do manifesto, por detrás do que se vê. Quer você chame isso de inconsciente na psicanálise, de estrutura do parentesco, ou de modo de produção, você tem sempre um mesmo esquema mental que faz com que aquilo que é mais manifesto seja ao mesmo tempo o mais superficial, aquilo que explica em profundidade seja sempre uma outra coisa. E este é um esquema, digamos, braudeliano, que no fundo é não apenas compatível, mas perfeitamente moldável a todas essas epistemologias da suspeita, das quais as ciências sociais se alimentaram durante muito tempo.

É por isso que seria complicado separar a influência que pode ser atribuída propriamente aos *Annales* daquela que pode ser atribuída ao marxismo, por exemplo. E o marxismo como corpo de doutrina universal não é pouca coisa. Em muitos países — suspeito que seja o caso do Brasil, dos outros países da América Latina, como também da América do Norte, ou da Inglaterra — o braudelismo passou pelo marxismo. Outro exemplo: o que se chamou nos Estados Unidos de *social history*, o que fez Tilly nos anos 60. Eles descobriram aquilo antes de conhecer Braudel. O braudelismo se sobrepôs a uma coisa com a qual era facilmente compatível.

Em outras palavras, creio que a universalização dos *Annales* foi veiculada também por outros fatores além da própria força da corrente dos *Annales*. Aliás, se você quer minha opinião sincera, penso que os *Annales* nunca propuseram uma epistemologia histórica, que não existiu um único metodolólogo na École des *Annales*, e que, por conseguinte, o que fez sua reputação foi algo bastante vago, ou seja, sua proposta de deslocar o tema da história, do político, para o econômico e o social, do curto prazo para o longo prazo. É preciso acrescentar ainda que o acaso fez com que aparecesse um número relativamente grande de bons historiadores na França, depois da Segunda Guerra Mundial, que divulgaram a École des *Annales*, tudo isso somado à existência de uma instituição verdadeira e forte como a École des Hautes Études. Você sabe que existe também uma realidade sociológica da École des *Annales*. Eu sempre digo brincando que a École des *Annales* não tem outra definição, senão a de que ela é as pessoas que eu encontro de manhã no elevador. O que existe de comum entre Le Roy Ladurie, Le Goff, eu, Richet etc.? Como podem nos identificar sob uma mesma etiqueta, dizendo: eles são da mesma escola?

A. C. — É verdade, não há nada de comum. Um trabalha com demografia, outro com representações... De toda forma, foram os historiadores que criaram a VI Seção da École Pratique des Hautes Études. O senhor diria que a história sempre teve um papel importante dentro da escola?

— Ela teve esse papel até mim, já que eu também fui presidente da escola durante muito tempo. E quando eu saí, em 1985, ninguém da nossa geração quis ficar no meu lugar. É um trabalho bastante absorvente, que obriga a perder tempo, e não se encontrou nenhum historiador que quisesse fazê-lo. Foi então um antropólogo, Marc Augé, que aceitou assumir a função, que até mesmo desejava fazê-lo. E ele era um homem perfeitamente aceitável pelos historiadores, porque não estava longe de nós. Agora, isto corresponderia a uma tendência profunda de recuo da história e de avanço da antropologia? Não creio. Penso que o que caracteriza o cenário francês hoje é, ao contrário, o fato de que mais que nunca a história é a ciência central. Mesmo sendo uma ciência frouxa, vaga, a história continua a ser a disciplina mais forte no sentido editorial, de mercado.

A. C. — **Os sociólogos se ressentem disso?**

— Eu diria que as duas disciplinas que me parecem estar numa crise muito grave são a sociologia e a antropologia. Não estou absolutamente certo de que a antropologia resista à descolonização, nem ao conceito de relativismo cultural. Quanto à sociologia, não vejo nenhum sucessor de Touraine, Bourdieu, Boudon etc. Aliás, fico tentado a acrescentar "melhor para nós", porque não sou um grande admirador da sociologia.

A. C. — **Voltando a essa questão que o senhor mencionou, da predominância no pensamento francês dos anos 60 de um preconceito contra tudo o que é manifesto. Este preconceito atingiu o político, que é sem dúvida o que existe de mais visível, e por isso mesmo foi considerado o menos importante. Parece-me que seu papel, ao estudar a Revolução Francesa, foi justamente o de reintroduzir na história as questões da política.**

— Sim, mas esta partida ainda não foi ganha. A massa da École des *Annales*, os historiadores, mesmo da geração seguinte à minha, estão ainda ligados à história social, à história das mentalidades. Ou seja, o que lhes interessa é menos a história das idéias do que a história da recepção social das idéias. E eu advogo que a história política seja ao mesmo tempo a história das idéias, não apenas de sua recepção social. E aliás, dentro dessa perspectiva, eu advogo uma aliança da história com a filosofia. Minha idéia central, o que eu faço no Institut Aron, é juntar os historiadores e os filósofos. É tentar reabilitar não apenas a história do político, mas também a história das idéias, que foi praticamente arruinada pela École des *Annales*.

A. C. — **A mentalidade superou a idéia.**

— Exatamente. E para a história das idéias, o político é o lugar da liberdade humana, o lugar do aleatório, da invenção. Somos obrigados a renunciar à idéia de que o que importa, o que determina o futuro, é o oculto e ao contrário, a estudar na história a invenção, a liberdade, o explícito, o manifesto. É isto que me parece ser apaixonante. Parece-me que estamos saindo dessa falsa história, da ciência do implícito. Eu gostaria de voltar à idéia de que a história é a ciência, é o saber sobre o que os homens manifestam. Um pouco a mesma coisa, se você quiser, que acontece na política, quando se observa o fim da concepção marxista da democracia. A concepção marxista nos quis fazer crer que o que importava era o que havia por detrás da democracia, o que a democracia escondia, sem nos dizer. E finalmente se percebeu que o que importa na democracia é o que ela diz, é unicamente a sua "palavra". É, aliás, o fato de que todos os homens são iguais, e de que é simplesmente esta explicitação que modifica as relações entre eles.

É isto o que eu queria fazer os historiadores compreenderem: que o lugar do político é provavelmente o mais favorável para se perceber a história total de uma coletividade. Se você quiser compreender, por exemplo, o que caracteriza a história inglesa em contraste com a história francesa, você não deve se ater às infra-estruturas, que são bastante comparáveis. Se você comparar a Revolução Industrial na Inglaterra e na França, terá os mesmos elementos, ainda que eles não obedeçam aos mesmos ritmos. Ao passo que se você comparar as idéias das culturas políticas dos dois mundos, você se verá diante de dois universos.

A. C. — Tão diferentes quanto Rousseau e Locke.

— Exato. E independentemente, eu diria, da recepção social dos dois autores. E o que me apaixona na Revolução Francesa é isto, é a invenção francesa da democracia, essa espécie de coisa extraordinária que fez com que, no final do século XVIII, os franceses inventassem uma forma radical, mas perigosa e frágil, de democracia, que tem relações complicadas com a liberdade.

A. C. — Gostaria que o senhor explicasse um pouco mais a idéia desta invenção, porque o senhor insiste em que o tom da Revolução Francesa era mais rousseauniano, no sentido da democracia direta, em contraste com o modelo inglês, que privilegia a representação. Embora a democracia direta não tenha funcionado, como o senhor vê a enorme influência da Revolução Francesa, essa espécie de internacionalismo que faz com que mesmo no Brasil se conheça não a Revolução Inglesa, mas a Revolução Francesa? Por que o êxito dessa combinação mágica entre liberdade, fraternidade e igualdade?

— Para mim, a Revolução Francesa contém três idéias principais, se me for permitido esquematizar um pouco. A primeira idéia, que curiosamente é também totalmente antiinglesa, é a da tábula rasa, da ruptura com o passado. É a idéia de que um povo, num determinado momento da sua história, pode se instalar para reinstituir radicalmente sua sociedade. É a idéia do Ancien Régime na França, e é o próprio conteúdo da idéia revolucionária. A idéia de que a partir de um momento x da história um mundo pode ser reinstituído sobre uma história que é pensada toda ela como corrupção. Esta é uma idéia louca, uma idéia apaixonante, que surgiu no fim do século XVIII. Até hoje, aliás, tenho dificuldade em compreender seus elementos formadores. Enfim, esta é uma das grandes inovações da Revolução Francesa.

A segunda idéia forte da Revolução Francesa é a ruptura com a ordem religiosa, que é decisiva. A França inventa a democracia contra a Igreja por razões nas quais não insistirei, e que são profundas. Portanto, instaura-se uma cultura democrática moderna contra a Igreja, ocorre uma diferença em relação ao mundo anglo-saxão, onde a democracia se instala dentro de uma revolução religiosa preexistente. E foi o caso francês que se generalizou, que se universalizou, até mesmo na América Latina.

E o terceiro elemento da Revolução Francesa que é fascinante é o problema de pensar a representação política: de que maneira um corpo social, uma sociedade civil se representa no nível do Estado, se representa no sentido próprio. Ou seja, de que maneira ela se instala sob uma outra forma que não ela mesma, e no entanto fiel a ela mesma no nível do Estado. A idéia de representação recebeu um golpe de Rousseau, já que ele disse: "É impossível. Para que a sociedade se encontre no nível do Estado, é preciso que cada cidadão etc. etc.". Bom, e a Revolução Francesa pode ser lida toda ela como uma crise geral da representação moderna, uma vez que ela termina com Bonaparte, que é um curto-circuito da representação, que é uma forma monárquica da democracia.

Aí está. Uma vez que você perceba as três idéias fundadoras da democracia à francesa, você compreende muitas coisas, me parece, do mundo moderno, dos últimos 200 anos.

A. C. — Ouvindo-o agora, eu me pergunto se a idéia do sufrágio universal — que não é a democracia direta nem tampouco a representação à inglesa — decorre da Revolução Francesa. A pressão das massas para entrar num sistema democrático decorre daí?

— Mas o sufrágio universal não basta para fazer as massas entrarem na democracia, já que, como dizia Rousseau, ele significa simplesmente que as massas alienam seu poder a cada quatro, seis ou sete anos a representantes que utilizam esse poder para fins que, eu diria, não são universais. Quando se delega o poder, perde-se o poder. Isto é evidente. Existe um dilema democrático, que nos permite desconfiar que Rousseau tenha demonstrado perversamente em *O contrato social* que a democracia é uma aporia lógica num grande Estado. Mas, isto posto, acontece que, de fato, a representação funciona.

A. C. — Mas também não funciona da maneira inglesa, que pressupõe a existência de pequenas comunidades políticas. Mesmo para os americanos, no começo, a idéia era de uma democracia para muito poucas pessoas, pessoas qualificadas.

— Os anglo-saxões têm menos problemas do que nós, porque eles não convivem com a idéia de que os interesses não são representáveis, já que em Locke a propriedade é um direito natural. E a sociedade em estado natural não é muito diferente da sociedade política. Ao passo que, em Rousseau, a passagem da sociedade natural para a sociedade política é terrivelmente difícil, já que é preciso que o indivíduo se "desnature" para tornar-se um cidadão segundo o modelo do homem racional.

A. C. — O conceito social de natureza é inverso.

— Exato. Portanto, temos um pensamento da democracia na Revolução Francesa que é um pensamento verdadeiramente forte do ponto de vista filosófico, extremamente difícil de ser posto em prática e que, a meu ver, produziu um século XIX francês tão célebre em patologias políticas, já que os franceses experimentaram sucessivamente várias monarquias, várias repúblicas, e chegaram a fazer um segundo Bonaparte. E é isto o que me interessa no caso francês, no que eu chamo de "teatro francês". Se quisermos compreender a França contemporânea, só há um meio de fazê-lo, que é passar pela política.

A. C. — O senhor pensa que a república, e especialmente a república francesa, é tudo o que pudemos extrair da revolução?

— Sim, moderando a herança. Porque se você observa como Ferry e Gambetta fabricaram o consenso em 1877-80, você percebe que, ao lado da herança dos direitos do homem de 89, eles conseguiram conjurar a lembrança de 93, primeiro porque fuzilaram os membros da Comuna e liquidaram a supervalorização da esquerda e também porque pediram socorro ao comtismo. Para um brasileiro é fácil compreender do que se trata. O comtismo contém uma idéia muito forte, que é a idéia da ciência. A ciência consolidando os direitos do homem, mas às custas de uma contradição filosófica, porque, como você sabe, Comte era hostil a 89 e à soberania do povo. Por conseguinte, na herança ferryista e gambettista há uma combinação entre a idéia dos direitos do homem, de liberdade etc., e a idéia de um progresso científico inevitável à humanidade.

A. C. — O senhor considera que a idéia de Comte, enfim, a própria idéia de uma tecnocracia, tem relação com a experiência histórica da revolução, da perda da aristocracia como classe dominante?

— Bem, a tecnocracia é portadora da idéia científica, da idéia da racionalidade administrativa, mas no caso francês ela só se torna vitoriosa quando é conciliável com a democracia. Você não pode instalar na França uma ditadura de "científicos". A grandeza dos homens da Terceira República — que eu considero grandes homens, como Ferry e Gambetta — foi eles terem combinado a idéia da razão tecnicista que vem de Condorcet, Saint-Simon, Comte, com a idéia da vontade geral, dos direitos do homem, e terem fundado a democracia sobre a vontade dos cidadãos. São idéias filosoficamente contraditórias que eles conseguiram combinar, para criar o consenso francês.

A. C. — Para criar um campo neutro, que foge à idéia de classes dominantes.

— Completamente. E é este consenso que o marxismo destrói no século XX, com a idéia de que sob o mito republicano escondia-se a classe dominante. E hoje, quando o marxismo está morrendo na França, o que se redescobre é precisamente o valor dessas idéias dominantes de um grupo coletivo. Você não fica espantada com o fim do marxismo na França?

A. C. — Fico muito espantada, porque quando morei na França, entre 1967 e 1974, era só o que havia. Freqüentar os seminários de Raymond Aron era muito malvisto. Ninguém se interessava por Pareto e por Weber. A moda era realmente Althusser e Poulantzas. E, agora, não estou vendo mais nomes deste peso.

— Acabou. Não sei o que está acontecendo em outros lugares, mas na França o que se vê é o fim da cultura jacobina. É o fim da cultura marxista. É a descoberta do aleatório na história. Eu vejo os jovens que estão à minha volta no Institut Aron, que têm 30, 35 anos, e eles estão todos apaixonados pela história política e pela filosofia.

A. C. — De certa forma, estamos falando aqui da "recepção social" das idéias, que tanto interessou ao grupo dos *Annales*. Como o senhor mesmo disse há pouco, os livros de história encontram hoje grande aceitação. O senhor considera que este "sucesso" da história possa provir do fato de ela lidar com o imprevisível, com conjunções de elementos que se combinam um tanto aleatoriamente? O senhor acha que a história é isto?

— Sim. Em parte. Enfim, nem tudo é imprevisível. É verdade que as tendências econômicas são mais previsíveis. Mas naquilo que a história contém de invenção, ela é totalmente imprevisível.

A. C. — E é isto o que lhe interessa preferencialmente.

— Sim. Enfim, o que me interessa é aquilo que fabrica as grandes individualidades históricas, ou seja, as nações, os povos, a história. O que fabrica isso tudo está muito mais no nível do político do que do econômico. A história econômica da Europa é comum a todas as nações européias. Como eu já disse, ela não explica quase nada sobre as diferenças entre a Inglaterra e a França. O elemento que parece ser mais importante para a inteligibilidade do comportamento de um grupo coletivo é o político. É a estrutura do imaginário coletivo. Outro dia, por exemplo, convidamos Skinner para fazer uma palestra, e ele não pronunciou a palavra igualdade para falar da liberdade à inglesa. Para um francês, isto é absolutamente inaudito. Para um francês, o problema da igualdade é absolutamente consubstancial ao estudo da liberdade, desde as origens. Portanto, são duas culturas políticas completamente diferentes que resolvem de maneira diferente um problema comum.

E é por isso que eu digo que você não pode compreender nada sem a filosofia. O drama é que os grandes problemas foram muito trabalhados no século XIX. E, com as ciências sociais, acreditou-se na idéia falsa de que esses problemas podiam ser objeto de uma ciência por assim dizer nova, ignorada no século XIX. O que eu condeno nos anos 60 e nas ciências sociais é elas terem feito crer que não havia necessidade de ler os grandes clássicos para compreender o mundo em que vivemos, que era preciso apenas fazer uma abordagem científica daquilo que estava ali ao lado, escondido. Isto, na verdade, é uma brincadeira.

A. C. — Quais foram os autores e as leituras mais importantes para a sua formação?

— Os dois autores mais importantes para mim, de longe, são Marx e Tocqueville. E, acessoriamente, o século XVIII: Montesquieu, Rousseau, Locke. Mas Marx e Tocqueville são fundamentais. Hoje em dia, sou muito tocquevilliano. Penso que foi ele quem viu com mais profundidade as sociedades em que vivemos. O capítulo que achei mais bonito em *A democracia na América* é aquele em que ele diz que a relação entre senhores e servidores existe em todas as sociedades, tanto aristocráticas como democráticas. Portanto, o fato de a democracia se caracterizar pela igualdade de condições não impede que existam nela senhores e servidores.

Mas qual é a diferença entre esta relação nas aristocracias e nas democracias? É que nas aristocracias a relação é estrutural. Existem senhores de geração em geração, sempre da mesma família, assim como servidores sempre das mesmas famílias. O fenômeno é interiorizado como algo quase natural: as dinastias dos senhores e as dinastias dos servidores, numa espécie de familiaridade não-conflituosa. Na democracia, existem senhores e servidores, mas os cidadãos são considerados iguais. A conseqüência é que a relação não é mais suportável, já que ela é contratual, é provisória, já que, quando termina de servir seu senhor, o servidor se torna rapidamente seu igual e deseja ser senhor um dia. Portanto, a relação é não apenas conflituosa, ela é atravessada pelo ódio. É isto a democracia.

A. C. — **Voltando mais uma vez à Revolução Francesa, o senhor compararia o totalitarismo que ela instaura com o sistema soviético no stalinismo?**

— Não, eu não comparo. Eu nunca disse que a Revolução Francesa é totalitária. Jamais. Presto muita atenção a este ponto. Porque um sistema totalitário, para mim, é um sistema onde há um partido que controla a sociedade. Isto não acontece durante a Revolução Francesa. Não há partido. O que há, sob Robespierre e os jacobinos, é um clube. E não apenas não há partido, mas também não há a idéia da ciência da história. O governo não está investido de um conhecimento superior do processo histórico que faz com que ele tenha uma espécie de transcendência natural em relação ao corpo social. A sociedade francesa sob o terror é uma sociedade que se amotina, que não é atomizada nem dobrada pelo poder político, como aconteceu, por exemplo, com o campesinato russo, que foi destruído pelo poder soviético. Não acho absolutamente que se possa falar em totalitarismo no caso francês. O que existe virtualmente no caso jacobino, e sob forma patológica no caso russo, é a idéia do voluntarismo político, ou seja, a idéia de que o poder político pode tudo. E de que basta mudar os homens, regenerá-los, para fazer uma sociedade harmoniosa e transparente.

Para os jacobinos, isto durou apenas poucos meses. A idéia do voluntarismo político, que vai se tornar no século XX uma idéia louca, não é, no caso francês, uma idéia que tenha dominado a sociedade.

A. C. — O senhor tem alguma simpatia pelas idéias de Hannah Arendt? Porque ela analisa — e talvez num nível muito filosófico, ou seja, no nível do *ethos* — a idéia de ruptura, do ano 1 da história. E as revoluções Americana e Francesa talvez tenham sido os melhores exemplos desse fenômeno.

— Sim, há alguma verdade no que ela diz, ou seja, que a Revolução Americana teve êxito na medida em que conseguiu fundar um sistema político mais durável, consensual etc., e que a Revolução Francesa fracassou na medida em que teve a ambição de mudar a sociedade, o que era uma ambição, eu diria, inviável. Isto posto, o nível em que ela se coloca é tal que não compartilho de sua espécie de pessimismo radical em relação à democracia moderna.

A. C. — Como o senhor vê o campo da história hoje? Parece-me que estamos diante de um campo cada vez mais especializado, onde as visões de conjunto, como fez Tocqueville, são impossíveis, pelo próprio fato de que há fontes demais, temas demais etc. O senhor é favorável à especialização ou, ao contrário, acha que se deve procurar o conjunto?

— Creio que é preciso que a história permaneça um saber erudito e relativamente lento de ser adquirido, porque é um trabalho difícil, em que é necessário saber muita coisa, ter muitas leituras, consultar muitas fontes para escrever. Isto posto, eu lamentaria muito que a história renunciasse às idéias. A tensão da história está sempre entre a erudição e as hipóteses de conjunto. Portanto, considero que o historiador deve sempre conservar as duas, ou seja, ser sério no manejo das fontes, de seus conhecimentos, e ao mesmo tempo não ter medo das hipóteses.

O traço dominante da história hoje, no mundo em que vivo, ou seja, na Europa e nos Estados Unidos, é de longe a história social. Este tipo de história corre o risco de ser cada vez menos significativo, na medida em que se orienta cada vez mais para o insignificante. Na medida em que se procura compreender os mínimos feitos da vida cotidiana dos homens, corre-se o perigo de erigir em objeto histórico praticamente tudo. E se tudo é significativo, nada é significativo. É a mesma idéia sob duas formas diferentes. Não tenho nada contra que se faça a história da vida cotidiana, mas me parece que os cardápios dos albergues sicilianos no século XV são menos importantes do que o problema da decadência do Império Romano. E é um pouco esse desequilíbrio que eu combato. Sou favorável a que se restaurem as grandes questões, ou seja, a decadência do Império Romano, a querela das investiduras e a história da luta entre o papado e os poderes temporais europeus, a questão da democracia, a Reforma etc. etc. Sou favorável a que se volte às grandes questões que já foram muito trabalhadas, mas em grande parte ainda permanecem abertas. E advogo que os historiadores parem de querer por todos os meios dar provas de originalidade, operando sobre novos microtemas, e ataquem os grandes temas que o século XIX nos legou e nos quais ainda estamos.

A. C. — Um estudo da história a partir da cultura não impede uma certa visão global.

— Além do mais, é preciso prestar atenção também ao grau de conhecibilidade possível dentro da história. A história sexual, por exemplo, voltou à moda hoje em dia. Não tenho nada a opor. Mas se há uma coisa que me parece rigorosamente inconhecível, é isto. Não creio um minuto sequer que se possa reconstituir a história das pulsões, dos objetos sexuais, nos períodos antigos. Portanto, é preciso também termos ambições pertinentes em relação às fontes de que efetivamente dispomos.

A. C. — O senhor é muito historiador nesse sentido.

— Muito, muito clássico.

A. C. — As fontes delimitam as questões.

— Delimitam, e eu penso que na seleção das questões teríamos todo interesse em rever os velhos livros clássicos. Por exemplo, uma das coisas que me espantam nos historiadores contemporâneos é muitas vezes sua extraordinária erudição sobre as fontes e sua ignorância dos grandes textos filosóficos. Acho isso muito mau. Hoje se pode transformar em historiador uma pessoa que conhece muito bem as fontes de arquivos de um certo período, mas não leu os grandes textos de filosofia ou de história do século XIX ou XX sobre o assunto. Isto é um pouco produto do positivismo, ou seja, da idéia de que basta descobrir os fatos da história para em seguida começar a escrever.

A. C. — Nesse sentido, portanto, o senhor concorda que a história tradicional está morta. Seria preciso fazer também uma história social da política.

— A história tradicional tinha sobretudo esse defeito: era uma história *événementielle* que extraía sua significação de uma coleção de fatos que supostamente deveriam falar por eles mesmos. Quando na verdade a história factual não dispensa o trabalho intelectual, as hipóteses, a compreensão.

A. C. — Já que estamos falando em história total, como o senhor vê Toynbee?

— Não o li a fundo. Mas sua história dos desafios e das respostas permite efetivamente refazer a história universal através de uma problemática.

Tenho alguma admiração por aqueles que se preocuparam com a história universal, até mesmo Spengler, que, como se sabe, foi um produto perigoso, e Toynbee. Admiro também o tipo de ambição cósmica que essas pessoas representam. Mas, ao mesmo tempo, fico um pouco desconfiado, porque quando a gente vê o tempo necessário para trabalhar uma questão...

A.C. — Como o senhor vê o campo da história nos Estados Unidos?

— Os Estados Unidos são um país tão vasto que você pode encontrar nele quase tudo. Todas as tendências francesas, tanto as antigas como as novas. Se há althusserianos, há também lacanianos, foucaultianos, braudelianos. Mas o tipo de história que os historiadores americanos fazem é muito influenciado pelo modelo inglês. Em geral é bom no plano da erudição, das fontes, do material, e talvez tenha sido influenciado um pouco demais, nestas últimas décadas, pela obsessão da história social. Mas, em certos setores, é uma história de primeira ordem. Por exemplo, na história econômica, eles talvez sejam superiores a nós — a economia sempre foi particularmente brilhante nos Estados Unidos e nos países anglo-saxões. A contribuição americana à história européia também é enorme. Há algumas décadas vêm aparecendo centenas de livros sobre a história da França escritos por americanos, e alguns são realmente muito bons. Paxton escreveu os melhores livros de história sobre a França durante a Segunda Guerra Mundial; Bob Darnton escreveu sobre a França do século XVIII livros excelentes. Os historiadores da Restauração francesa são anglo-saxões, em grande parte americanos. Ou seja, existe uma forte contribuição americana à história européia, à história francesa. E, além disso, existe uma excelente relação cultural franco-americana, entre universidades francesas e universidades americanas.

A. C. — O senhor vai todos os anos aos Estados Unidos?

— Sim, sou professor titular em Chicago, e isso me traz muitos benefícios. A começar pelas condições de trabalho, porque lá há livros. Há uma biblioteca absolutamente fantástica. Há filósofos, há historiadores. Para o que eu faço, é muito bom. E há bons alunos. O que é ruim é o clima.

A. C. — O senhor acha que há algo de novo na história que está sendo feita hoje em dia? Porque se fala agora em "história nova", ou "nova história"?

— Isso é uma bobagem! As pessoas se batizam periodicamente de "nova história" para dizer que não gostam daquilo que uma parte de seus contemporâneos faz. Não acredito que isso seja verdade. A única novidade introduzida pelos americanos foi a *counterfact history*, a história estatística com hipóteses contrafactuais, que é uma parte interessante da história econômica. Mas, tirando isto, o que quer dizer "história nova"? Se quer dizer que se está fazendo a história dos povos, a história das pessoas, a história social, em lugar da história dos reis, isto é tão velho como o mundo. Voltaire já condenava esta pretensão há dois séculos. Por conseguinte, eu não acredito que se possa fazer uma história radicalmente nova. O que se pode fazer é renovar os velhos temas ou tratar temas que nunca foram tratados com métodos já testados. Desconfio da palavra "nova", que é empregada um tanto excessivamente. Isto significaria o nascimento de um setor inteiro da história completamente novo.

A. C. — **Mas qual seria a novidade hoje em relação aos *Annales*? Porque nos *Annales* já temos as mentalidades, o povo etc.**

— Por exemplo, a escrita da história em linguagem matemática é uma novidade, mas é uma novidade metodológica. Infelizmente só é aplicável a setores muito limitados da história, porque o que é formalizável, na história humana, em linguagem matemática, é uma parte mínima. Portanto, é ótimo que se utilize a linguagem matemática para esta parte, mas quanto ao resto, resistirá sempre à matemática.

A. C. — **O senhor falou em retomar os velhos temas. Afinal, o senhor escolheu o maior tema da história francesa, que é a revolução. O senhor não sofreu pressões, constrangimentos, pelo fato de ser este um campo muito ideológico?**

— Foi difícil, realmente, porque tive que limpar o terreno. Tive uma grande polêmica com os historiadores comunistas quando era jovem. Porque naquela época, quando eu era um jovem professor, o campo era caracterizado por uma enorme intolerância contra tudo o que não fosse a interpretação clássica — ou seja, leninista — da revolução. Mas fora isto — e isto foi resolvido nos anos 60 —, não tive problemas. Digamos que, dentro do grupo de historiadores em que eu me encontrava — dentro da École des Hautes Études — eu estava um pouco sozinho, havia poucas pessoas trabalhando na mesma área que eu. Hoje em dia não é mais assim.

A. C. — **Hoje não é mais apenas a Revolução Francesa que está em pauta, é toda a França, a política francesa.**

— Sim, é a democracia moderna na França que me interessa. Aliás, meu próximo livro tratará disso. Vou pegar todo o século XIX, vou pegar a Revolução Francesa de 1780 a 1880.

A. C. — Finalmente, a última pergunta que lhe faço é a seguinte: para o senhor, o que é a história? Porque há uma coisa que, para uma socióloga como eu, que trabalha com a história, é surpreendente: os historiadores podem brigar por muitas razões, mas eles estão de acordo ao menos em definir procedimentos próprios e um campo de problemas. A dimensão temporal é um eixo decisivo. Para o senhor, o que é a história?

— A história é indefinível, porque se nós dizemos: "A história é o conhecimento do passado", não estamos dizendo muita coisa, já que o passado é tudo, é desde aquilo que acabou de se passar entre nós há um minuto até o começo do mundo. Por conseguinte, o conhecimento do passado é uma definição de tal maneira vaga que ela não diz muita coisa. Se se tenta cercar mais de perto, cai-se no desacordo entre historiadores, pois não se pode atribuir à história um método particular. Não se pode dizer, por exemplo: "A história é o conhecimento do passado com o auxílio de fontes escritas", já que há quem obtenha esse conhecimento por meio de fotografias aéreas, escavações arqueológicas. Você tampouco pode dizer que é um conhecimento obtido com o auxílio da estatística, desde que nem tudo está sujeito à estatística. Em resumo, a história é o conhecimento do passado com o auxílio de tudo o que se puder conseguir. Não acredito que algum dia se possa dar uma definição da história mais satisfatória do que esta. E isto me agrada, porque permite que cada um exerça sua imaginação e seu talento próprio. Eu diria que este é um exercício que me agrada muito, porque contém 50% de saber e 50% de imaginação. É preciso reinventar o que aconteceu. E portanto, isto corresponde mais ou menos ao tipo de curiosidade que eu tenho. Não gosto da curiosidade só pelo detalhe, à la Richard Cobb, pelo passado enquanto tal, que ressuscita com o auxílio de documentos uma vida que foi completamente esquecida, anônima. E também não tenho o espírito suficientemente abstrato para me interessar pela especulação filosófica pura. Estou entre os dois extremos, e minha concepção da história é que ela deve tornar inteligíveis as grandes articulações da mudança no passado, no mundo de onde vimos e que nos fabricou. É por isso que me coloco a meio caminho entre a abstração filosófica e o empirismo dos antiquários.

·Howard S. Becker[*]·

Howard S. Becker, professor do Departamento de Sociologia da Northwestern University, em Evanston, Illinois, é um dos mais influentes cientistas sociais contemporâneos. Sem dúvida, é o maior expoente vivo da Escola de Chicago, fenômeno científico e cultural que analisa nesta entrevista. Sua área de atuação é abrangente e diversificada, incluindo trabalhos sobre desvio, ocupações, educação e sociologia da arte. Suas reflexões sobre metodologia e trabalho de campo são cada vez mais difundidas nas ciências humanas como um todo. Sua experiência como pianista profissional de *jazz* durante a juventude marcou-o de forma indelével, fazendo com que, nos seus próprios termos, estabelecesse uma relação muito singular com a vida acadêmica.

Hoje, boa parte de sua obra está traduzida para o francês, o espanhol, o italiano e o alemão. Em 1977 foi publicada no Brasil sua coletânea *Uma teoria da ação coletiva*, há muito esgotada. Atualmente, pelo menos mais dois livros seus estão sendo preparados para lançamento no nosso país.

Esta entrevista foi realizada em abril de 1990, por ocasião de sua terceira visita ao Brasil, para um curso no Programa de Pós-Graduação em Antropologia Social do Museu Nacional, como bolsista da Fundação Fullbright. Dela participaram Gilberto Velho, do PPGAS do Museu Nacional, Alzira Alves de Abreu, do Cpdoc/FGV, Maria Ignez Duque Estrada e Vera P. Costa, da revista *Ciência Hoje*.

G. V. — Como foi o início da sua vida? Sua família, seus estudos, a escolha da carreira?

— Nasci em Chicago em 1928, numa família judia de classe média. Meu pai havia nascido no gueto judeu da cidade e trabalhava com propa-

---

[*] Esta entrevista foi transcrita e traduzida por Lia Carneiro da Cunha, revista por Gilberto Velho e editada por Dora Rocha.

ganda, era um autodidata. Quando terminei o segundo ano do curso colegial, que na verdade tinha quatro anos, prestei exame para uma bolsa de estudos na Universidade de Chicago. Naquela época podia-se começar o *college*, que corresponde ao curso básico de graduação brasileiro, no momento em que normalmente se entraria para o terceiro colegial. Fiz assim o concurso para a tal bolsa, passei, e sair da escola para a universidade foi uma experiência maravilhosa, foi como sair da prisão. Estávamos em plena guerra, de modo que havia poucos estudantes, pois a maioria dos jovens estava no Exército. Minha turma devia ter naquela época talvez 300 alunos, era muito pequena.

Para mim foi uma experiência intelectual fantástica começar a ler sobre coisas das quais muitas vezes nunca tinha ouvido falar. Foi um grande passo para minha libertação do estilo de pensar e viver da classe média. Ainda morava com meus pais quando entrei para a universidade, e lá nós líamos Freud, Ruth Benedict — seu *Patterns of culture* foi um livro muito importante para mim —, Thorstein Veblen, *The theory of the leisure class*, outra grande experiência. Tive que ler esse livro com o dicionário do lado, pois cada frase continha uma palavra que eu não conhecia. Esses livros, especialmente Benedict e Veblen, abriram a minha cabeça, pois em resumo diziam: "Sua família pode estar um pouco enganada. Há outras maneiras de se pensar a vida. Você não deve se preocupar com seus pais, seus tios e tias e outras pessoas que acham coisas sobre como você deve viver. Faça o que você quiser".

G. V. — Havia muitos judeus na Universidade de Chicago naquela época?

— Havia uma piada em Chicago sobre as universidades para onde você poderia ir: se fosse rico, iria para a Northwestern; se fosse inteligente, iria para a Universidade de Chicago; se não fosse nem uma coisa nem outra, iria para a Universidade de Illinois. Muitas universidades particulares, como a Northwestern, tinham naquela época uma cota bastante pequena para judeus, talvez de 6%. Isso persistiu até o início dos anos 60, não só na Northwestern como em Colúmbia, em Harvard. Na Universidade de Chicago não existia isso, e provavelmente por essa razão havia lá mais judeus do que nas outras. E o que aconteceu foi que meus primos, que eram ricos, foram para a Northwestern, e eu, como era inteligente, fui para Chicago...

Enquanto estava na Universidade de Chicago, também entrei para o mundo do *jazz*. Comecei a estudar piano com mais ou menos 12 anos, e ao ir para a universidade conheci um colega "mais velho", um menino de uns 20 anos, que me introduziu nesse novo mundo. Ele tinha um problema cardíaco que o impedira de ir para a guerra, era um bom músico, e graças a seus contatos comecei a trabalhar tocando piano à noite. Tocava intuitivamente, e só mais tarde fui ter algumas aulas com um famoso músico de *jazz* chamado Lennie Tristano. Mas este foi o outro lado da minha libertação de uma vida de classe média: entrar para o *music business*, como nós chamávamos. Eu tocava em bares, em lugares onde havia shows de *strip-tease*. Durante toda a adolescência fiz isso, o que me deu muita independência em relação a meus pais, pois eu ganhava para viver. Não muito, mas ganhava.

G. V. — **Você não teve problemas com seus pais?**

— Tive montes de problemas! Meu pai achava que eu ia acabar levando um tiro num daqueles lugares, pois naturalmente não tinha idéia de como eram. Quando eu estava terminando o *college*, muito jovem, com 18 anos, estava decidido a deixar a universidade. Tendo em vista a maneira como funcionava a universidade, eu achava que preferia parar por ali. Mas meu pai não queria nem ouvir falar nisso. Na primavera do último ano do *college*, 1946, resolvi então que continuaria e faria a pós-graduação. Pensei em estudar literatura inglesa, pois gosto de ler e gosto de ficção. Devo dizer que felizmente não segui esse caminho. No meu último período de curso li o livro *Black metropolis*, de Horace Cayton e Saint-Clair Drake, um extenso estudo sobre a comunidade negra de Chicago, e fiquei fascinado. O livro me deu uma certa imagem do que seria um antropólogo urbano, e achei aquilo muito romântico. Tinha todas as vantagens da antropologia, sem ser preciso ir a lugares terríveis, comer uma comida horrível e ser devorado por mosquitos. Gostei muito. Mas acontece que não existia um curso de antropologia urbana, e então decidi estudar sociologia. E assim entrei para o Departamento de Sociologia da Universidade de Chicago, para fazer a pós-graduação.

Em 1946, logo após o término da guerra, houve uma grande expansão nas universidades americanas. Os jovens que haviam servido o Exército durante a guerra tiveram o direito de ir para a universidade, recebendo ajuda financeira para pagar as anuidades e se manter. Muitos se aproveitaram desse benefício, sem o qual jamais poderiam fazer um curso universitário, e ingressaram não só nos *colleges* como nos cursos de pós-graduação. Também havia gente que já tinha terminado o *college* e poderia ter ido para a pós-graduação, mas preferiu continuar no Exército. De qualquer forma o resultado disso foi que um grande número de estudantes entrou para o Departamento de Sociologia da Universidade de Chicago junto comigo. Acho que éramos uns 200, talvez.

G. V. — Essa democratização das universidades americanas trouxe grandes mudanças?

— Sim, e há muita pesquisa sobre isso. Houve realmente uma grande mudança. Houve uma proporção muito maior de jovens saindo do curso secundário para o *college* do que antes. Acho também que ninguém imaginava que haveria um número tão grande de estudantes procurando a pós-graduação, e o resultado foi que os professores ficaram muito sobrecarregados. No Departamento de Sociologia da Universidade de Chicago, que desde muitos anos talvez fosse o mais importante do país, havia 10 ou 12 professores para aquela quantidade de alunos. Eles ficaram perdidos, sem saber o que fazer, e duas coisas aconteceram em conseqüência disso: uma foi que nós, estudantes, nos ensinávamos. Formávamos um grupo interessante, onde havia pessoas maravilhosas. A outra coisa foi que o departamento contratou alguns jovens para serem instrutores, para serem assistentes em disciplinas introdutórias. Alguns desses tornaram-se muito conhecidos na sociologia americana, como Tamotsu Shibutani, Albert Reiss Jr., Guy Swanson e outros.

Voltando à minha história, naquela época, mesmo entrando para o Departamento de Sociologia, eu não tinha sérias intenções de me tornar sociólogo. Eu tinha a séria intenção de me tornar um grande pianista de *jazz*. Trabalhava três ou quatro noites por semana em bares e estudava piano horas seguidas, todos os dias. A universidade era uma atividade de lazer, uma espécie de *hobby*. E isso teve um resultado interessante, porque eu não tinha nenhuma ansiedade em relação aos estudos. Se me saísse bem, ótimo, se não, não tinha importância. Todos os meus amigos se preocupavam, sofriam, e eu não. Lembro que uma vez encontrei no campus Joseph Gusfield, que depois, entre outras coisas, escreveu um trabalho importante sobre a Lei Seca.[1] Ele estava carregando uma pilha enorme de livros de psicologia social, e eu perguntei para que era aquilo. Ele me disse que estava estudando para a prova, e eu me espantei, porque todos nós sabíamos que Herbert Blumer, o examinador da matéria, perguntava sempre as mesmas coisas. Bastava estudar um pouco que já dava para fazer a prova. E então Gusfield me disse: "Mas se eu quero ser um grande sociólogo, tenho que ler tudo isto. É importante". Eu só estava preocupado com o suficiente para passar de ano, nunca liguei para provas, nunca me preocupei com tese. Para mim aquilo era uma brincadeira. E assim consegui minha titulação. Acho que consegui tão depressa por isso,

[1] Joseph Gusfield, Social structure and moral reform: a study of The Women's Christian Temperance Union, *American Journal of Sociology*, LXI, n. 223 (nov. 1955).

porque minha ansiedade estava no piano. Estudei com pessoas como Everett Hughes, Herbert Blumer, Louis Wirth, um pouco com Robert Redfield, Lloyd Warner, o antropólogo. Escrevi minha tese de mestrado sobre os músicos de *jazz* e foi muito fácil. Tudo o que eu tinha que fazer era manter um diário de campo sobre o que acontecia comigo. Quando chegava em casa, de manhã, fazia minhas anotações. E assim em 1949 obtive o meu mestrado.

G. V. — Você obteve seu mestrado com 21 anos e o PhD com 23, o que hoje é excepcional. Mesmo na época era considerado excepcional?

— Sim. Mas eu não fui o mais moço. Havia uma indiana que obteve o PhD com 22.

G. V. — Poderia nos fazer um breve histórico do Departamento de Sociologia da Universidade de Chicago, desde as origens até a sua época?

— O Departamento de Sociologia começou com a fundação da Universidade de Chicago, em 1895. John D. Rockefeller doou enormes somas para a criação da universidade em Chicago, nova cidade do Meio-Oeste que crescia rapidamente e no final do século tinha entre meio e 1 milhão de habitantes. Para a época era uma cidade enorme. O Departamento de Sociologia foi fundado por um homem chamado Albion Small, um ministro protestante que vinha da Nova Inglaterra e tinha sido presidente de um pequeno *college*. Small estava bastante familiarizado com a literatura européia existente na época, Simmel e outros, e fundou também uma revista, o *American Journal of Sociology*. Sua idéia ao criar o Departamento de Sociologia baseava-se no modelo alemão. O PhD havia sido trazido alguns anos antes para os Estados Unidos, para a Universidade Johns Hopkins, em Baltimore, e visava a formação de verdadeiros *scholars* segundo o modelo alemão, com a apresentação de uma grande tese e tudo mais. E Small trouxe isso para Chicago.

O Departamento de Sociologia de Chicago realmente fundou a ciência da sociologia nos Estados Unidos. Um dos primeiros que lá se formaram foi W. I. Thomas, que ficou famoso pela frase: "Se o homem define situações como reais, elas são reais em suas conseqüências". Isso introduziu a idéia da definição da situação, que é uma espécie de idéia fundamental da sociologia.

G. V. — Só para lembrar, Thomas escreveu, junto com Florian Znaniecki, um famoso livro sobre os camponeses poloneses.

— Sim. Thomas escreveu com Znaniecki, que lecionava na Universidade de Illinois, o livro *Polish peasants in Europe and in America*. Um grande trabalho de campo sobre os camponeses poloneses na Europa e depois nos Estados Unidos, sobre como eles se ajustaram ao novo país. Havia um grande número de pessoas no Departamento de Sociologia de Chicago interessadas em reformas sociais. A sociologia ali desenvolvida teve um certo caráter teórico, mas também foi muito empírica. Muitas das pesquisas tinham uma forte marca empírica e foram planejadas para lidar com os problemas sociais contemporâneos, tais como pobreza, imigração, assimilação dos grupos imigrantes pela cultura e a sociedade americanas — ou o que quer que fosse isso. Os pesquisadores de Chicago se preocuparam muito com raça, eugenia, reprodução de pessoas com deficiências físicas, debilidade mental, na linha de Lombroso com seus estudos sobre criminalidade, considerando características herdadas biologicamente. Eles estavam interessados principalmente em compreender as condições de vida de todas as pessoas que viviam na cidade. Pessoas como meu pai, que nasceu na virada do século e era filho de imigrantes. De modo que eles pesquisaram com métodos um pouco primitivos, se compararmos com a sofisticação que temos hoje. Mas muita coisa foi feita. Muita literatura européia foi traduzida e publicada no *American Journal of Sociology*. O mais importante dessa literatura, para mim, era certamente o trabalho de Georg Simmel. Muitos ensaios seus foram traduzidos e publicados por Albion Small. Tenho uma lembrança nítida do tempo em que eu sentava na biblioteca da universidade, antes do advento da xerox, e copiava longos trechos desses artigos, para ler e estudar. Esses livros não estavam disponíveis.

A. A. — A metodologia utilizada pelos primeiros pesquisadores de Chicago foi amplamente difundida, não só no resto dos Estados Unidos como na Europa. Como ocorreu essa difusão?

— Na verdade, naquela época não havia metodologia. Isso só veio depois. Nos primeiros tempos as pessoas estavam simplesmente inventando métodos de pesquisa, pois isso era uma coisa que não existia.

G. V. — Você acha que nesses primeiros tempos não havia um projeto consciente de orientação metodológica?

— Não havia. Você pode ver isso na maioria dos trabalhos de Thomas. Ele e os demais simplesmente inventaram, criaram métodos para si próprios, autobiografias de camponeses, analisando suas cartas ou fazendo entrevistas. De certo modo isso era muito revolucionário, porque até então a maioria das pesquisas era feita em bibliotecas. Um dos livros anteriores de Thomas mais importantes era um sobre antropologia.[2] Mas para escrever esse livro, ele foi para a biblioteca

[2] W. I. Thomas, *Source book for social origins: ethnological materials, psychological standpoint, classified and annotated bibliographies for the interpretation of savage society*. Chicago, University of Chicago Press, 1909.

e leu todos os relatos de missionários, negociantes, exploradores, etc. De toda forma, o problema da metodologia não se colocou logo, veio um pouco depois.

G. V. — Você mencionou Small, Thomas...

— E falta mencionar Robert Park, a pessoa mais importante no desenvolvimento da sociologia americana e no Departamento de Sociologia de Chicago. Park era filho de uma próspera família do Meio-Oeste, nascido em Omaha, Nebraska, e fez seu doutorado na Alemanha, onde estudou com Simmel. Sua tese chama-se The Mass and the Public as Forms of Collective Action. Depois da Alemanha, voltou para os Estados Unidos e durante algum tempo ensinou filosofia em Harvard. Tornou-se então jornalista e, se estou bem lembrado, foi editor-chefe do *Detroit Free Press*, o principal jornal da cidade de Detroit. Foi secretário de uma organização destinada a salvar o Congo do rei Leopoldo da Bélgica, que havia imposto um dos regimes mais terríveis que jamais existiram. Escreveu um trabalho sobre o Congo e tornou-se *ghost-writer* de Booker T. Washington, o líder negro. Escreveu vários dos livros que saíram no nome de Washington. Finalmente, conheceu W. I. Thomas, que lhe ofereceu um lugar na Universidade de Chicago por um ano. Depois desse ano foi efetivado, e assim, aos 50 anos de idade, tornou-se professor universitário. Não teve uma carreira muito longa como professor, mas foi muito influente.

Robert Park criou na Universidade de Chicago um enorme projeto de pesquisa. Escreveu um ensaio chamado "A cidade: sugestões para a investigação do comportamento humano no meio urbano"[3] que foi traduzido em diversas línguas e é muito conhecido. Este ensaio consiste em uma série de tópicos em forma de questões, e cada uma delas poderia ser o trabalho da vida de dezenas de pessoas — questões sobre relação de classes, sobre ocupações, religião etc. Não conheci Park pessoalmente, e sinto não tê-lo conhecido. Deve ter sido um homem muito dinâmico e carismático, capaz de persuadir todo o mundo a fazer o que ele queria. Tenho a impressão de que todos os cientistas sociais da Universidade de Chicago — economistas, cientistas políticos, historiadores e até mesmo antropólogos — fizeram coisas baseadas em suas idéias.

A partir do plano de pesquisa de Park, as pessoas começaram a trabalhar, cada uma desenvolvendo a sua parte. Estudaram as regiões naturais da cida-

[3] Este artigo foi publicado pela primeira vez em *American Journal of Sociology*, XX (mar. 1916), p. 577-612. A tradução brasileira está em Otávio Guilherme Velho (org. e introd.), *O fenômeno urbano*, Rio de Janeiro, Zahar, 1967.

de, algumas vezes chamadas de "regiões morais", estudaram a distribuição dos vários fenômenos sociais no espaço. De fato, aí a metodologia começou a se tornar importante. Também nessa época o departamento recrutou William Ogburn, que ensinava na Universidade de Colúmbia e foi o principal responsável pelo desenvolvimento dos métodos estatísticos na sociologia. Ele criou uma ligação com o governo federal, que começou a patrocinar uma série de pesquisas. Ogburn era um verdadeiro pregador dos modelos estatísticos, e conviveu com Park no departamento. Park tinha uma visão muito eclética sobre métodos, realmente não se importava com isso. Qualquer maneira de descobrir algo era boa: método qualitativo, quantitativo, histórico, dava tudo na mesma. E seus alunos também pensavam assim. Freqüentemente utilizaram métodos múltiplos para atingir seus objetivos.

A Universidade de Chicago também tinha uma editora que publicava livros. E havia umas publicações chamadas "University of Chicago Sociology Series" que continham principalmente as teses dos alunos de Park. Este foi um grande veículo de difusão das suas idéias. Uma coisa interessante é que naquela época o PhD só era confirmado, se a tese fosse publicada num período não superior a cinco anos. De início era preciso publicar uma versão da tese, mas depois começaram a aceitar artigos em revistas de sociologia. O fato é que várias teses foram publicadas em livro, e Park sempre escrevia introduções magníficas, verdadeiros ensaios ou artigos sobre diferentes assuntos. Nessa época começou-se realmente a pensar em uma metodologia. E acho que sob esse aspecto foi muito importante a contribuição de Samuel Stouffer, que foi quem realmente levou mais a sério a questão dos métodos estatísticos.

M. I. — Pesquisa empírica, métodos estatísticos... O que caracterizou afinal a chamada Escola de Chicago?

— Isso é engraçado, porque havia realmente uma porção de correntes diferentes, de coisas diferentes ocorrendo ao mesmo tempo na Escola de Chicago. Um dos meus professores, Louis Wirth, costumava dizer que não entendia o que as pessoas queriam dizer quando falavam em uma "Escola de Chicago", pois não conseguia pensar em nada que fosse comum a todos lá dentro.

Acho que é preciso fazer uma distinção, como sugere um aluno meu, Samuel Gillmore, entre escola de pensamento e escola de atividades. Geralmente, quando se fala numa escola como a Escola de Chicago, imagina-se um grupo de pessoas que compartilham certas idéias. Mas é preciso fazer uma distinção. Uma escola de pensamento é definida do exterior. Alguém, olhando de fora, nota idéias e pensamentos comuns a certas pessoas, que podem nem se conhecer, podem nunca ter tido contato entre si. Essas idéias comuns freqüentemente são atribuídas ao Geist, ao espírito do tempo. Já uma escola de atividades é um conjunto de pessoas que realmente estão trabalhando juntas, fazendo alguma coisa. Nos anos 20, por exemplo, havia a Sociedade Internacional para a Composição da Música Nova, que envolvia gente de todo tipo, como Barrès. Poucos compartilhavam as mesmas idéias sobre música, mas todos compartilhavam o desejo de ter sua música tocada. Assim, eles organizavam concertos, mesmo que cada peça representasse escolas de pensamento diferentes.

O Departamento de Sociologia da Universidade de Chicago, a chamada Escola de Chicago, era portanto uma escola de atividades que executava, principalmente, o trabalho organizado por Park. Fazia outras coisas também, é claro. Ogburn, por exemplo, estudou os efeitos sociais do telefone e do avião. Outros fizeram estudos estatísticos sobre as transformações sociais, econômicas etc. ocorridas nos Estados Unidos. Os estudantes desse período, dos anos 20 e início dos 30, foram os meus professores na década de 40. Os mais importantes eram Everett Hughes, Louis Wirth, Herbert Blumer, Robert Redfield, o antropólogo que casou com a filha de Robert Park. Era um grupo pequeno e unido. De certo modo, acho que se poderia dizer que havia uma rivalidade de *siblings* no grupo. Todos se consideravam "filhos" de Robert Park, e a pergunta era qual seria o verdadeiro. E cada um desenvolveu uma parte do pensamento de Park.

Há uma outra pessoa importante que não posso deixar de mencionar, George Herbert Mead, o filósofo, que de certa forma desenvolveu uma espécie de infra-estrutura teórica dentro do departamento. Park pensava de uma maneira mais geral e abstrata, escreveu vários ensaios sobre a natureza da cultura, da comunicação, da sociedade. Junto com Ernest Burgess, organizou o primeiro grande livro-texto de sociologia,[4] que contém entre outras coisas muitas traduções do alemão e do francês, especialmente de Durkheim, Weber, Simmel, Tarde e outros.

Voltando à geração dos meus professores, eles fizeram uma grande quantidade de pesquisas, sobre vários assuntos. A tese de Louis Wirth era sobre o gueto judeu. A de Hughes, sobre o Real Estate Board de Chicago, a organização das pessoas que trabalhavam no ramo imobiliário na cidade.[5] Essa

---

[4] Robert E. Park e Ernest Burgess, *Introduction to the science of sociology*. Chicago, University of Chicago Press, 1921.

[5] A tese de Louis Wirth, *The ghetto*, foi publicada pela University of Chicago Press em 1928. A tese de Everett Hughes intitulava-se *The growth of an institution: the Chicago Real State Board*.

geração saiu de Chicago e organizou a sociologia nos Estados Unidos. Naquela época havia outros centros de formação de sociólogos, mas de importância menor. Havia Colúmbia, que ainda era muito pequena. Harvard, Yale e Princeton não tinham sociologia. Os outros centros importantes eram Minnesota, a Universidade de Washington em Seattle, a Southern California em Los Angeles. Geralmente, em cada uma delas havia uma ou duas pessoas importantes que organizavam as pesquisas.

A. A. — O que você teria a dizer sobre Parsons?

— Não sei onde Parsons estudou. Acho que fez o doutorado na Alemanha. Ele traduziu *A ética protestante e o espírito do capitalismo*, de Weber.

A. A. — Pensei que ele tivesse passado por Chicago.

— Parsons não tinha nada a ver com Chicago. Foi para Harvard como um jovem instrutor, não muito importante, mas conseguiu atrair alguns estudantes nos anos 30 que depois formaram uma geração de alto nível: Robert Merton, Kingsley Davis, Wilbert Moore, Robert Williams, Marion Levy, pessoas desse padrão. Mas no princípio eles eram apenas um ponto no horizonte, não eram importantes. Acho que Merton fez seu doutorado em 35 ou 36, e sua tese sobre a ciência na Inglaterra foi publicada em 37.[6] A maioria das pessoas desse grupo entrou para o Exército durante a guerra, de modo que só se tornaram importantes depois que a guerra acabou.

Até os anos 50 o grupo de Chicago realmente dominou a sociologia nos Estados Unidos num grau extremo. Hoje em dia não seria possível uma instituição exercer esse tipo de domínio. Ernest Burgess disse uma vez que na sua época de estudante era impossível um aluno de Chicago casar-se antes de obter o PhD, pois o dr. Small não permitiria... A universidade era um lugar mais sério do que é hoje.

A. A. — Você disse que essa geração saiu de Chicago para implantar a sociologia nos Estados Unidos. Como foi isso?

— Até mesmo fora dos Estados Unidos. Hughes, por exemplo, foi para a Universidade de McGill, em Montreal, e, mais ou menos imitando Park, implantou um programa de pesquisas no Canadá francês que está ativo hoje. As pessoas ainda estão fazendo pesquisas dentro do plano traçado por ele.

[6] Robert Merton, *Sociologia, teoria e estrutura* (São Paulo, Mestre Jou, 1970) contém um capítulo desta tese, intitulado Ciência e economia na Inglaterra do século XVII.

E escreveu um livro muito importante, chamado *French Canada in transition*, com base em suas pesquisas sobre uma pequena cidade industrial canadense. Este foi provavelmente o primeiro grande estudo sobre o processo de industrialização.

A própria Universidade de Chicago contratou muitos dos seus ex-alunos, como Wirth e Blumer, o discípulo de George Herbert Mead. Hughes finalmente voltou do Canadá e foi lecionar em Chicago. Ogburn continuou lá, e também foi contratado seu aluno Philip Hauser, o demógrafo.

G. V. — Houve portanto em Chicago um processo claro de *inbreeding*?

— Sim, não havia outro jeito. Onde mais se poderia contratar pessoas? Ogburn era a única figura importante desse grupo que tinha vindo de fora, de Colúmbia. Eles também trouxeram de fora uma outra pessoa que foi muito importante para mim e para os outros da minha geração: Lloyd Warner, o antropólogo social que havia trabalhado com Radcliffe-Brown. Warrier fez um estudo clássico sobre um grupo australiano[7] e quando voltou para os Estados Unidos dirigiu uma grande pesquisa sobre uma pequena cidade em Massachusetts. Foi provavelmente o primeiro estudo sério de comunidade na sociedade contemporânea. Havia alguma coisa feita antes, mas nada da mesma magnitude. Warner lecionava antropologia e sociologia, e seus alunos foram responsáveis não só pela "Yankee City Series", uma série de livros que surgiu a partir do trabalho sobre Massachusetts, mas também por livros como *Deep South*, um estudo sobre uma comunidade sulista, e, o mais importante, *Black metropolis*, de Horace Cayton e Saint-Clair Drake.

G. V. — Uma coisa interessante é que parece que na sua época vocês não tinham professores europeus. Só americanos.

— Sim. Havia uma geração de refugiados que veio para os Estados Unidos nos anos 30, fugindo de Hitler, mas na verdade nenhum deles foi para o Departamento de Sociologia da Universidade de Chicago. O mais importante dos que vieram para os Estados Unidos foi Leo Lowenthal, da Escola de Frankfurt, que foi primeiro para Colúmbia e depois para a Califórnia. A maioria foi para Nova York, que deviam considerar a única cidade civilizada do país, e de lá alguns foram para outras cidades. Existia em Nova York uma grande comunidade intelectual de refugiados, e eles publicavam um jornal que se tornou um instrumento importante de intercâmbio intelectual para aquelas pessoas que de alguma forma queriam preservar a cultura alemã nos Estados Unidos.

[7] W. L. Warner, *A black civilization*. New York, 1937.

G. V. — O que você pode nos contar sobre a New School of Social Research?

— A New School foi fundada, creio eu, nos anos 20. Não estou muito certo quanto à data, mas sei que ela tem a ver com esses refugiados europeus. Também não estou bem lembrado dos nomes que participaram dela. Para a história da sociologia, o mais importante foi sem dúvida Paul Lazarsfeld. Foi ele quem introduziu nos Estados Unidos a pesquisa de tipo *survey*, era um homem que tinha conhecimentos matemáticos. Quando o conheci — ele estava muito interessado no fato de eu tocar piano —, ele me disse que, na sua família todos haviam-se tornado músicos profissionais, menos ele. E concluiu: "Se eu tocasse violoncelo um pouco melhor, nunca teria me tornado um sociólogo".

G. V. — Na fase inicial do Departamento de Sociologia de Chicago havia uma geração de pessoas que em alguns casos haviam estudado na Europa. Mas, a partir de um certo momento, o que se observa são americanos ensinando americanos, com um contato com a Europa relativamente pequeno. Foi isso o que realmente aconteceu?

— Exatamente. Vejamos a geração dos meus professores: Wirth nasceu na Alemanha e falava alemão fluentemente. Ensinava história da sociologia, era um professor muito preguiçoso e costumava fazer uma coisa terrível conosco: às vezes lia para nós textos em alemão sem traduzir. Lia Simmel e só traduzia quando queria. Dizia: "Esta passagem é tão bonita em alemão! Vou ler". E lia em alemão durante 15 minutos, e ninguém entendia nada!

Hughes era fluente em francês e em alemão. Foi para a Alemanha no começo dos anos 30, viu o início do movimento nazista e escreveu alguns artigos sobre a divisão étnica de trabalho na Alemanha. Depois da guerra voltou à Alemanha e escreveu um artigo magnífico chamado "Good people and dirty work", um texto que inaugurou uma série de ensaios sobre o que ele chamou de "divisão moral do trabalho".[8] Essencialmente, a idéia era que há certos trabalhos sujos que precisam ser feitos, e que a única maneira de se permanecer limpo é fazer com que outras pessoas façam o trabalho sujo.

[8] Este artigo está em Everett C. Hughes, *The sociological eye; selected papers on work, self and the study of society* (Chicago/New York, Aldine/Atherton, 1971) e também em Howard S. Becker (ed.), *The other side; perspectives on deviance* (New York, Free Press / London, Collier-Macmillan Limited, 1964).

M. I. — Essa divisão moral do trabalho passava também pelo sexo? Ou seja, haveria trabalho para homem e trabalho para mulher?

— Sim. Hughes tinha um tipo de mente muito abstrata e freqüentemente usava o exemplo da divisão de trabalho por sexo. Em um de seus artigos mais importantes "Dilemmas and contradictions of status", [9] ele usa esse exemplo. Mas o que estávamos dizendo era que essa geração dos meus professores era muito sensível e conhecia bem a tradição européia de trabalhos escritos em francês e alemão. Mas, na medida em que a sociologia americana foi-se tornando cada vez mais empírica, perdeu-se o interesse nessa tradição. É verdade que Weber fez muita pesquisa empírica, mas nada disso foi traduzido — Hughes conhecia e citava. Alguns trabalhos de Durkheim, como *O suicídio*, foram traduzidos na década de 20 e estavam disponíveis. Mas muitas coisas importantes na área da pesquisa empírica não eram traduzidas nem conhecidas. Le Play, Charles Booth, todos esses que criaram a história da sociologia como pesquisa empírica, os trabalhos estatísticos alemães, nada disso era levado a sério para ser traduzido — ou lido, no caso de Booth. Só se levava a sério as idéias e as teorias.

G. V. — Alguém lia Charles Booth?

— Hughes leu Charles Booth e me alertou para ele. Li vários volumes do seu livro.[10] Realmente, são maravilhosos. Ele verificou a quantidade de excremento de cavalo nas ruas de Londres para calcular o volume de tráfego, uma maneira deliciosamente maluca de um inglês pesquisar. Também os Webbs eram pesquisadores que deveriam ser lidos. Seu trabalho coincidia com uma série de pesquisas de tipo *survey* que foram feitas em cidades americanas como Pittsburg e Cleveland, com o objetivo de melhorar suas condições de vida, com uma preocupação reformista.

G. V. — Uma crítica que se faz à sociologia americana é que ela não tem uma comunicação estreita com outros centros. Em sua opinião, isso afetou a sociologia americana em algum nível?

— Não. Acho que na época da minha geração a sociologia americana tornou-se o grande empreendimento intelectual. Pouco se fazia realmente na Inglaterra em termos de uma sociologia profissional. Pouco se fazia na

[9] Este artigo está em Everett C. Hughes, *The sociological eye*, op. cit.

[10] Charles Booth, *Life and labor of the people in London*. New York, Macmillan Company, 1902, 9 vol.

França, na Alemanha. É verdade que a Alemanha ficou muito destroçada no pós-guerra.

G. V. — Estou pensando na Escola Sociológica Francesa, com Durkheim, Marcel Mauss... Não havia contato da sociologia americana com esses autores?

— Durkheim era bastante conhecido, Marcel Mauss era conhecido. Dos alemães, Weber por exemplo, só se conhecia *A ética protestante* e a *História geral da economia*, que foi traduzida por Frank Nadel. Simmel também era bastante conhecido. Mas tudo o que não fosse traduzido para o inglês não existia. Especialmente na minha geração, as pessoas não liam outras línguas.

G. V. — Isso é importante. A geração dos seus professores conhecia outras línguas.

— Ah, sim. Eles conheciam as obras no original. E Hughes conhecia muito bem Gabriel Tarde. Ele costumava nos dizer que a história da sociologia, da maneira como era ensinada, significava unir um nome a um conceito. Tarde — a multidão; Tarde — a imitação; Weber — a ética protestante. Era alguma coisa que se deveria aprender para fazer os exames. Aqui é que eu acho que entra Parsons, porque Parsons leu e digeriu Durkheim, Weber, Pareto, Alfred Marshall, o economista, e escreveu um gigantesco livro teórico, publicado no final dos anos 30, que muito pouca gente leu.[11] Acho que de certa forma ele prestou um grande desserviço, porque se concentrou nos elementos abstratos que havia no trabalho desses autores. Ele prestou um outro grande desserviço, na minha opinião, quando tornou possível para as pessoas terem a teoria como especialidade. Antes dele, acho que ninguém era teórico como especialidade. As pessoas trabalhavam e pensavam sobre os assuntos, pesquisavam e tinham idéias gerais. Isso são coisas conjuntas. Com Parsons a teoria passou a ser um campo específico.

Na realidade, nem a história das idéias nem a filosofia de Parsons foram relevantes para as pesquisas que as pessoas faziam. O que senti, quando chamei para trabalhar comigo pessoas que haviam sido alunos de Parsons, foi que depois de terem aprendido as idéias de Parsons eles ainda precisavam aprender algo mais para poderem se dedicar à pesquisa. As idéias que tinham eram tão abstratas, tão gerais que não forneciam nenhuma pista para eles lidarem com qualquer estudo de fenômenos sociais concretos.

[11] Talcott Parsons, *The structure of social action*. New York, McGraw-Hill Book Company, 1937.

G. V. — Você considera que teria havido nos Estados Unidos uma reação à teoria por causa de Parsons?

— Não. Acho que o que aconteceu foi que a teoria se tornou uma especialidade, como a criminologia, por exemplo. E isso pareceu interessante para muita gente.

G. V. — Em Chicago também?

— Quando eu era estudante, Parsons ainda não era importante.

G. V. — Interessante, porque os primeiros livros dele são de 1938/39.

— Sim. Mas então os livros desapareceram com a guerra. E depois eram muito longos, difíceis, chatos de ler. Certa vez me contaram uma coisa interessante sobre Parsons. Ele nunca reescreveu nada, tudo era impresso sem revisão. O que explica o seu estilo. Mas o que eu estava dizendo é que nos anos 50, depois da Segunda Guerra Mundial, outros centros de estudos começaram a se tornar importantes. Foi então que tomamos conhecimento de outros centros, além de Chicago. Éramos muito arrogantes, achávamos que éramos os melhores e não dávamos atenção aos outros. Quando começamos a fazê-lo, verificamos que o mais importante não era Harvard, não era Parsons, e sim Colúmbia, onde havia uma combinação interessante de um teórico com um pesquisador, onde Robert Merton e Paul Lazarsfeld estavam trabalhando em conjunto. Eles realizaram uma série de trabalhos, e eu, pessoalmente, penso que Lazarsfeld era um sociólogo brilhante.

G. V. — Como se deu essa associação entre Merton e Lazarsfeld?

— Eles foram para Colúmbia nos anos 30 e começaram a se envolver um com o outro. E houve uma conexão interessante com a pesquisa metodológica. Naquela época um homem chamado Frank Stanton, que tinha formação em ciências sociais, tornou-se o chefe do serviço de rádio de Colúmbia e contratou Lazarsfeld para fazer toda sorte de pesquisas com os ouvintes. Foi assim que começou. Eles desenvolveram métodos do tipo *survey* num contexto de pesquisa comercial. E o papel de Merton foi descobrir a importância teórica desse trabalho e torná-lo academicamente respeitável, o que ele de fato conseguiu fazer. Começaram a publicar trabalhos, a estudar votos em eleições. Quando veio a guerra, ocorreu uma enorme inovação. O governo contratou Samuel Stowford, que por sua vez contratou um grande número de pessoas para trabalhar com Lazarsfeld e desenvolveu uma pesquisa de tipo *survey* no Exército americano. Eles fizeram várias pesquisas sobre o moral dos soldados, sobre planos para a desmobilização do Exército, produziram um grande número de *surveys*. Terminada a guerra, obtiveram permissão para dispor dessas pesquisas e produziram uma obra em vários volumes chamada *The American soldier*, um monumento da pesquisa *survey*. Esse trabalho foi feito para ter uma função política no campo da sociologia. Era como se dissessem: "Vejam, nós também temos métodos científicos".

G. V. — Qual foi o papel de Lazarsfeld nessa pesquisa?

— Acho que ele trabalhava como uma espécie de consultor. Depois da guerra, Merton foi o principal intérprete desse material. Por exemplo, o conceito de Merton de *relative deprivation* foi elaborado para explicar os dados desse trabalho: por que certos soldados se consideravam mais infelizes do que outros, embora na realidade estivessem em situação melhor?

G. V. — Quem mais você mencionaria em Colúmbia?

— Colúmbia teve um grande número de estudantes que se tornaram pessoas importantes: Peter Blau, James Coleman, Peter Ross, Alvin Gouldner, Seymour Martin Lipset e outros. Esta foi uma geração muito importante.

G. V. — É interessante destacar que depois da guerra a antropologia se tornou muito importante em Colúmbia. Aliás, desde o começo a antropologia foi importante em Colúmbia, devido à presença de Franz Boas. Eles podiam não ter um departamento de sociologia tão bom quanto Chicago, mas desde cedo se destacaram na antropologia.

— É verdade. Mas o fato é que depois da guerra apareceram cinco ou seis bons departamentos de sociologia nos Estados Unidos. Harvard, com Parsons, tornou-se importante. Stouffer também estava lá, era o pesquisador. Parsons e Stouffer nunca tiveram uma colaboração estreita como Lazarsfeld e Merton. Até que tentaram, mas as idéias de Parsons eram tão abstratas que não foi possível. Michigan e Wisconsin tornaram-se importantes. Mais ou menos em 1950 Herbert Blumer foi para a Universidade da Califórnia, em Berkeley, e formou um bom departamento. E assim por diante.

G. V. — Na época da sua formação e no período subseqüente Marx tinha alguma importância nesses centros de sociologia?

— Isso é muito interessante. Antes da minha época, nos anos 20 e 30, o marxismo, na forma do comunismo americano e dos grupos anti-stalinistas, era muito importante intelectualmente para muita gente. Havia muita gente falando sobre Marx. Mas isso ocorreu no contexto da Depressão americana. Os sentimentos da nação estavam confusos, e achava-se que talvez uma revolução estivesse por acontecer, a exemplo da Rússia. Naturalmente — vocês conhecem essa história —, todas as facções tradicionais do comunismo europeu foram importadas para os Estados Unidos. A maioria delas era muito restrita e foi desproporcionalmente influente nos grupos intelectuais. Estou falando do trotskismo e de tantas outras correntes de esquerda.

G. V. — A influência dessas correntes nas artes foi grande. Mas também foi forte nas instituições acadêmicas?

— Não sei. Everett Hughes me disse uma vez que antes da Segunda Guerra todos os estudantes de sociologia eram marxistas e provavelmente comunistas, mas não se revelavam. Porque a tradição anticomunista nos Estados Unidos, que culminou no macarthismo, era muito forte desde o fim da Primeira Guerra, quando houve uma repressão terrível contra os grupos radicais, quando surgiu a famosa campanha de Palmer, o procurador-geral dos Estados Unidos, que resultou na prisão de centenas de pessoas acusadas de subversão. Logo, ninguém dizia publicamente que era comunista.

G. V. — Ainda assim, houve uma influência intelectual de Marx nos meios acadêmicos?

— Sim. Mas acho que havia pouca coisa de Marx disponível em inglês. Não tenho certeza, mas acho que ele não era muito lido. Ao que sei, nunca teve uma influência marcante. Mas devo dizer que, na minha época, politicamente eu era completamente ingênuo. Quer dizer, fui criado dentro de uma tradição em Chicago segundo a qual, quando você nascia, a primeira coisa que você aprendia era: "Vote no Partido Democrata!". Vocês sabem, nasci em 1928, com a chegada de Hitler, e para a maioria dos judeus Roosevelt iria salvar de Hitler os judeus do mundo. Era só isso, não havia mais nada a dizer.

G. V. — A Universidade de Chicago era predominantemente pró-Partido Democrata?

— Não sei. Quando estava lá, finalmente me conscientizei de que muitos dos meus colegas estavam envolvidos com grupos de esquerda. A maioria era trotskista. Entre os professores, acho que não havia muitos. Talvez os mais velhos. Ogburn, por exemplo, era sabidamente membro de todas aquelas sociedades de amizade soviético-americanas. Burgess também.

G. V. — Que tipo de envolvimento essas pessoas tinham com o New Deal de Roosevelt?

— Pessoas como Ogburn estavam muito envolvidas. Blumer também. Ele foi o principal negociador do conflito entre os trabalhadores da indústria do aço e a United States Steel Corporation durante a guerra. Muitos estavam envolvidos com o censo demográfico do governo Roosevelt, que tinha como objetivo apresentar um retrato da sociedade americana, especialmente voltado para identificar desigualdades econômicas e sociais. Mas quanto à tradição marxista... Quando eu estava no *college* lemos o *Manifesto comunista* e também algumas partes de *O capital* em classe — mas, atenção, isso foi na graduação, e não na pós-graduação. Meu período na pós-graduação foi a época da pior repressão, a época em que o macarthismo ficou muito forte.

G. V. — Esse ponto é extremamente interessante. O marxismo não teve um papel importante no ambiente intelectual americano devido à repressão. Mas em muitas outras partes do mundo também havia repressão e ele foi importante, até mesmo por causa da repressão. Não haveria outras razões para o fato de o marxismo não ter tido peso na cultura intelectual americana?

— Bem, há sempre o problema da excepcionalidade americana. Por que nós não tivemos uma revolução? Deveríamos ter tido. Esse é um grande problema teórico: por que não houve uma revolução americana?

G. V. — Marx foi muito importante, por exemplo, para a New School of Social Research, onde chegou através da Escola de Frankfurt e de outros centros europeus.

— A Escola de Frankfurt realmente teve uma influência profunda nos Estados Unidos através, por exemplo, de Horkheimer e Adorno. Mas o principal trabalho do grupo de Frankfurt que foi para os Estados Unidos era um trabalho muito psicológico, *The authoritarian personality*, um livro estranho para ter sido escrito por marxistas. Tratava-se na verdade de um estudo sobre a psicologia das reações, sobre o tipo de personalidade que estaria por trás do autoritarismo. É um trabalho empírico cuidadoso, cheio de dados. Vários trabalhos importantes foram feitos a partir desse livro.

G. V. — Você falou em "democratas" — do Partido Democrata, pessoas mais ou menos de "esquerda" etc. São conceitos meio imprecisos...

— Esse é o critério convencional que usamos nos Estados Unidos. Poderíamos chamar esses conceitos de categorias nativas. Existe um tipo de pessoa que chamamos de "liberal do New Deal". Isso descreve a maioria dos acadêmicos, e certamente a maioria dos sociólogos americanos, embora alguns deles fossem secretamente uma espécie de marxistas. Muitos da geração anterior à minha foram secretamente marxistas, estiveram envolvidos sobretudo em pequenos grupos trotskistas.

G. V. — Em Oxford, Cambridge, também havia muitos marxistas não-declarados.

— É verdade. Em Chicago não tivemos nenhum que se tivesse tornado famoso. Nenhum Anthony Blunt...

G. V. — Mas continuo interessado na sua geração. Marx afinal foi ou não foi importante para ela?

— Foi para algumas pessoas que tiveram envolvimento, como já disse, em geral com grupos trotskistas.

G. V. — Mas eu faço uma distinção entre ação política e experiência intelectual. Por exemplo: você praticamente não encontra Marx nas bibliografias.

— Para a maioria daqueles grupos trotskistas, a ação política consistia em ler e discutir sobre o marxismo. Quanto à bibliografia, não estou bem lembrado, mas certamente há coisas de Marx no livro-texto de Park e Burgess.

G. V. — O que quero saber, em resumo, é quanto Marx foi relevante ou irrelevante para a sociologia americana.

— Eu não usaria os termos relevante ou irrelevante. Eu diria que Marx era desconhecido para uma certa geração. Não é que eu esteja querendo falar da minha própria experiência, mas eu era jovem, não estava engajado na política, muitos dos estudantes com quem fui à escola vinham de famílias judias radicais, enquanto minha família era completamente apolítica. E acho que isso não era incomum. Acho que mesmo que muitas pessoas conhecessem o marxismo, isso não afetava a sociologia que faziam. Agora, é preciso lembrar que na minha época outra coisa muito importante estava acontecendo: o problema racial. As relações raciais tornaram-se, a meu ver, o problema-chave dos Estados Unidos. Enquanto na Europa o que mobilizava era o problema de classe, nos Estados Unidos o problema racial era o exemplo mais óbvio de injustiças. Então, todos os sentimentos e atitudes que na França ou Inglaterra envolviam a questão da classe trabalhadora, nos Estados Unidos apontavam para o problema racial. E o livro de Gurmar

Myrdal, *O dilema americano*, era um livro indispensável. Nós todos lemos todas as suas mil páginas, e este foi um grande acontecimento intelectual.

M. I. — Você acha que ocorreu uma supervalorização de Marx em outras partes do mundo? No Brasil, na França, por exemplo?

— Lembro que da primeira vez que vim ao Brasil, em 1976, fizeram-me muitas perguntas de um ponto de vista marxista. E nos Estados Unidos, nos anos 60, ocorreu também uma enorme mudança. Marx tornou-se não só "bom" como virou moda, passou a ser a fonte principal para todos os estudantes de sociologia. Todos leram Marx. Na minha opinião pessoal — nem sei se deveria dizer isto —, a teoria em geral tem sido realmente supervalorizada. Quando se fala da história da sociologia, sempre se fala — como Louis Wirth me ensinou — da história das grandes idéias, das grandes correntes de pensamento. Mas para mim o mais importante da história da sociologia é a história da pesquisa. Nesse sentido, para mim Charles Booth é uma figura mais importante do que alguém que tenha desenvolvido uma escola de pensamento.

Há duas perspectivas na abordagem dessa questão. Uma delas diz que temos que fazer pesquisa para que se desenvolva a teoria. Eu respondo: "Não, temos que desenvolver a teoria para que se faça a pesquisa". O problema é saber o que é mais importante: conhecer melhor o mundo ou ter uma teoria melhor? Nesse sentido é que Marx é supervalorizado, assim como todas as outras abordagens teóricas. Hoje, o que acho mais interessante na França não são os grandes debates teóricos que têm ocorrido, estruturalismo, novo estruturalismo etc. Não. O que me agrada são as pesquisas empíricas que estão sendo feitas. E muita coisa boa tem sido feita nesse campo. Mas relativamente pouco tem chegado aos Estados Unidos traduzido para o inglês.

M. I. — De qualquer forma, você não acha que Marx trouxe para a cultura uma revolução copernicana, assim como Freud?

— Não. Essa história de Marx realmente ainda permeia o Brasil... Vão acabar me expulsando daqui. Mas não acho que nem Marx nem Freud tenham produzido uma revolução copernicana. Darwin, sim. Marx tornou-se um centro de convergência porque fez algumas coisas importantes, mas não esse tipo de revolução. Nem ele nem Freud.

G. V. — Em Chicago vocês tinham alguma relação com universidades inglesas? Você mencionou alemães e franceses.

— O que acontecia era que do ponto de vista americano, pouca coisa estava acontecendo por lá. Os trabalhos que nos interessavam eram de pessoas que vinham da Europa e incorporavam métodos e técnicas americanas, como Michel Crozier e Georges Friedmann. Hughes gostava muito desses trabalhos, especialmente de Friedmann. Não lembro agora do primeiro trabalho inglês de que tomei conhecimento, mas certamente foi na área da antropologia. Estudamos muito bem a antropologia britânica com Lloyd Warner, que foi aluno de Radcliffe-Brown e era ligado à tradição da antropologia social britânica. Lemos também Malinowski, Evans-Pritchard e Meyer Fortes.

G. V. — Radcliffe-Brown esteve ele próprio em Chicago.

— Sim. Ficou lá seis anos. Namorou todas as alunas e depois foi para a Austrália. Ficou famoso por isso. Mas não o conheci, pois ele deixou os Estados Unidos em 1936.

A. A. — Qual era a relação entre a Escola de Chicago e a École des *Annales*, Marc Bloch e os demais?

— Tive que ler Marc Bloch, *A sociedade feudal*. Havia trabalhos-padrão como esse que estudamos. Mas o contato entre Chicago e a École des *Annales* era pequeno. De toda forma sempre procurei ler e utilizar tudo o que estivesse disponível. Li Fustel de Coulanges, Tönnies, tudo o que fosse disponível em inglês nós líamos.

G. V. — Os estudantes de sociologia americanos ainda lêem essas coisas hoje em dia?

— Acho que não. O que aconteceu com a leitura da teoria nos Estados Unidos foi que isso passou a ser uma coisa que você faz para obter o diploma. E nos anos 60 inaugurou-se a tradição de uma trilogia: Marx, Durkheim e Weber. Você diz para as pessoas: teoria. Elas respondem: Marx, Durkheim e Weber.

G. V. — Simmel não é considerado um teórico?

— Mas esse as pessoas não lêem. Nos meus cursos, meus alunos têm que ler porque eu insisto. Mas o que predomina é uma espécie de jogo de palavras: como podemos estabelecer uma relação entre este conceito de Durkheim e este conceito de Weber? Não vejo o menor interesse nisso.

G. V. — Vamos voltar agora para a sua carreira pessoal. Você estudou com Lloyd Warner e conheceu a antropologia social britânica. Qual foi a importância da antropologia social em seu trabalho?

— Comecei minhas pesquisas fazendo minha tese de mestrado sobre os músicos de *jazz*, que foi tremendamente influenciada pela antropologia social. Era o que eu considerava como o método de pesquisa mais importante: ir a um lugar, conhecer as pessoas e observar cuidadosamente o que faziam, não só o que diziam. Warner tinha umas fórmulas muito simples, realmente maravilhosas. Ele dizia: "Quando estiver para acontecer um evento importante no lugar que você está estudando, primeiro pergunte a todos o que vai acontecer. Então, observe o que aconteceu. Depois pergunte às pessoas o que aconteceu". Faço isso o tempo todo, para mim essa é uma regra fundamental.

Depois de terminar o mestrado, fui trabalhar como assistente de Everett Hughes. Ele estava estudando as escolas públicas de Chicago, o que tinha a ver com a questão racial, pois as escolas estavam muito segregadas na época. Wirth e Hughes estavam colaborando em uma pesquisa para mostrar como isso acontecia e o que poderia ser feito a esse respeito. Meu trabalho era entrevistar os professores das escolas. Visitei 60 escolas e escrevi minha tese de doutorado sobre o trabalho desses professores. Tornei-me então o dr. Becker e me perguntei: e agora? Nessa época eu ainda estava tocando piano, e essa era a atividade mais importante para mim. Mas, em dado momento, comecei a pensar: "Afinal estudei todo esse tempo, e talvez deva admitir que as pessoas com quem trabalho nos lugares onde toco piano não são tão simpáticas assim, são meio mafiosas, meio criminosas. Talvez seja melhor seguir o caminho acadêmico". Devo dizer que sou meio desaforado, meio respondão, e que aquelas pessoas com quem eu convivia nos bares não eram de levar respostas para casa. Pensei que estaria melhor fazendo pesquisa, e consegui uma série de empregos onde me pagavam para fazer pesquisa empírica.

Trabalhei para o Institute of Juvenile Research, em Chicago, que era dirigido por Clifford Shaw, ex-aluno de Robert Park, e estudei o uso da maconha. Entrevistei uma série de pessoas, nem lembro quantas, e escrevi um artigo que mais tarde se tornou famoso, chamado "Becoming a marihuana user". Hoje está incluído em meu livro *Outsiders*.[12] E este é um episódio interessante na história da sociologia. Quando escrevi o artigo, ele foi considerado uma curiosidade. Era interessante, mas não importante, porque a maconha tampouco era um assunto importante na época, em 1953. Mas nos anos 60 a maconha tornou-se importante. Nos anos 50 era tida provavelmente como coisa de negros, mexicanos, músicos e outros tipos que não eram considerados importantes, mas nos 60, os jovens de classe média come-

[12] Howard S. Becker, *Outsiders: studies in the sociology of deviance*. New York, Free Press/London. Collier-Macmillan, 1963.

çaram a fazer uso dela. Então, de repente, meu artigo, que continuava o mesmo, passou acidentalmente a ser importante, e eu me senti o avô das pesquisas nessa área.

Nesse artigo eu desenvolvia idéias sobre desvio que mais tarde iriam aparecer em meu livro *Outsiders*. Escrevi umas 80 ou 90 páginas que continham todas as idéias básicas, mas não sabia o que fazer com aquilo, não conseguia ver aquilo colocado no mundo das ciências sociais. Não publiquei o artigo, mas sete ou oito anos depois mencionei-o a um amigo, ele me pediu para ler, disse que era interessante e que eu deveria publicá-lo. Reuni-o então a outros artigos sobre músicos e publiquei *Outsiders*, em 1963. Portanto, o primeiro capítulo desse livro foi escrito no início dos anos 50...

Mas a coisa mais importante que fiz naquela época foram dois grandes trabalhos de campo na Universidade de Kansas. O primeiro deles foi com estudantes de pós-graduação em medicina. Eu e meus colegas de equipe passamos três anos estudando os estudantes, de uma maneira tipicamente antropológica. Dia após dia eu pesquisava sobre eles: assistia às aulas com eles, a todo lugar a que iam, eu ia também. Quando acabei essa pesquisa e estava redigindo um texto para publicar, comecei outra, na mesma escola, dessa vez com os estudantes da graduação. Também foi um grande estudo, com entrevistas a várias pessoas. Escrevemos sobre isso e preparamos dois livros, que foram publicados nos anos 60: *Boys in white* e *Making the grade*.[13] Ambos centravam-se no conceito de cultura estudantil: o que os estudantes pensavam, que idéias tinham em comum, em que bases organizavam suas vidas.

Portanto, de 1951, quando terminei o doutorado, até 1965, estive trabalhando em várias instituições de pesquisa, sem dar aulas na universidade. Era uma boa época para se fazer isso, pois havia muito dinheiro para pesquisa, era mais fácil conseguir apoio. O governo federal e várias fundações privadas estavam aplicando grandes somas nas pesquisas em ciências sociais. Enquanto meus amigos viviam os problemas da carreira acadêmica nos Estados Unidos, preocupando-se em saber se seriam promovidos, quando iriam obter estabilidade etc., e tendo que fazer pesquisa enquanto davam aulas, eu não ensinei e fui pago para trabalhar em tempo integral em pesquisa. Consegui publicar quase todos os trabalhos que escrevi nessa época

[13] Howard S. Becker et al., *Boys in white: student culture in medical school*. Chicago, University of Chicago Press, 1961; e *Making the grade: the academic side of college life*. New York, John Wiley and Sons, 1968.

e finalmente, em 1965, comecei minha carreira de professor entrando para a Northwestern University — devo dizer que o chefe do departamento que me contratou, Raymond Mack, era baterista, e já nos conhecíamos como músicos. Foi assim que me tornei professor da Northwestern. Mas já fui para lá como professor titular, no topo da carreira, e me livrei de todo aquele início chato. Odeio situações hierárquicas, não gosto de estar no topo, no meio, em lugar nenhum. A idéia de estar numa posição em que a administração da universidade pode decidir se sou ou não bom o suficiente para ser mantido não me agrada, não é para mim. Portanto, eu só poderia entrar para um lugar onde esses problemas não se colocassem. Eu via os meus amigos sofrendo por essas coisas.

G. V. — Mas antes da Northwestern você não ensinou em Stanford?

— Não exatamente. Fui para a Universidade de Stanford em 1962 e fiquei lá três anos. Era ligado ao Departamento de Sociologia, mas não era um professor regular. Meu lugar, realmente, era no Instituto de Pesquisas da universidade. Ao fim de um ano, me afastei do Departamento de Sociologia e fiquei no instituto em tempo integral. Comecei a lecionar realmente em 1965, na Northwestern, e tive todos aqueles problemas terríveis de um professor iniciante, de preparar aulas... Eu não sabia ensinar. Sabia fazer pesquisa, mas não ensinar. Foi horrível, mas de alguma maneira sobrevivi. Era um departamento maravilhoso.

G. V. — Como você compara os departamentos de sociologia da Universidade de Chicago e da Northwestern?

— O departamento da Northwestern era muito eclético, tinha gente de todas as tendências, tanto em teoria como em pesquisa. E havia um princípio maravilhoso: o respeito mútuo. É comum a gente ver lutas entre facções, politicagem, brigas, pessoas se odiando entre si, mas na Northwestern havia um grande respeito pelo trabalho do outro. Era um departamento pluralista, e em certo sentido havia diferenças suficientes para se transformarem em motivo de discordância, mas nós decidimos que também tínhamos muitos pontos em comum e resolvemos olhar para eles em lugar de enfatizar as diferenças. Por isso a Northwestern tem sido um lugar maravilhoso para se dar aulas e fazer trabalhos de diversos tipos. Em 1980, eu já estava lá havia quase 15 anos, trabalhando quase sempre com educação, e comecei a ficar completamente entediado. Quando começava uma nova pesquisa, depois de três dias eu tinha a impressão de que já sabia tudo o que ia acontecer. Sabia qual era a pergunta e sabia qual era a resposta. Quer isso fosse verdade, quer não, era uma sensação desagradável. Decidi então que havia chegado a hora de mudar de assunto, e fiquei muito interessado em sociologia da arte. A sociologia da arte era praticamente inexistente nos Estados Unidos, era um ramo da árvore européia. E a sociologia da arte européia, representada por autores como Luckàcs, Adorno, Lucien Goldmann, não era a sociologia como eu entendia.

G. V. — Na verdade, era uma sociologia da literatura.

— Da música também, no caso de Adorno. Mas para Adorno a sociologia da música quer dizer "por que Schönberg é melhor do que os outros". Logo me irritei com Adorno, porque um dos seus primeiros artigos traduzidos para o inglês era sobre *jazz*.[14] E não era apenas um artigo contra o *jazz*, era um artigo racista. Ele quase falava da música negra como "música da selva" — acho que usava essa expressão. Era horrível, e eu pensei: "Esse sujeito não sabe nada. Qualquer pessoa poderia cometer um erro desses, que é um erro muito sério. Ou ele é um tolo ou é um preguiçoso que não faz o seu trabalho direito, não sabe do que está falando". É uma coisa horrível de se dizer sobre ele, mas eu disse. Ele foi muito ofensivo.

G. V. — Como músico de *jazz*, você foi pessoalmente ofendido.

— Fiquei ofendido, não apenas politicamente, mas realmente ofendido. Mas também achei que ele não sabia do que estava falando, não conhecia nada sobre esse tipo de música. Porque, se conhecesse, não teria escrito aquilo. Afinal, era uma época em que muitas outras pessoas na Europa, especialmente na França, entendiam muito bem a importância musical do *jazz*. Adorno praticava um tipo de elitismo do qual eu realmente não gostava. Toda a teoria da sociedade de massas que homens como Adorno criaram reflete exatamente uma visão elitista das culturas da classe trabalhadora. Apesar de não ter lido todos os seus trabalhos, eu não estava de acordo com a opinião deles. Eu achava que eu estava certo e queria fazer sociologia da arte, mas a meu modo. E encontrei certas coisas em três ou quatro trabalhos, não de sociologia, que me foram de grande ajuda.

O primeiro autor foi Gombrich, historiador da arte britânico, que escreveu um livro chamado *Art and illusion*,[15] em que enfatizou o papel das

---

[14] A tradução brasileira deste artigo. Moda sem tempo: sobre o jazz, está em Gilberto Velho (org.). *Sociologia da arte III*. Rio de Janeiro, Zahar, 1969.

[15] E. H. Gombrich, *Art and illusion: a study in the psychology of pictorial representation*. Princeton, Princeton University Press, 1960.

convenções e representações, os modos convencionais de representar a realidade: você pode representar a realidade através de uma imagem bidimensional, utilizando técnicas de modo que qualquer pessoa possa decifrar e entender o que está sendo representado. O segundo autor foi Leonard Meyer, musicólogo da Universidade de Chicago, que escreveu *Emotion and meaning in music.*[16] Aí ele mostra como o desenvolvimento das diversas convenções musicais tornou possíveis todos os efeitos emocionais que a música provoca. Há ainda o trabalho de uma aluna de literatura de Meyer, Barbara R. Smith, chamado *Poetic closure*,[17] que é mais fácil de explicar.

Barbara Smith faz a seguinte pergunta: "Como você sabe que um poema terminou? Apenas pelo fato de que não há mais nada escrito? Afinal, o poema poderia ser maior, e a gráfica pode ter cometido um erro, cortando-o". Pois há outros meios de se saber que um poema terminou, e isso graças às convenções. Se você tem, por exemplo, um poema no estilo de John Donne, o poeta metafísico, que tece uma elaborada elucubração lógica, quando a elucubração chega ao fim, o poema também termina. Existem também certas formas poéticas, como o soneto, em que, quando se chega ao 14º verso, sabe-se que o poema acabou. Há ainda coisas mais sutis. Em inglês é muito comum o último verso de um poema ser composto de palavras de uma sílaba. É também muito comum o último verso conter palavras que indicam o fim, como *sleep*, *death*, *rest*, coisas assim. Todos esses recursos podem ser usados por um poeta para dar a você a sensação de que o poema chegou ao fim. Esses recursos também permitem dar a ilusão de que se chegou ao fim, para então ocorrer uma mudança de rumo. Nesse caso, há um falso fim e um fim real. Se for um falso fim, deve haver algum tipo de indicação.

O fato é que eu achei isso crucial, porque a idéia de convenção pode ser traduzida para algumas idéias e conceitos que as ciências sociais usam, como norma, regra etc. A compreensão do significado dessas palavras é compartilhada por todos. Isso me permitiu estabelecer a ligação e significou que eu poderia utilizar os trabalhos desses autores, adaptando-os para o estudo da organização social. Comecei então a ler muito, todos os outros estudos que haviam sido feitos sobre o tema — outro trabalho importante é o do historiador da arte inglês Michael Baxandall sobre a pintura renascentista italiana.[18] Ele mostra como as convenções eram estabelecidas e

---

[16] Leonard Meyer, *Emotion and meaning in music*. Chicago, University of Chicago Press, 1956.

[17] Barbara R. Smith. *Poetic closure: a study of low poems end*. Chicago, University of Chicago Press, 1968.

[18] Michael Baxandall, *Painting and the experience in the fifteenth century Italy*. London, Oxford, New York, Oxford University Press, 1972.

como as pessoas eram capazes de decifrá-las. Os pintores utilizavam recursos e truques que eram compreensíveis, por exemplo, para os comerciantes contemporâneos, que em geral estavam pagando pelo seu trabalho. Fiz uma pesquisa empírica sobre todo esse material, procurei integrá-lo, e isso resultou no livro *Art worlds*,[19] que estou utilizando agora no curso de sociologia da arte que estou dando com Gilberto Velho no Museu Nacional.

G. V. — Com *Outsiders*, você se tornou conhecido como o grande teórico da área do desvio. Mas, além disso, você também é conhecido como um teórico na área do interacionismo em geral. Basta lembrar seu livro *Uma teoria da ação coletiva*.[20] Como você vê a importância de seu papel como teórico?

— Acho que o papel importante que posso ter desempenhado foi o de ter fornecido modelos de pesquisa. Um grande número de artigos nos Estados Unidos, e mesmo em outros países, tem títulos do tipo "Becoming a marihuana user", com verbos no gerúndio: tomando-se isso ou aquilo. Meu artigo forneceu portanto um modelo, era uma maneira de organizar as observações. E também teve, naturalmente, uma importância teórica. Basicamente, indicava a noção de processo. As coisas não acontecem porque acontecem, não são automáticas. Não se tem uma determinada combinação de variáveis e, automaticamente, um determinado resultado.

G. V. — Você está fazendo teoria....

— E você está sendo implicante... Mas o fato é que este é um modelo para se investigar as coisas como processo. E acho que isso é fundamental. O outro lado disso é que noções como "cultura estudantil" fornecem uma outra espécie de modelo para o tipo de atividade organizada dentro da qual as pessoas experimentam os processos. As pessoas interagindo de maneira regular, numa rotina, têm certas maneiras padronizadas de fazer as coisas, o que não significa uma ação automática. Elas não agem de determinada maneira porque esta é a sua cultura, porque estão numa certa posição social e não têm escolha, mas estas são as condições de sua ação e elas reagem a isso de uma maneira determinada. Logo, é útil entender o processo de desenvolvimento de certas atividades, incluindo-se aí a compreensão de que as pessoas reagirão de uma maneira esperada, de uma forma em princípio previsível. Em outras palavras, a compreensão de que essas formas de ação

---

[19] Howard S. Becker, *Art worlds*. Berkeley, Los Angeles, London, University of California Press, 1982.

[20] Howard S. Becker, *Uma teoria da ação coletiva*. Rio de Janeiro, Zahar, 1977.

coletiva ocorrem porque as pessoas aprenderam, através de um determinado processo, que é assim que se faz. É muito mais fácil fazer desse modo do que inventar uma maneira nova de fazer.

Isso não significa, porém, que novas maneiras de fazer as coisas não sejam criadas. Todo dia são criadas novas formas, mas toda novidade tem um preço. É sempre mais fácil fazer as coisas do jeito que todo o mundo faz, e um simples exemplo disso é o uso do idioma do país. Qualquer pessoa, nos Estados Unidos ou no Brasil, pode falar a língua que quiser, mas talvez não seja entendida. O preço a pagar é alto. Você também pode inventar uma nova língua se quiser, mas certamente ninguém irá entendê-lo. E isso é fantástico, porque nas artes as pessoas fazem muito isso, muitas vezes inventam linguagens e freqüentemente pagam seu preço. Ninguém as entende e seu trabalho resulta em nada. Algumas vezes se consegue convencer as pessoas de que vale a pena esforçar-se para aprender uma nova língua. Mas em geral, quando alguém inventa uma nova língua, pode ser difícil conseguir patrocinadores para o trabalho artístico, e isso pode tornar o trabalho impossível, ou muito difícil. Mas há pessoas que conseguem persuadir as outras a fazerem as coisas do jeito que elas querem. Tudo depende. É sabido, por exemplo, que os músicos das orquestras sinfônicas estão entre as pessoas mais conservadoras, para não dizer reacionárias, do mundo. Eles gostam de fazer as coisas do modo como sabem fazer. Não querem fazer coisas que signifiquem mais trabalho. Pelo menos é essa a opinião dos compositores contemporâneos. É bastante conhecido o fato de que esses músicos podem até sabotar obras que não aprovam. E os novos compositores, quando produzem suas obras, sabem disso. Eles podem até produzir novas obras contando com a possibilidade de conseguir outros músicos para executá-las. Acho que este é um ponto teórico importante, porque freqüentemente as pessoas consideram a influência da estrutura social como mais opressiva do que ela é: "Você não pode compor música de forma nova". Sim, você pode. Será mais difícil, você poderá ter que recrutar pessoas, ensiná-las, ou seja, terá muito mais trabalho do que se compusesse da forma conhecida. Acho que este é um tipo de perspectiva teórica.

A. A. — **Como você veio parar no Brasil?**

— Vim ao Brasil pela primeira vez em 1976. Eu tinha um amigo que estava aqui na Fundação Ford e que também se tornou amigo de Gilberto Velho. Ele descobriu que Gilberto tinha interesse em estudos sobre desvio, telefonou-me para os Estados Unidos e disse que eu deveria vir para cá, pois havia aqui um antropólogo, Gilberto, que estava interessado nas mesmas coisas que eu. Ele poderia organizar minha vinda através da Fundação Ford. Respondi que não poderia vir, disse a verdade: era uma vergonha, mas eu mal sabia onde ficava o Brasil e não falava uma palavra de português. Seria ridículo. Mas esse amigo me disse que Gilberto iria passar as férias de janeiro nos Estados Unidos. Gilberto me mandou dois livros *Utopia urbana* e *Desvio e divergência*,[21] e pensei: só sei alguns palavrões em espanhol, mas aqui está esse eminente cavalheiro que virá aos Estados Unidos, e terei que ler esses livros. Arranjei um dicionário e finalmente consegui lê-los. Gilberto afinal foi para Chicago e lá ficou um bom tempo. Às vezes não conseguia sair do quarto, porque tinha medo de morrer na neve... Felizmente sobreviveu. Reiterou o convite para eu vir ao Brasil, eu tinha uma colega na Northwestern, Janet Lever, que havia pesquisado aqui e tinha escrito um bom livro sobre a sociologia do futebol, ela entendeu o meu problema, levou-me para o laboratório de línguas e disse que eu queria aprender português. Assim, durante o ano de 1976, toda manhã eu ouvia as fitas que eles tinham no laboratório. Em outubro vim ao Brasil, para dar um curso no Museu Nacional. Não sabia falar português direito, mas conseguia ler. Li uma porção de teses de mestrado do PPGAS do Museu Nacional — ainda não existia o curso de doutorado —, li vários outros trabalhos, fiquei completamente envolvido pela música popular e o *jazz* brasileiros, que eu já conhecia um pouco...

A. A. — Além da antropologia, houve algo mais....

— Sim. Sou músico, e para mim a música é muito interessante, porque permite um verdadeiro intercâmbio entre os Estados Unidos e o Brasil. Naquela época tomei conhecimento de coisas que eu não conhecia antes. Já conhecia a bossa nova, Tom Jobim, tinha assistido a uma apresentação em São Francisco de Sérgio Mendes, Wanda Sá, Rosinha de Valença. Depois Stan Getz apresentou o trabalho de vários artistas brasileiros. Gosto muito desse tipo de música e a toquei muito, profissionalmente e para mim mesmo. Quando cheguei ao Brasil descobri Chico Buarque, Dorival Caymmi, Gilberto Gil. Esses não eram conhecidos nos Estados Unidos. Voltei para lá com perto de 30 discos para estudar, e também com uma porção de livros de antropologia e sociologia.

Em 1978, estive novamente no Brasil para participar do Simpósio sobre Saúde Mental promovido pelo Ibrapsi. Nesse meio-tempo, mantive con-

[21] Gilberto Velho, *Utopia urbana; um estudo de antropologia social* (Rio de Janeiro, Zahar, 1973) e *Desvio e divergência; uma crítica da patologia social* (Rio de Janeiro, Zahar, 1974).

tato com Gilberto, que sempre me enviava novas coisas para ler. Permaneci a par do que acontecia aqui. Este é um problema interessante, que não sei como poderá ser resolvido: sei que agora muitos desses textos seriam importantes para o trabalho de meus colegas e alunos nos Estados Unidos, mas eles não lêem português e não há traduções. E sei que não vão aprender português para ler. Algumas vezes consigo que meus alunos leiam francês, porque já estudaram essa língua no *college*. Português é mais difícil. É pena, porque seria importante que eles lessem esses textos. É claro que poderão sobreviver sem isso, mas perderão trabalhos originais, criativos, que contêm um rico material empírico e que também seriam úteis para fins comparativos. Desde 1976, quando aprendi outro idioma, insisto que todos devem conhecer outras línguas. Mas acho que isso não é realista nos Estados Unidos. Eles acham que não precisam e não aprendem.

A. A. — Com que áreas das ciências sociais brasileiras você tem mais contato?

— O que conheço melhor é o trabalho em antropologia urbana do Museu Nacional. Conheço também o trabalho de outros centros de ciências sociais. Tenho uma coleção de livros brasileiros e os leio de vez em quando. Há áreas de pesquisa muito interessantes: trabalhos sobre desvio, escolas, sociologia da arte e, embora não seja a minha área, religiões populares.

Desta vez Gilberto me introduziu ao trabalho de Antônio Cândido. Li seu artigo na revista *Novos Estudos Cebrap* sobre literatura e fiquei muito interessado.[22] Li também outras coisas dele. Tenho grande interesse na relação entre fotografia e ciências sociais, na interpretação de fotografias, e venho trabalhando nisso há algum tempo — provavelmente Gombrich e outros me despertam para essa possibilidade. Lendo o trabalho de Antônio Cândido, fico pensando na possibilidade de fazer com a fotografia o mesmo tipo de interpretação que ele faz com textos literários, especialmente em *Tese e antítese*.

A. A. — Em termos de intercâmbio institucional, quais são os frutos de seu contato com o Brasil?

— O Departamento de Sociologia da minha universidade, a Northwestern, tem promovido um intercâmbio de estudantes, recebendo alunos não só do Museu Nacional, mas de outras instituições como o Iuperj e a Universidade Federal de Santa Catarina. Temos contato também com a USP e a Unicamp. Gilberto coordenou a publicação do meu *Uma teoria da ação coletiva* aqui, e

[22] Antônio Cândido, Quatro esperas, *Novos Estudos Cebrap*, nº 26, (mar. 1990).

vários artigos seus e de seus alunos têm sido divulgados nos Estados Unidos, despertando entusiasmo e interesse. Tem sido um contato frutífero.

A. A. — Você tem algum interesse em fazer um estudo sobre o Brasil?

— Comecei a fazer um estudo sobre música brasileira, mas sou muito preguiçoso. Atualmente, venci minha preguiça, me reuni a outras duas pessoas e estamos fazendo uma grande pesquisa em comunidades teatrais em três cidades dos Estados Unidos: Chicago, São Francisco e Minneapolis-Saint Paul. Há 40 anos atrás, todo o movimento teatral do país estava concentrado em Nova York. Lá eles preparavam as companhias que viajavam para as outras cidades. Lá estava o teatro. Hoje existem talvez umas 20 cidades que têm uma vida teatral intensa, independentemente de Nova York. É muito interessante, e resolvemos estudar isso. Já fizemos mais de 100 entrevistas, e é um trabalho bom de se fazer. Quanto ao Brasil, às vezes passa pela minha cabeça fazer uma pesquisa aqui, mas realisticamente acho que não o farei.

·Jacques Le Goff*·

O medievista Jacques Le Goff é um dos principais expoentes da história das mentalidades. Nascido na França em 1924, formou-se em história e logo se integrou à escola dita das (a palavra é feminina) *Annales*, revista da qual é atualmente co-diretor.

Presidente, de 1972 a 1977, da VI Seção da École Pratique des Hautes Études, hoje École des Hautes Études en Sciences Sociales, é diretor de pesquisa no grupo de antropologia histórica do Ocidente medieval dessa mesma instituição. Entre outras altas distinções, Le Goff acaba de receber a medalha de ouro do Centre National de la Recherche Scientifique (CNRS), pela primeira vez atribuída a um historiador.

Boa parte de sua obra está ao alcance do leitor brasileiro, traduzida para o português (ver lista bibliográfica no final da entrevista).

Nesta entrevista, concedida em Paris em janeiro de 1992 a Monique Augras, Le Goff sintetiza a sua concepção da história, descreve a sua formação, e dá um vibrante depoimento sobre a constituição da Europa e a tarefa do historiador.

Ao receber a medalha de ouro do CNRS, o senhor definiu o historiador, em seu discurso, como um "especialista das mudanças das sociedades" e disse que a função da história é "introduzir alguma racionalidade na história vivida e na memória". Mudanças, muitas vezes, significam crises. Como é possível introduzir alguma racionalidade no seio da tempestade?

— É possível, pela mediação daquilo que hoje tem o nome rebarbativo de *problemática*. Como sabe, pertenço à tradição das *Annales*, cujos fundadores, Lucien Febvre e Marc Bloch, definiram um tipo específico de história, a história-problema. Isso é fundamental para nós. Julgamos que o historiador tem o dever de colocar questões como eixo do seu trabalho. Em

---

* Esta entrevista foi transcrita, traduzida e editada por Monique Augras.

seguida, ele vê como respondê-las, apoiando-se naquilo que, é claro, continua sendo o seu material específico, que são os documentos.

Logo, o próprio fato de partir de uma questão problemática já introduz alguma racionalidade. Depois, se o historiador pretende realizar uma obra científica — ainda que a história seja uma ciência muito peculiar, acredito que seja uma ciência — também deve levar em conta o movimento da história, a sua diversidade, sua irracionalidade, sua flexibilidade. Pessoalmente, tenho grande interesse na história do imaginário e, no imaginário, há muita irracionalidade. Portanto, introduzir a racionalidade na história não significa excluir o irracional, o impreciso, o flutuante, muito pelo contrário. Significa que a gente tenta explicar as mudanças históricas a partir da resposta a uma questão que, por sua vez, é racional.

Não acha que a história, como as demais ciências sociais, tem como um dos seus problemas fundamentais o fato de sempre propor interpretações *ex post facto*?

— De pleno acordo, isso é para mim essencial, eu diria até que é uma das bases científicas das ciências sociais e, particularmente, da história. Penso — e olhe que eu não estou sozinho nisso — que o historiador se sente pouco à vontade quando a gente chega ao imediatamente contemporâneo. Um dos motivos pelos quais é muito difícil estudar a história contemporânea é que não sabemos o que vai acontecer mais tarde. É preciso dizer isso claramente. Muitas vezes, os historiadores não querem assumir isso, colocam-se como se fossem os descobridores da evolução histórica. Nada disso! Eles devem partir daquilo que aconteceu para tentar compreender como e por que aconteceu.

Para mim, o fato de partir do ponto de chegada é o que garante a seriedade do trabalho do historiador. Além disso, há outras condições, outras qualidades, é claro, mas partir do ponto de chegada me parece essencial. É por isso que concordo com Marc Bloch, que denunciava "a idolatria das origens". Muitas vezes, os historiadores das origens fazem o caminho inverso. Partem daquilo que começou, e descem o rio. Ora, penso que se a gente se satisfaz em descer o rio, duas coisas podem acontecer: em vez de entender por que o rio corre, a gente acaba sendo levada por ele; ou então, corre o risco de perder o contato com o rio e ir para longe dele. O método, o trabalho do historiador, a meu ver, consistem necessariamente em uma constante ida e volta entre passado e presente. Sendo que o presente é obviamente o futuro. O futuro do passado.

Vou citar uma frase conhecida, que foi repetida por vários cientistas e, particularmente, pelo filósofo italiano Benedetto Croce: "Toda história é contemporânea". O passado continua sendo interpretado, sempre é uma leitura contemporânea que se faz e, na compreensão do passado, temos de integrar essa leitura renovada, sempre recomeçada.

Não se poderia aproximar essa observação da perspectiva antropológica, quando, ao descrever sociedades outras, estamos retratando também a nossa própria sociedade?

— Concordo inteiramente, mas, você sabe, há um número bastante grande de historiadores que discordam. Para mim, é o ponto crítico que me permite distinguir os historiadores que pretendem renovar a história daqueles que se satisfazem com a história tradicional. Acredito que, tanto na antropologia como na história, há esse movimento de ida e volta. É claro que as sociedades de que trata o historiador não são as mesmas sociedades que o antropólogo estuda, e mesmo quando eles acabam pesquisando as mesmas sociedades — o que acontece cada vez mais — eles têm pontos de vista um tanto diferentes. O que os aproxima é sobretudo o fato de ambos considerarem as sociedades de modo global, sem fragmentá-las conforme os velhos escaninhos da história tradicional.

A "nova história" parece ter obtido grande sucesso junto ao público culto. Mas, entre os historiadores, será que não está ocorrendo uma reação contrária?

— Está ocorrendo, sim. Em primeiro lugar, há um certo número de historiadores, com seus discípulos — nisso concordo com a teoria de Bourdieu, da reprodução, eles vivem se reproduzindo! —, que permanecem hostis à "nova história" (entre aspas, por favor). E houve também certa reação, que põe em evidência a presença de duas correntes paralelas. Os "novos historiadores" (não gosto muito desta terminologia, que me parece inutilmente provocante, mas não sei como substituí-la) estão voltando para um certo número de orientações que haviam deixado de lado como, por exemplo, a história política. Mas acredito que estão renovando esse tipo de história, já que lhe estão aplicando a experiência, o método, já elaborados em outras áreas. Não vou me deter nisso, mas não é tanto a história *da* política, como a história *do* político, do poder, que por exemplo atribui importância, a meu ver justificada, à dimensão simbólica do poder etc.

Há portanto um retorno, que de fato é uma renovação, que poderíamos até chamar de renascimento. Mas há também uma história política verdadeiramente reacionária, que volta para os velhos tipos, que se interessa essencialmente pelos acontecimentos, pelas instituições, e pelos grandes homens.

Continua grassando. Veja por exemplo a biografia. Hoje em dia, há uma biografia renovada que se processa, que está conseguindo superar a oposição entre grandes homens e sociedade. Mas há também biografias que são pura e simplesmente reacionárias, anedóticas, narrativas, de um psicologismo que não leva a nada! Na França, está ocorrendo um fenômeno bem significativo. Há uma editora, à qual estou ligado — faço questão de dizer, é a Fayard —, que publica grande número de biografias. Pois bem, publica tanto biografias renovadas, ao novo estilo, como biografias ultratradicionais.

Falando em biografia, poderia dizer algo de suas origens familiares e culturais? O seu sobrenome é bretão?

— Sou bretão por parte de pai e provençal por parte de mãe. Nasci em Toulon e passei toda a infância e a adolescência na Provença, em Toulon e depois Marseille. Depois da guerra fui para Paris de onde não mais saí, a não ser para passar um ano em Oxford, para trabalhar em um *college*, e outro ano na Escola Francesa de Roma, da qual fui membro. Meu pai era professor de inglês no liceu e minha mãe, professora de piano.

Por que a história?

— Minha mãe era católica muito praticante, meu pai era anticlerical muito feroz, e o casamento deles foi excelente, daí tive de refletir sobre isso, o que me levou à história...

Como assim?

— Tive de refletir sobre o fato de que não se pode fazer história *a priori*, porque se alguém tivesse colocado essa questão sem verificação, teria concluído ser impossível existir um casamento bem ajustado entre esses dois tipos de pessoas, e no entanto, esse casamento deu muito certo. Vi que o mundo da sensibilidade, das mentalidades, dos comportamentos, era um mundo muito peculiar. Se o problema fosse colocado do ponto de vista das idéias apenas, a resposta teria sido: casamento impossível. Mas homens e mulheres são minimamente dirigidos por idéias. Eles são conduzidos por sensibilidades, por mentalidades, e é por isso que acho excelente ter inventado uma "história das mentalidades", que nos permite compreender melhor o que acontece, e o que aconteceu nas sociedades.

Por que a Idade Média?

— Sabe que não sei ao certo? Só sei que, muito cedo, eu devia ter uns 10 anos, já queria estudar história. Lembro que logo foi a Idade Média que me interessou mais. Vejo duas influências muito importantes. A primeira foi de um professor do 3º ano ginasial, eu estava com 13 anos, e ele me levou a gostar ainda mais da história. Naquele tempo, no 3º ginasial, a gente estudava a Idade Média. A outra influência foi o fascínio pelos romances de Walter Scott. Neles, não encontrava apenas o exotismo que obviamente seduzia o adolescente, mas também devo dizer que já percebia em Walter Scott uma verdadeira atitude de historiador. Via-o como historiador, porque ele procurava dar uma explicação do funcionamento das sociedades das quais falava.

Por exemplo, o mais célebre, entre nós, dos romances de Walter Scott, *Ivanhoé,* dá uma explicação da história que se situa na perspectiva da oposição entre normandos e anglo-saxões. Há no romance uma problemática da história. Há um certo número de outros fatos que recebem tratamento literário, é claro, mas com uma carpintaria que é digna de um historiador. Por exemplo, o papel dos judeus, a importância e a significação dos torneios etc. etc. Essa obra não só me levou a amar a Idade Média do ponto de vista da "cor local", mas me reforçou na opinião que há um certo número de fenômenos essenciais que em grande parte explicam como viveram os homens, como funcionaram as sociedades.

O senhor costuma afirmar que a Idade Média começa no século II e acaba no século XIX. Por que o século XIX?

— A periodização dos historiadores é essencialmente fundamentada na história das sociedades ocidentais. Por ocidentais entendo também as sociedades geradas pelo Ocidente, como é o caso, é claro, das sociedades americanas. A dominação dos conquistadores foi tal que, ainda que alguns elementos indígenas tenham sobrevivido, a marca essencial dessas sociedades é uma marca ocidental. Digo que as sociedades ocidentais sofreram choques determinantes no decorrer do século XIX. Sem estabelecer uma ordem hierárquica entre eles, posso enumerar alguns desses fenômenos: em primeiro lugar, o choque tecnológico, as descobertas, é claro, a Revolução Industrial; e também o choque social e político oriundo em grande parte da Revolução Francesa que, acredito, marcou o fim de um mundo e o começo de outro. Embora certos grandes pensadores, tais como Tocqueville, vejam também as continuidades do Antigo Regime na revolução, a modificação me parece fundamental. A mesma coisa acontece no campo religioso e no campo cultural.

Voltando ao campo econômico, digamos, há um fenômeno ao qual atribuo grande importância, que é a fome (*famine*). As grandes fomes são típicas da Idade Média e da época moderna, e vão até o fim do século XVIII. Elas expressam um estado arcaico da economia rural, mas implicam também um tremendo abalo mental. No século XIX, há fome ainda em certos países da Europa, na Rússia, por exemplo, mas no conjunto esse fenômeno não existe mais.

No campo cultural, vejamos o caso de instituições que aparentemente mantêm a continuidade, como a instituição universitária. Ora, se a continuidade permanece em certos países — na Inglaterra, por exemplo, Oxford e Cambridge não mudam —, na França ocorre a ruptura da revolução e do Império, com grandes modificações na instituição universitária. Mas, sobretudo, no início do século XIX, aparece um novo modelo, o da Universidade de Berlim, e esse modelo vai se impor em todo o mundo.

No campo religioso, a mudança vai ocorrer de maneira mais lenta, com ritmo diferente conforme as regiões, mas mesmo assim o século XIX marca o início da descristianização. Pode-se dizer que ela já havia começado um pouco no Renascimento, e com o iluminismo etc., mas, em nível profundo, as sociedades permaneceram cristãs. No século XIX, o cristianismo ainda mantém um peso considerável, mas as sociedades deixam de ser realmente sociedades cristãs. Tomemos um exemplo: o milagre. Na Idade Média, o milagre é algo fundamental. Há alguns abalos nessa crença relativamente cedo, no século XVI, mas o milagre continua sendo considerado como fenômeno real, verdadeiro, pela grande maioria das pessoas. Depois do século XIX, haverá quem ainda acredite em milagres. Haverá até mesmo certo renascimento dessa crença por meio dos milagres da Virgem, já que o grande movimento mariano do século XIX se acompanha de milagres: Lourdes, Loreto etc. Mas o conjunto da população não acredita mais em milagres. Veja a última sagração de tipo medieval: é a do rei Carlos X em 1825, na França. Os outros países nem mais faziam sagrações naquela época. Até mesmo a Inglaterra anglicana, ainda próxima do catolicismo, já não tinha mais esse tipo de ritual no início do século XIX.

Não nego que tenha havido, entre o século III e o século XIX, mudanças importantes o bastante para que se considerem subperíodos. Há a Antiguidade tardia, depois, a Idade Média propriamente dita, Renascimento, Tempos Modernos, que na verdade é um período com características novas. Mas creio que, fundamentalmente, as estruturas profundas permanecem até o início do século XIX.

O senhor é considerado como o pai fundador da antropologia histórica. Em recente estudo, Jean Andreau e François Hartog a definem como sendo essencialmente francesa, e escrevem textualmente que "seu primeiro campo, e o mais importante, foi a história medieval em torno de Jacques Le Goff". Concorda?

— Não é verdade! Digo isso sem falsa modéstia, a antropologia histórica propriamente dita apareceu primeiro num grupo francês, mas era um grupo de helenistas.

Vernant?

— Vernant, e antes dele, Gernet. Devo muito a ambos.

Nesse campo, por que não citar também Meyerson?

— Devo dizer que conheço pouco a obra dele. Eu o conheci pessoalmente, ele foi o mestre de Jean-Pierre Vernant, viveu muitos anos e, quase até o fim de sua vida, ministrou seu seminário. Vernant sempre me falava dele. Mas vou confessar algo que deve ser um preconceito meu: dispenso os filósofos! Vou explicar a minha posição. Creio sinceramente que a filosofia é uma manifestação do espírito humano, é uma disciplina que deve ter um lugar importante na formação dos jovens, na universidade, mas enquanto a história me parece ser um dos objetos sobre os quais é não só legítimo mas ainda necessário que os filósofos reflitam, penso que o historiador não tem que se entregar à filosofia da história.

Recuso toda filosofia da história. Veja bem: não quero fazer pesquisa sem saber o que estou fazendo. Não ter consciência dos pressupostos implícitos nos métodos que utilizamos seria perigoso demais. Por isso considero que a metodologia e a epistemologia são importantíssimas. Mas a filosofia, não.

Uma das poucas exceções que eu faria seria em relação a Michel Foucault. Eu o freqüentei bastante, conversamos muitas vezes, mas acredito que ele foi um caso raro: tornou-se historiador, permanecendo filósofo! Creio que se Michel Foucault pôde ser tão importante para um historiador como eu — e não estou sozinho nisso — é porque ele se tinha tornado um historiador.

Em compensação, não sou chegado aos filósofos. Não nego que haja nisso uma grande parte de preconceito. Acabo agora de descobrir — aliás, estou me perguntando se já o tinha lido antes, e registrado inconscientemente — pois bem, eu, que tenho tanto interesse pelo imaginário, há 15 dias me deparei com um texto de Bachelard, o filósofo, totalmente empolgante, a esse respeito! Isso significa, provavelmente, que a minha reserva em relação aos filósofos é um tanto exagerada. Mas quando falo neles, penso sobretudo nos metafísicos, que se apresentaram como a quinta-essência dos filósofos. Ora, devo dizer, nem Platão, nem Descartes — que admiro muito —, nem Hegel — que não suporto —, nem Nietzsche — ainda que muitos filósofos agora o considerem como o pai da filosofia, e que eu ache seus textos muito belos —, nem Heidegger — deixando de lado qualquer implicação ideológica —, nenhum deles me parece interessar ao historiador. De fato, me provocaram verdadeira repulsa.

Além de Michel Foucault, no entanto, há um filósofo vivo, contemporâneo, que escreve coisas extremamente interessantes sobre o tempo. É Paul Ricoeur.

Em sua formação universitária, quais foram os mestres que o impressionaram?

— Devo confessar que não são muitos. Os professores da Sorbonne me decepcionaram muito. Apesar disso, lá tive um mestre pelo qual tenho muita gratidão e muito respeito, Charles Montperrin. Ele me deu sobretudo rigor metodológico, mas não foi ele que influenciou a minha concepção da história.

Devo honestamente dizer que não fui discípulo de Braudel. Eu o conheci muito de perto em certa época, de 1960 a 1972, freqüentei-o assiduamente, fiquei impressionadíssimo com o que ele dizia, mas assisti muito pouco às suas aulas. Sua tese sobre o Mediterrâneo despertou minha admiração mas, por assim dizer, acho que eu já estava formado naquela época.

Resta alguém que, em definitivo, foi meu único mestre no sentido pleno da palavra. Por vários motivos, é um historiador pouco conhecido, Maurice Lombard. Era especialista do Islão, isso pode parecer esquisito, mas era o principal medievista da VI Seção da École Nationale des Hautes Études e, embora trabalhando em campos distintos, tivemos contatos estreitos. A sua visão da história, no que diz respeito às relações entre as sociedades no tempo e no espaço, teve grande importância para mim, assim como os seus métodos de análise da cultura, tanto cultura material como cultura no sentido de civilização. Lembro por exemplo de um curso deslumbrante que ele deu sobre os palácios do mundo muçulmano. Lá ele marcou mesmo, foi um mestre.

Infelizmente, Lombard era rigoroso demais, exigente e detalhista demais, só publicou uns poucos artigos. Houve um manuscrito dele que foi publicado, é um livro belíssimo, *L'Islam dans sa première grandeur.* Mais tarde publicaram também notas de aulas, acho que foi uma pena, porque ele não teve a oportunidade de fazer a revisão. Por isso tudo, ele permanece pouco conhecido, até no seu campo específico ficou um pouco à margem. Mas para mim é, de longe, o grande mestre.

Fui aluno de Lombard e, mais tarde, ele teve a bondade de me tomar como seu assistente. Nesse meio-tempo fui, durante cinco anos, professor assistente na Universidade de Lille, e lá pude acompanhar um excelente historiador, Michel Mollat. Ele me ensinou que o verdadeiro historiador é um historiador completo. Michel Mollat tratava igualmente de história econômica, de história das técnicas, história religiosa... Foi um grande historiador das navegações, fez sua tese sobre o comércio de Rouen, aliás fora aluno de Marc Bloch. O seu outro grande campo de pesquisa eram os pobres, o ideal de pobreza, e isso para mim foi muito animador, muito estimulante, de ver que a história podia ser, de maneira tão boa, história econômica e também religiosa. Estou convicto de que, para compreender determinada sociedade em determinada época, é preciso o esforço de conhecê-la em todos os seus aspectos.

O que nos leva à interdisciplinaridade.

— É isso mesmo. É essa a linha das *Annales*, com a noção de história total ou história global.

Mudando um pouco de perspectiva, consta que o senhor trabalhou junto com algumas empresas, e particularmente a RATP (Administração dos Transportes Parisienses). Em que consistia a sua atuação?

— Ainda estou trabalhando com a RATP. Fui solicitado, de modo surpreendente, pelo diretor-geral adjunto, que sabia mais ou menos o que eu estava fazendo. Eu tinha acabado de publicar um volume sobre a história da cidade medieval, e parece que foi isso que o incitou a me procurar. A RATP estava iniciando uma semana de reflexão sobre a cidade. Eles estavam interessados nos usuários dos transportes parisienses e achavam que, para entender Paris, a perspectiva histórica era muito importante. O que acho notável é que não foram convidar apenas historiadores contemporâneos, nem, o que seria evidente, sociólogos ou psicólogos, mas chamaram um historiador do passado. Julgaram que, em Paris, a presença do passado era tamanha que devia ser levada em conta para esclarecer a relação do fenômeno urbano com a pessoa do citadino. Realizamos três colóquios e durante quatro anos participamos de seminários mensais compostos metade de técnicos dos transportes e metade de pesquisadores, historiadores, geógrafos etc. Era apaixonante. Deu para entender que a história, pela sua própria reflexão e seu papel na cidade, só pode enriquecer-se ao trabalhar junto com o mundo das empresas.

E a Europa?

— Penso que o contato, o diálogo com os outros é fundamental. É um dos motivos de minha satisfação hoje, quando me dirijo aos pesquisadores brasileiros, que representam outro mundo, longe daqui, importante e apaixonante.

A Europa é também o outro, o estrangeiro próximo. Além disso, no meu trabalho de historiador da Idade Média, nunca pensei limitar-me a um só país. Para mim, a realidade histórica era a cristandade, isto é, a Europa cristã, latina e romana. A constituição da Europa deve levar em conta aquilo que também separava os povos, as nações, os estados, aquilo que os levava ao confronto. Não acho que seja possível construir um conjunto, como dizer? artificial. Vou tomar como exemplo o esperanto: é um fracasso lingüístico. Muita gente simpática ainda é a favor do esperanto, mas o fato é que o esperanto não deu certo. É uma pena, mas não deu. Não faremos a Europa nesses moldes. Não faremos um país-esperanto.

Estou muito apegado à herança européia, mas não concebo esta herança como situada em oposição aos outros grandes conjuntos que existem no mundo: conjunto muçulmano — aliás, há muitas coisas muçulmanas na Europa —, conjunto asiático ou conjunto americano. Neste último caso, insisto, o conjunto americano é, em grande parte, oriundo da Europa. Penso até que a constituição da Europa vai propiciar melhores diálogos com os demais conjuntos internacionais.

É verdade que vários projetos, antes animadores, não estão indo muito bem das pernas. As ideologias estão em crise. O socialismo acabou completamente desmoralizado pela sua forma soviética. Verificamos que ainda há terríveis injustiças, muita violência, e por conseguinte estamos nos desiludindo. O capitalismo tampouco nos traz satisfações. Para a maioria das pessoas, é mais fácil viverem no regime capitalista do que no comunista, mas vemos, com todo esse desemprego, que não é o regime ideal.

Além da crise das ideologias, há também ameaças concretas. Falando como cidadão e não apenas como historiador, em meio a todas as injustiças, todas as desgraças que há no mundo, da fome à tortura, há, na própria Europa, duas fontes de grande preocupação. A primeira, que é nova, embora o historiador já pudesse prevê-la, é o despertar das nacionalidades sob forma de um nacionalismo exacerbado. Acredito na legitimidade das nações e de certos nacionalismos. Para certo número de povos, a independência que não tiveram no século XIX nem no século XX é obviamente um progresso. Mas que isso se faça — não podemos deixar de pensar na Iugoslávia — na violência e no ódio, é terrível, arrasador. A segunda preocupação, ainda que eu permaneça otimista, é a efervescência racista, e aqui na França, particularmente. Para mim, é um retrocesso no movimento da história, é o contrário daquilo que permite que os franceses se sintam relativamente satisfeitos com eles próprios, apesar dos episódios negativos que têm em sua história, como todos os povos. É uma grande tristeza, tanto para o historiador como para o cidadão, ver que coisas insatisfatórias de nossa história são recuperadas, proclamadas, reivindicadas. Aquela gente, para mim, é a anti-França.

Estou muito preocupado com a junção de tantos movimentos turvos do passado em um só. Aqui, estamos confrontados com um problema gravíssimo, que diz respeito às relações entre democracia e ditadura. Receio, num futuro próximo, as ameaças dos totalitarismos e dos racismos. Ainda que o estudo do movimento da história possa me confortar, me tranqüilizar quanto à sua evolução.

Apesar de todos esses problemas, acha o balanço positivo, em relação à constituição da Europa?

— Todas essas dificuldades, o historiador já as conhece. Estamos em período de mutações e toda mutação se faz na dor. Estou convicto de que um novo mundo está nascendo, um mundo apaixonante. Para mim, a Europa é um grande projeto, onde podemos investir os desejos, os esforços, as paixões, por meio das quais cada homem se deve investir na história. Não podemos assistir passivamente ao espetáculo de nossa própria vida. Temos de nos inserir modestamente no conjunto onde sentimos que há vontade de criação. É isso, a Europa.

A Europa só pode se constituir levando em conta a sua história, assumindo tanto os conflitos, as oposições, como também aquilo que os estados têm em comum. E têm muita coisa em comum: a herança da Antiguidade greco-latina, a Idade Média, o Renascimento, o classicismo, o iluminismo, o romantismo... Tudo isso foi praticamente vivido de modo europeu, e nisso incluo a Europa do Leste. Penso que a Europa é uma bela aventura.

Lista bibliográfica

LE GOFF, Jacques e NORA, Pierre (orgs.).

1976. *História: novos objetos, novas abordagens, novos problemas*. Rio de Janeiro, Francisco Alves. 3v.

LE GOFF, Jacques. 1980. *Para um novo conceito de Idade Média: tempo, trabalho e cultura no Ocidente*. Lisboa, Estampa.

____. [1982]. *Mercadores e banqueiros da Idade Média*. Lisboa, Gradiva.

____. 1984. *A civilização no Ocidente Medieval*. Lisboa, Estampa.

____. 1985. *O maravilhoso e o quotidiano no Ocidente Medieval*. Lisboa, Edições 70.

____. 1986. *Reflexões sobre a história: entrevista de Francesco Maiello*. Lisboa, Edições 70.

____. 1989. *Os intelectuais da Idade Média*. São Paulo, Brasiliense.

____. 1989. *A bolsa e a vida: economia e religião na Idade Média*. São Paulo, Brasiliense.

____. 1990. *A história nova*. São Paulo, Martins Fontes.

____. 1990. *História e memória*. Campinas, Unicamp. (Reunião dos artigos do autor publicados na *Enciclopédia Einaudi*).

•Jacques Revel*•

Esta entrevista foi concedida em fevereiro de 1997 a Marieta de Moraes Ferreira, em Paris. O professor Jacques Revel é atualmente presidente da École des Hautes Études en Sciences Sociales.

Poderia nos falar de suas origens, família, estudos?

— Nasci quase que por acaso em Avignon em 1942. Minha família é judia, da Alsácia, mas na época meus pais estavam refugiados no sul da França, que ainda não tinha sido ocupado pelos alemães. Venho de um meio de cientistas: meu pai era biólogo, minha mãe era bioquímica, mas ninguém da família se dirigira para as ciências sociais ou humanas.

O senhor foi o primeiro a fazê-lo?

— Primeiro e único, até hoje! Minha trajetória foi clássica. Cursei o segundo grau numa cidade do interior no leste da França e em seguida, como se costumava fazer com os bons alunos, me mandaram para Paris. Este é um velho costume francês, que permanece: os melhores são sempre mandados estudar em Paris. De início, meus pais queriam que eu seguisse uma carreira científica, mas no último ano do liceu resolvi estudar para ingressar na École Normale Supérieure. Fui parar num curso preparatório em Paris, cheio de alunos da província. Eles se esforçavam muito para passar no concurso da École Normale. O concurso incluía várias disciplinas, história, letras, filosofia, e eu nem sabia direito o que queria. Num primeiro momento pensei em filosofia, mas o que me atraía mesmo era história das religiões. Dediquei-me então à egiptologia durante três anos e investi muito nisso. Trabalhei muito, era divertido, mas no fundo não era interessante o bastante. Como já estava na École Normale, resolvi estudar história.

---

* Esta tradução é de Monique Augras.

A École Normale vivia então sua grande época althusseriana. O que me chamou a atenção foi que o althusserismo — aliás, todo o movimento estruturalista — era claramente anti-histórico. Reagi contra a idéia estruturalista de que o ponto de vista a-histórico era a melhor solução. Para simplificar, pode-se dizer que havia na época duas tendências opostas. De um lado, os jovens que pensavam que a história do movimento político era relevante — era o meu caso —, e de outro, aqueles que pensavam que existe um corte eterno entre falso e verdadeiro, teoria e ideologia — era a posição dos althusserianos. Eu era a favor dos processos históricos, inclusive como cidadão — era a época da guerra da Argélia, da descolonização. No fundo, estudei história menos por interesse acadêmico do que por convicção política.

Em que ano o senhor se formou na École Normale?

— Em 1968, ano em que aconteceu muita coisa! Foi o ano em que a história voltou. Foi assim que eu e muitos outros entendemos os acontecimentos. Eles provavam que os processos históricos existem, sim.

O senhor também estudou na Sorbonne, não? Fez o mestrado lá.

— Sim, estive na Sorbonne quando me preparava para a *agrégation*[1] em história.

Quando o senhor estava na universidade tinha alguma posição, alguma militância política?

— Eu era como todos os estudantes da minha geração, mais para a esquerda. Mais ou menos o que se chama de social democrata. Na minha geração ainda havia muita gente que entrava para o Partido Comunista, mas eu era vacinado. Meus pais tomaram parte na Resistência e saíram dela como companheiros de lutas do Partido Comunista. Mas esse companheirismo acabou — lembrem-se de que eles eram biólogos — quando a União Soviética e o Partido Comunista Francês quiseram impor, a partir de Lyssenko, uma biologia marxista e coisas parecidas... Fui criado num ambiente de esquerda, porém crítico do movimento comunista, com tendência talvez vagamente trotskista. Era muito engajado na luta anticolonial mas, como muitas outras "famílias" intelectuais, mantive distância do Partido Comunista.

[1] Concurso que confere o título de *agrégé* e capacita aquele que o obtém a tornar-se professor secundário.

Quem eram os professores mais importantes na École Normale e na Sorbonne na sua época?

Havia grandes professores. Na École Normale havia um geógrafo que voltei a encontrar depois, aqui na École des Hautes Études. Chama-se Marcel Roncayolo. Foi para mim muito marcante, porque nas análises que propunha era um geógrafo com uma forte dimensão de historiador. Isso é excepcional. A Sorbonne era dominada por Labrousse e por seu sucessor, Pierre Villar, uma grande figura que, na época, ensinava história econômica e social. Como toda a minha geração, fui muito marcado por Foucault. Fez parte da minha banca no concurso para entrar na École Normale e liguei-me a ele ao longo de sua vida.

Seu orientador de mestrado na Sorbonne não foi Victor Tapié?

— Sim. Tapié era uma pessoa encantadora, erudita. A história que ensinava não era bem o que eu queria, mas ele era muito afável. Eu havia lido Foucault e queria fazer uma monografia sobre a história da doença. Logo achei o assunto de que queria tratar — uma epidemia de peste no século XVII — e fui procurar um especialista nesse século na École des Hautes Études chamado Jean Louvray, um homem discretíssimo mas de grande importância. Ele me ajudou muito, me indicou arquivos etc. Mas não podia orientar uma dissertação de mestrado. Como era amigo de Tapié, este concordou em dar o seu nome.

Como era Tapié? Ele foi professor na Faculdade Nacional de Filosofia no Rio de Janeiro.

— Era uma figura da França de outrora. Um senhor imponente, muito elegante, de cabelos brancos encaracolados e cheio de retórica, tanto nas palavras como nos gestos. Viajara muito, tinha-se formado em parte em Praga, na Tchecoslováquia. Pesquisou a Boêmia do século XVII, interessava-se muito pelo barroco. Depois viajou realmente pela América Latina, pelo Brasil. Era um espírito curioso, erudito, mas no campo historiográfico não era um inovador. No entanto, era aberto. Não tinha grande interesse pelo assunto que eu havia escolhido, mas julgava que, se *eu* me interessava, estava tudo bem. Tapié também gostava de lidar com os estudantes da École Normale, queria atraí-los para a Sorbonne.

E depois do seu mestrado?

— Fiz o concurso de *agrégation*. É público e notório que isso representa um ano duro, maçante, pesado. Em seguida, tive de parar por um ano e meio já que, como quase todos os jovens da minha geração, prestei o serviço militar. Foi muito confortável para mim, porque ensinei história na Escola de Guerra, que forma os oficiais de estado-maior. Foi uma experiência e tanto: eu nunca tinha visto tanto militar na minha frente! E houve interesse, porque os levei a refletir sobre coisas que eles tinham vivenciado.

Em 1970 comecei a ensinar na Sorbonne, como assistente de Le Roy Ladurie. Mal o conhecia. Ele tinha acabado de ser selecionado como professor da Sorbonne, e eu como assistente, e então nos colocaram juntos. Eu dava um curso que combinava com a cadeira dele. Dei também um curso — imaginem! — sobre a América Latina no século XVI, porque havia outro professor que entrou no mesmo ano e que era especialista em México. Tive que me dividir entre ele e Le Roy Ladurie. Não tinha a mínima noção de castelhano, mas tive que aprender para poder ler a bibliografia. Fiz isso durante um ano.

Foi nessa época que o senhor entrou em contato com a École des *Annales*, ou isso aconteceu antes?

— Foi antes. Quando era estudante, todos líamos a revista *Annales*, fazia parte do que se discutia na École Normale. Nem todos os professores eram simpáticos, mas prestávamos atenção ao que era produzido por lá. Além disso, eu havia assistido a muitos cursos na École des Hautes Études e conhecia muito bem Jacques Le Goff, que havia dado cursos na École Normale, tendo-me tornado seu amigo desde então.

Depois do meu ano como assistente, fui recrutado pela École Française de Rome. É uma importante instituição francesa, que recruta por meio de concurso, e eu queria estudar história da Itália nos séculos XVI-XVIII — é o meu período, sou especialista em Idade Moderna. Essa instituição dá bolsas de pesquisa, é muito bem organizada. Foi planejada para atender aos especialistas em Antiguidade e aos medievalistas mas, de vez em quando, um modernista aparecia por lá — foi o meu caso. Hoje a École de Rome está bem mais aberta. Fiquei por lá três anos, de 1970 a 1973, trabalhando com história econômica, com os latifúndios da campanha romana do século XVI ao XVIII. No fim dos meus três anos em Roma fiz uma tese — mais ou menos equivalente a uma tese de doutorado de 3º ciclo — que sintetizava as minhas pesquisas. Essa fase foi importante para mim, porque foi meu primeiro contato prolongado com arquivos e também porque foi um primeiro contato com uma cultura que parece muito próxima da francesa mas, na verdade, é muito diferente. Fiz ainda muitas amizades intelectuais, com Carlo Ginzburg, Giovanni Levi...

Ao voltar para a França, entrei para o CNRS, primeiro como assistente de pesquisa e depois como pesquisador pleno. Fiquei lá quatro anos, durante os quais continuei pesquisando sobre a Itália. O que mudou minha vida consideravelmente foi que, em 1975, o grupo que administrava a revista *Annales*, ou seja, Le Goff, Le Roy Ladurie e Marc Ferro, começou a procurar um sucessor para André Burguière, que havia sido o secretário de redação durante os cinco anos precedentes. Eles me ofereceram a vaga. Era um belo presente. Era o meio de ficar por dentro daquilo que se fazia num importante centro de produção da historiografia moderna. Isso me interessava, e muito. O trabalho de editor também me interessava, ainda mais porque, desde 1970, eu iniciara com Pierre Nora uma coleção chamada "Archives", que hoje não existe mais, mas que publicou mais de 100 livros.

Na *Annales*, era eu quem tomava conta da revista. Todo dia eu conversava com o conselho editorial, mas era eu o responsável pela redação e por toda a política editorial, isso até 1980, 1981... Além disso, eu estava aqui, no *boulevard* Raspail, já que naquela época a redação da *Annales* estava instalada no primeiro andar deste edifício, perto dos pesquisadores do Centre de Recherche Historique e da École des Hautes Études. Em parte foi por isso que ocorreu a minha transição: em 1977 deixei o CNRS, pois me propuseram o cargo de *maître de conférences* na École des Hautes Études.

Poderia falar um pouco mais de suas realizações editoriais? O senhor codirigiu a *Histoire sociale des populations étudiantes*, por exemplo.

— Esse não foi bem um projeto editorial. Foi mais um projeto de pesquisa. Quando cheguei na École des Hautes Études, me pediram para, além do meu trabalho pessoal, refletir sobre um programa de pesquisa. Era a época das grandes pesquisas coletivas, típicas da École. Eu tinha lá dois amigos próximos, Roger Chartier e Dominique Julia. Julia era especialista em história da educação. Já tínhamos escrito um livro junto com Michel de Certeau em 1975, sobre a política da língua durante a Revolução Francesa. Foi um trabalho que fizemos por puro prazer, e que depois a Gallimard aceitou publicar. Durante muito tempo, Julia havia pesquisado sobre o ensino no Antigo Regime, sobre os colégios, e publicara muita coisa. Naquela época, François Furet e Mona Ozouf estavam terminando uma grande pesquisa sobre a alfabetização, ou melhor, sobre o ensino primário, e então tivemos a idéia de lançar uma pesquisa sobre as universidades do Antigo Regime, não só na França, mas um estudo comparativo sobre os europeus.

Esse levantamento foi interessante e levou bastante tempo. É que antes, até o fim dos anos 70, as pesquisas se realizavam segundo um esquema bem simples: havia um ou vários diretores de pesquisa, geralmente homens, que organizavam o trabalho, e assistentes, muitas vezes mulheres, que iam para os arquivos e levantavam os dados. Essa divisão do trabalho deixou de ser possível mais ou menos na época em que começamos. Minha geração não tinha vontade de trabalhar desse jeito e, mesmo que quisesse, as coisas depois de 1968 não aconteciam do mesmo modo. Nossa pesquisa demorou porque nós mesmos a fizemos. Julia e eu levantamos em arquivos todas as 24 antigas universidades do Antigo Regime, em toda a França, e isso levou tempo! Foi a minha segunda experiência com arquivos. E foi uma das últimas grandes pesquisas de história quantitativa à francesa.

Começamos o trabalho com os arquivos por volta de 1980 e acabamos em 1985/86. Houve um volume consagrado às universidades européias, escrito por colegas da rede de pesquisadores que montamos na Europa e para o qual só redigimos a introdução. Depois houve um volume sobre a França, escrito quase inteiramente por mim e por Julia; foram perto de 500 páginas em um total de 600, apresentando o resultado de nossa pesquisa. Foi uma experiência um tanto pesada, às vezes nos saturamos, foi um trabalho muito austero, feito a partir de listas, somando os estudantes. Não era uma tarefa muito gratificante mas, ao mesmo tempo, era uma boa escola para a reflexão sobre a tecnologia da pesquisa a partir do que fazíamos, em vez de ficarmos falando, como sempre, do lado de fora. Nosso livro, o volume sobre a França, saiu em 1989. Mas não foi um projeto editorial, foi um projeto de pesquisa.

Realmente, o projeto editorial foi o da história da França em quatro volumes. No entanto, na perspectiva da revista *Annales*, a história das nações era pouco valorizada...

— É verdade, e tive de discutir esse problema com Burguière, tive de pensar muito sobre isso. Há uma experiência que continuo achando muito interessante: é a da *Storia d'Italia*, publicada pela Einaudi nos anos 70, sob a direção de Ruggiero Romano e Corrado Vivanti. Essa história não se parecia com as histórias tradicionais. Mais tarde, conversando com Burguière, ficamos interessados na história da historiografia; chegamos a fazer parte de um seminário e examinamos como se poderia pensar uma história da França hoje. Logo vimos que não éramos os primeiros a pensar nisso. Marc Bloch, por exemplo, se colocara o problema no fim da vida, refletindo sobre o que poderia ser uma história da França no quadro de uma história européia, numa época em que não existia a Europa como instituição. Havia também certas reflexões de Lucien Febvre, muito interessantes, sobre um aspecto da geografia que eu chamaria de "possibilista", ou seja: as nações não têm destinos, elas são também provenientes de escolhas, de acasos, daquilo que, mais tarde, seria visto como necessidade. Fernand Braudel se interessara também por esse problema, mesmo sem saber exatamente o que fazer com ele, enquanto trabalhava em seu livro póstumo, *L'identité de la France*.

Partimos da idéia de que o gênero história da França no sentido clássico, ou seja, de biografia da nação, não era mais possível hoje, não seria mais aceito. Era preciso, portanto, procurar outra coisa, e por conseguinte, colocar o problema da nação, da identidade nacional, não mais como um *a priori*, como resposta, e sim como questão. Escolhemos, em primeiro lugar, renunciar à narrativa contínua, substituindo-a por um enfoque temático; em segundo lugar, partimos de configurações do presente para tentar reconstituir-lhes a história; em terceiro lugar, mostramos que, dentro dessas configurações temáticas, seria interessante elucidar durações diferenciais. Eu me encarreguei do volume sobre o espaço, um tema em que você encontra, ao mesmo tempo, realidades de longuíssima duração e coisas que se inscrevem numa duração extremamente curta. O que nós queríamos, no fundo, era desdobrar esses fenômenos para remontar às origens de sua formação. Levamos tempo para elaborar o plano desse projeto, conversamos, fizemos alguns seminários com diversos colegas, e no fim conseguimos formar equipes bastante reduzidas, de quatro ou cinco autores por volume, compostas geralmente de amigos próximos o bastante para entender qual era o nosso projeto.

Não lembro bem quando começamos a trabalhar, deve ter sido por volta de 1985. O primeiro volume, que organizei pessoalmente, saiu em 1986. Os dois seguintes, um organizado por Le Goff, sobre o Estado, e outro por Julia, sobre os conflitos, saíram em 1990. O quarto, organizado por Burguière, sobre as formas culturais, saiu em 1993. Foi uma experiência que nos divertiu. Mas todos esses livros coletivos davam trabalho, e não podíamos passar a vida fazendo isso, porque é cansativo. Ao mesmo tempo, tanto Burguière quanto eu ficamos contentes com a experiência. É verdade que foi também, em certo sentido, a obra de uma nova geração de historiadores.

Como o senhor caracterizaria sua geração?

— Não é muito fácil. Quando eu era estudante, o que marcava a minha geração era que todos nós éramos filhos do fim da guerra. Isso quer dizer que crescemos num país que mudava muito rapidamente, num país que rejuvenesceu, se renovou. Quando hoje vejo filmes do fim dos anos 40, ou até mesmo dos anos 50 — eu era uma criança pequena, mas vivi esses anos —, tenho a impressão de que se trata do século XIX, de tanto que as coisas mudaram! O outro elemento que deu certa coerência a essa geração foi a experiência política da guerra da Argélia, da descolonização. No fundo penso que, ao contrário da geração que se seguiu à nossa, tivemos uma experiência política forte, bastante dura. Agora, não tenho muita certeza de que a minha geração tenha tido uma unidade intelectual. Quando penso no que fizeram meus colegas da École Normale, percebo que a dispersão de nossos interesses e de nossas referências é bem grande. Fiquei ligado a alguns deles, não muitos, mas não penso que se possa dizer: "Essa geração foi totalmente isso ou totalmente aquilo". Em nossas cabeças havia grandes personagens: Lévi-Strauss ou Foucault, para outros Lacan ou Althusser, mas, ao mesmo tempo, havia uma grande fragmentação das coisas que nos interessavam, uma grande dispersão.

Já entre os que se tornaram historiadores as coisas são bem diferentes. Nesse caso, tenho ao contrário o sentimento de uma forte coerência, seja entre as pessoas que conheci na École Normale, como Dominique Julia, seja entre as que conheci mais tarde, como Chartier, Jean-Claude Schmitt. São pessoas que pertencem à minha geração de historiadores e que se encontraram relativamente cedo na École des Hautes Études. Nesse caso penso que houve uma aproximação bem forte. Todos se formaram como historiadores sociais e foram muito marcados pela produção da *Annales*, alguns, como eu no início, tendendo mais para o socioeconômico, outros, como Chartier, Julia, Schmitt, para o sociocultural. Mas acho também que essa formação de história social era a base, não era uma resposta a todas as questões. No fundo, levando em conta o que a nossa geração encontrou, nossa contribuição talvez tenha sido tornar mais complicado o enunciado do problema.

Crescemos em um mundo onde se começava por estudar o econômico, em seguida, o social, e depois, a cultura. É isso que Chartier relata no artigo sobre "Cultura popular" que *Estudos Históricos* publicou.[2] No fundo, o que criticamos, desde meados dos anos 70, foi essa organização vertical pela qual o econômico informava o social, e o social informava o cultural. Éramos historiadores sociais, mas pensávamos, por exemplo, que as categorias sociais também se constroem por meio das práticas culturais. Chartier e eu fizemos juntos, durante vários anos, um seminário em que se refletia muito sobre os problemas da cultura popular e, no fundo, acabamos por elaborar uma crítica dos conceitos que naquela época serviam para pensar essas realidades. Sustentamos que a cultura popular não é a cultura do povo, e sim uma cultura em relação com outras formas culturais, complementares, opostas ou hierarquizadas. Víamos

[2] Ver Roger Chartier, Cultura popular: revisitando um conceito historiográfico, *Estudos Históricos*, v. 8, nº 16, 1995, p. 179-92.

que, no fundo, as práticas culturais refletiam menos as identidades sociais do que serviam à construção dessas mesmas identidades.

Não me cabe dizer se isso era ou não importante, mas para nós era. Schmitt fazia exatamente a mesma coisa naquele momento no tocante a práticas medievais, e nos encontramos em torno dessas problemáticas. Nosso objetivo não era repudiar o social, e sim construir o social de maneira diferente. Publiquei um livro em Portugal em 1990, *A construção da sociedade*, para mostrar isso. É uma coletânea de artigos na qual tento mostrar que o social não é uma instância que a tudo determina, é também uma instância que se constrói por meio de práticas. Acredito que isso tenha sido o elemento comum forte entre os membros da minha geração de historiadores. Essa reflexão foi muito desenvolvida aqui, na École des Hautes Études. Ela representa uma virada, marca o momento em que refletimos com as nossas próprias idéias, e contra as dos nossos predecessores.

Naquela época eu era responsável pela *Annales* e podia repassar essa preocupação para a revista. Estava também trabalhando muito com Michel de Certeau, que já se interessava por esses problemas. Foi um meio em que essas idéias foram lançadas, criticadas, discutidas e, pouco a pouco, acabaram por se impor.

Desde quando o senhor trabalhava com Michel de Certeau?

— Conheci Certeau em 1968, junto com Dominique Julia, e logo começamos a trabalhar juntos, fizemos um grupinho de três. Certeau era um marginal. Jesuíta, estava à margem da companhia. Acadêmico, não tinha cargo na universidade. Achávamos isso notável, mas era alguém cujo *status* era de difícil definição, a não ser no fim da vida, quando veio para a École. Trabalhava com pequenos grupos, pequenas redes. Na época esse esquema funcionava muito bem, e nós também gostávamos muito de trabalhar fora da instituição. Era um esquema muito experimental, bastante desorganizado, mas muito rico. Certeau acabou tendo de partir para os Estados Unidos, porque não encontrava um lugar na universidade francesa. Estava em San Diego quando Chartier e eu conseguimos trazê-lo de volta para trabalhar na École, em 1984. Infelizmente, morreu dois anos depois.

O livro *Jeux d'échelles*, que o senhor organizou, e que está sendo traduzido pela Editora da Fundação Getulio Vargas, trata em larga medida da micro-história. Na sua opinião, qual é a contribuição da micro-história e quais são os problemas que ela coloca para os historiadores?**

— Este é um tema bem amplo! Quero dizer que a micro-história faz parte da minha biografia. Como já contei, passei três anos na Itália e desde

** *Jogos de escalas: a experiência da microanálise* foi publicado em 1998 pela Editora FGV (N. da E.).

então conservei laços muito fortes com os historiadores italianos. Ocorre que os meus amigos mais próximos — Ginzburg, Levi, Carlo Poni — foram precisamente os que refletiram sobre a micro-história no decorrer dos anos 70, e tive várias oportunidades de conversar com eles sobre esses projetos. Tomei até parte na reunião de fundação da coleção "Microstorie", em 1980.

Mas qual era a importância disso? Esse grupo é perfeitamente minoritário na Itália, e é até malvisto. Eles refletiam muito, se interessavam muito pela história social porque não se fazia história social na Itália, por motivos vários e complicados, ligados entre outras coisas à influência de Croce e à ausência das ciências sociais no país. Eles acompanhavam de perto o que se fazia na França e pensavam que valia a pena refletir sobre a história social, mas não queriam necessariamente comprar o pacote todo. No fundo, refletiram sobre a seguinte questão: seriam possíveis outras estratégias de pesquisa que não a história social do tipo Labrousse, tal como se desenvolveu na França com a "longa duração", a medida, uma história quantitativa etc.? Eles se colocaram essa questão por dois motivos. O primeiro é que tinham um sentido bastante forte de crítica epistemológica; o segundo é que, para fazer uma história social do tipo Labrousse, ou do tipo *Annales*, era preciso dispor de recursos que não existiam na Itália. Seria necessário contar com equipes, com algo como o CNRS, com tradição de trabalho coletivo, enfim, com um monte de coisas que os italianos, acostumados a trabalhar de maneira diferente, não tinham. Diante dessas contingências, tiveram de elaborar estratégias mais individualistas.

É claro que não foi só isso. Bem antes de nós, franceses, eles foram sensíveis ao perigo de esgotamento do paradigma labroussiano. Foi isso que me interessou, já que eu vinha da história social de tipo labroussiano, fora essa a minha formação. Daí a importância da minha passagem pela Itália. No meu contato com os italianos, fui levado a refletir sobre aquilo que eu fazia. Meu livro sobre as universidades, por exemplo, se situa num meio-termo. É história quantitativa clássica, ao mesmo tempo que parte dele se dedica a analisar trajetórias, redes, ou seja, algo que não mais pertence à história social clássica.

Na França, em geral, pouca gente se interessa pela Itália. Comecei a fazer seminários sobre a experiência italiana, mas o pessoal tinha um certo ceticismo. Entre 1986 e 88, trabalhei, junto com Arlette Farge, com um determinado evento histórico, uma revolta parisiense no século XVIII provocada pelos seqüestros de crianças. O livro que escrevemos, chamado *Logiques de la foule*, é uma espécie de análise bastante microscópica daquilo que acontece numa revolta. Por que será que a revolta "pega"? Por que há multidão? Como isso tudo funciona? O que percebi nesse trabalho foi que, ao enfocar um objeto pequeno olhando-o de muito perto, eu via organizações sociais completamente diferentes daquelas com as quais estava acostumado. Eu conhecia o século XVIII parisiense muito bem, mas em contraste com a análise de tipo macro-histórico, o fato de olhar de muito perto como as pessoas se moviam me levava a perceber configurações totalmente diferentes.

Foi assim que evoluí, em parte por causa de uma reflexão abstrata, em parte por causa de uma reflexão empírica, a partir do trabalho com arquivos. A primeira coisa que fiz foi mandar traduzir o livro de Giovanni Levi, *L'Eredità immateriale*, publicado pela Gallimard em 1989 com o título de *Le pouvoir au village*. Escrevi uma longa introdução, que se chamava "L'histoire au ras du sol", na qual mostrava o quanto a micro-história era importante para mim. Penso que o livro de Levi continua sendo o melhor modelo daquilo que é possível fazer em micro-história, é o livro mais bem-acabado do gênero. Quando a tradução francesa saiu em 1989, suscitou muitas reações. Nem todo mundo concordou, mas algumas pessoas conseguiram perceber as questões que estavam sendo colocadas.

Dois anos mais tarde, em 1991, fui convidado pelo Ministério da Pesquisa e Tecnologia francês para coordenar um pequeno grupo de historiadores, sociólogos e antropólogos encarregado de discutir um tema que formulamos nos seguintes termos: micro/macro. Deixaram-me fazer o que eu queria. Isso quer dizer que me concederam uma pequena verba para organizar um grupo de estudos que ao fim de um ano e meio deveria realizar um seminário. Reuni colegas da École, como Bernard Lepetit, antropólogos, como Alban Bensa, colegas italianos, como Levi, e até mesmo ex-alunos meus, como Simona Cerrutti, Sabina Loriga ou Paul-André Rosental. Éramos 10 ao todo. Trabalhávamos com total liberdade, nos reuníamos uma vez por mês e apresentávamos *papers*, discutíamos, fazíamos circular nossos textos também fora do grupo, as pessoas comentavam. Por fim, todo esse material serviu para fazer o seminário, que aconteceu em Marselha em 1992. O seminário foi bem recebido, o pessoal pareceu interessado, e pensamos na possibilidade de fazer um livro a partir dali. Tivemos de retrabalhar o material todo, e foi assim que nasceu *Jeux d'échelles*. Isso ocupou a minha vida intelectual nos últimos 10 anos, ou quase.

O senhor gosta do debate historiográfico, não?

— Sim. Quando tomei conta da *Annales* já pensava no assunto. Discutia muito com Michel de Certeau a epistemologia histórica, e aos poucos esse debate tomou um lugar importante. Já tinha também trabalhado com

Nora, quando cuidamos juntos de uma coleção na Gallimard. Depois tomei parte no preparo de *Faire de l'histoire*, em 1974, e mais tarde, junto com Chartier e Le Goff, fiz *Histoire*, em 1978... Esses problemas passaram a nos interessar cada vez mais, e dediquei cada vez mais tempo a eles. Esse tempo todo eu continuava no conselho editorial da *Annales* e foi então que, com Lepetit, fizemos aquilo que se chamou a virada crítica canônica da revista. Quer dizer, introduzimos a idéia de que era preciso repensar algumas certezas que tinham sido muito úteis, muito eficazes, mas que doravante exigiam uma revisão, um reexame crítico. Essa virada foi importante, seja sob a forma historiográfica, seja sob a forma mais epistemológica.

Há dois anos o senhor foi eleito presidente da École des Hautes Études en Sciences Sociales. Não acha que há um predomínio de historiadores na École? Sua eleição reforçou a posição deles?

— Não sei bem se podemos colocar o problema nesses termos. A École reflete uma originalidade francesa, na qual a história é vista como uma ciência social — o que não costuma ser a regra em outros países — e, mais que isso, como a coluna vertebral das ciências sociais. A École foi fundada por historiadores como Febvre e Braudel. Foi dirigida por historiadores como Le Goff e Furet, e em seguida por antropólogos como Marc Augé, em 1985-95. Agora voltou para um historiador, em 1995. Será que podemos falar em predomínio da história? Em termos quantitativos, há muitos historiadores na École, mas estão longe de constituir a maioria. Em todo caso, não podemos imaginar que os historiadores só votem em historiadores, e os antropólogos em outros antropólogos. Furet e todos os meus predecessores foram candidatos únicos. Eu votei em Augé, e do mesmo modo que desejei que ele fosse o presidente da École, deve haver antropólogos que desejaram que eu o fosse, ou eu não teria sido eleito!

A respeito da relação entre história e ciências sociais, há um artigo muito importante sobre a longa duração publicado por Braudel em 1958, e geralmente nos esquecemos de que se trata de um artigo estratégico. Era o começo do estruturalismo, e Braudel sentia que havia uma crise na área. Dizia ele: "No fundo, a história é a menos pretensiosa das ciências sociais, a menos formalizada, a menos teorizada, e por isso pode servir como *língua franca* para as demais". Essa visão parece ser um tanto pobre e modesta, mas Braudel não era modesto. É de fato uma posição tática, e muito hábil. E podemos verificar que a história tal como foi feita em torno da revista *Annales* ultrapassou o período estruturalista sem maiores problemas, apesar de aquela ter sido uma época francamente "anti-histórica". Não acho que a questão se coloque da mesma maneira hoje, quando são todas as disciplinas que se encontram em crise.

O senhor concorda com Gérard Noiriel quando ele escreve um livro chamado *Sur la 'crise' de l'histoire*?

— Não concordo com a interpretação dele. Em 1984 escrevi um artigo no *Bulletin de la Société Française de Philosophie* intitulado "Sur une 'crise' de l'histoire aujourd'hui" — 12 anos antes de Noiriel, portanto. Acho que o diagnóstico é mais complexo do que a descrição que ele faz. Acredito que haja um problema geral das ciências sociais, e aliás não apenas das ciências sociais. Ontem vivíamos num mundo otimista, funcionalista, no qual todas as ciências se juntavam e acabariam por se complementar. Esse otimismo era social, não apenas científico, e hoje ele não existe mais.

Como as outras ciências sociais, mais que elas, porém, a história conheceu um crescimento fantástico nos anos 1960-70. Mas esse crescimento é difícil de administrar, já que, ao multiplicar os objetos e os procedimentos, você chega quase que a uma fragmentação. Na geração que nos antecedeu, o marxismo, o estruturalismo, o positivismo, ou aquilo que se poderia chamar de ideologias funcionalistas, forneciam uma arquitetura para o conjunto dessas ciências. Esses paradigmas entraram em crise nos anos 70. Eu não gosto muito do termo "pós-moderno", não gosto de usá-lo, mas se tem algum sentido, deve ser esse.

Tivemos portanto de constatar essa fragmentação. Mas isso é também específico da pesquisa. Embora a demografia histórica já existisse quando eu era estudante, ainda era um anexo técnico da história social; agora tornou-se uma disciplina autônoma. Acho que é assim que as ciências se desenvolvem, e a mesma coisa acontece com a física. Num laboratório de física, há pessoas que não têm a menor idéia daquilo que os outros fazem. Pegam os resultados uns dos outros porque confiam. Se quisermos, podemos falar em crise, mas trata-se de uma crise estrutural, que está ligada ao desenvolvimento de nossas disciplinas. É disso que pretendemos falar com o nosso "reexame crítico", é uma maneira mais sutil de dizer as coisas do que falar em "crise", porque, no fundo, estamos numa época em que devemos operar um exame reflexivo, crítico, dos pressupostos dos nossos procedimentos. Voltando ao problema da École, acho que a antropologia também vive essa mesma "crise", assim como a sociologia. Os historiadores talvez sejam mais ingênuos, dizem as coisas com maior clareza e, se hoje a presidência da École está sendo exercida por um historiador, talvez seja porque os meus colegas sentiram que, ao me eleger, estavam escolhendo alguém que estava decidido a refletir sobre essa situação crítica. Não foi para restabelecer o predomínio da história sobre as outras disciplinas que fui eleito.

O senhor então acha que a história não é mais a disciplina central da constelação das ciências sociais?

— As coisas não se passam mais do mesmo modo como se passavam. A história, 30 anos atrás, era a única disciplina instituída, a única perfeitamente canônica, com tudo o que isso implica de possibilidade institucional de reproduzir-se, obter cátedras, carreiras etc. Hoje a sociologia ou a etnologia também oferecem a possibilidade de carreiras, o que não acontecia no início dos anos 60. Penso que, no fundo, a história tem duas vantagens. A primeira é a de ter decidido mais uma vez, hoje — não sei como será daqui a 10 anos —, interrogar-se sobre seu lugar, pelo menos no caso da história ligada à revista *Annales*. Talvez sejamos os mais frágeis, os menos formalizados, e por isso dissemos: "É, há perturbações, há desordem na área, e vamos tentar entender o motivo". O segundo aspecto é que hoje todas as ciências sociais, tanto na França quanto em outros países, estão sensíveis à necessidade de historicizar as situações. Isso é algo que me chama a atenção no campo da antropologia, por exemplo. Hoje está se desenvolvendo uma antropologia das *situações*, enquanto há 30 anos a antropologia privilegiava as estruturas. Há gente que diz: "É claro que podemos e devemos estudar o material mitológico, como fez Lévi-Strauss de modo magistral, mas também é importante compreender por que determinado mito é utilizado em determinada situação". Não é a mesma tarefa, mas é muito importante.

O mesmo acontece com os sociólogos. Estou impressionado com o fato de que o livro realmente mais importante para a epistemologia das ciências sociais publicado recentemente seja o de um dos meus colegas sociólogos, Jean-Claude Passeron. Chama-se *Le raisonnement sociologique*. Ele tenta mostrar que o que une as ciências sociais é a historicidade do seu objeto, bem como a historicidade dos seus respectivos procedimentos. Esse é um velho tema de Max Weber que volta à atualidade. Penso que essa sensibilidade para a historicidade está em toda parte.

Voltando à "virada crítica" da revista *Annales*, na sua opinião ela se operou a partir de uma nova geração, como é a sua, com preocupações mais epistemológicas?

— Não fomos exatamente os primeiros que se preocuparam com a epistemologia. Nos anos 60, François Furet já havia produzido uma importante reflexão epistemológica sobre a história quantitativa, mas é verdade que, entre nós, essa reflexão se generalizou. Embora nossa formação fosse geralmente ligada à história quantitativa ou serial, cujas categorias não contestávamos de início, começamos, nos anos 70, a mostrar que as categorias socioeconômicas não eram aplicáveis à análise dos fatos culturais. Num segundo momento, refletimos também, de modo crítico, a respeito da própria construção dessas categorias, no campo social ou econômico. Acho que esse fenômeno levou certo tempo para se concretizar. Chartier, Schmitt e eu iniciamos isso, mas havia mais gente na École, como Burguière, que já vinha se interessando especificamente pela historiografia, e Lepetit, que provinha dos estudos econômicos, e que teve um papel muito relevante.

Num primeiro momento, nossa crítica visava pontos da história cultural, como por exemplo a conceitualização da cultura popular, que achávamos muito simplista, ou então os fenômenos de distribuição dos fatos culturais — é o caso do trabalho de Chartier sobre os livros, em que se passou da história do livro para a história das práticas de leitura. No caso de Schmitt, passou-se da história dos objetos culturais à história das práticas de devoção, ou das imagens medievais. No meu caso, passei do estudo da distribuição dos estudantes nas universidades européias para o estudo das estratégias dos atores que se moviam no quadro universitário. Não estudava apenas as distinções, mas procurava compreender como se adquiria um grau, e o que se fazia com ele. Ou então, como acontece no trabalho que fiz com Arlette Farge, passou-se a considerar que a multidão não era um simples aglomerado de pessoas. Quando fiz o livro com Arlette Farge, quis mostrar que tipo de quadro analítico é preciso elaborar para dar conta dos fenômenos miúdos da vida cotidiana, para que essa poeira de acontecimentos saia da condição de inessencial. No fundo, foi a minha primeira experiência de trabalho em escala microanalítica.

Penso que o grande crescimento da produção histórica provocou também grandes desafios. Tinha-se a impressão de que as categorias não se haviam renovado no mesmo ritmo da ampliação dos objetos de estudo e da produção dos meios de pesquisa na França. Era este o sentido da "virada crítica": refletir sobre a pertinência das categorias utilizadas. Não se tratava de jogar fora tudo o que havia sido adquirido, cuja relevância é evidente, mas de mostrar que a dinâmica da pesquisa também exige inovar.

Nesse movimento de reflexão teórica, como eram vistas pelos historiadores da revista *Annales* as contribuições de Paul Veyne?

— Quando ele publicou *Comment on écrit l'histoire*, em 1971, o livro foi muito mal recebido. Primeiro porque era muito cético em relação às pretensões científicas da época, quando a história positiva e a história quantitativa estavam no auge de suas ambições científicas. Lembro que o livro foi quase contemporâneo do artigo de Furet sobre a história quantitativa, das coletâneas de Le Roy Ladurie sobre *Le territoire de l'historien*, e também de *Faire de l'histoire*! Foi justo no momento em que os historiadores estavam mais seguros de si que Veyne veio dizer que aquilo não era ciência! Além disso, Veyne se situava numa perspectiva muito aroniana, e o pensamento de Aron, considerado distante da prática do historiador, era muito mal aceito. Veyne também utilizava uma bibliografia anglo-saxônica, nutrida de filosofia analítica, que era muito pouco conhecida na França da época. Lembro que a *Annales* reagiu imediatamente: houve um artigo muito interessante de Michel de Certeau, em 1972, extremamente crítico em relação ao livro de Veyne. O livro desencadeou muita polêmica mas não levou a nenhuma reflexão.

Hoje as coisas mudaram, Veyne mudou, e acho que não escreveria da mesma maneira. Mas penso também que agora lemos o livro dele de outro modo. Estamos mais sensíveis à dimensão weberiana do que à dimensão aroniana. Estamos mais sensíveis à lembrança da historicidade fundamental das ciências da sociedade, e da história como precondição do saber histórico, do que à tese de que "não há ciência histórica", considerada muito negativa.

O livro de Passeron que citei, *Le raisonnement sociologique*, publicado em 1991, retoma um certo número das teses de Veyne, de modo bem mais articulado e mais convincente, e foi muito bem aceito. Mas é verdade que, desde então, a disciplina perdeu grande parte de suas certezas. Hoje ela reflete sobre a sua própria inscrição histórica, sua historicidade, o que, em vez de constituir uma falha, é a contingência epistemológica que se encontra na base do trabalho dos historiadores. Há 25 anos, quase ninguém se preocupava com esse problema, mas depois tivemos Paul Ricoeur, houve a redescoberta de Max Weber e da sociologia alemã, tivemos Reinhart Kosellek...

Qual é o *status* atual da história cultural? Ela é predominante?

— Está muito em moda. Mas para saber o *status* atual seria preciso fazer um levantamento minucioso, contar quantas teses foram registradas e quantas delas têm a ver com a história cultural. Ver o sumário das revistas... No fim dos anos 60, a história cultural chegava mais ou menos a 10% dos sumários da *Annales*. Depois, chegou muitas vezes a representar um terço ou até mesmo a metade da revista. Se verificarmos quais são os livros que fazem mais sucesso, ao mesmo tempo dentro e fora da nossa corporação, a história cultural se torna muito mais visível. Fora isso, as tendências vão e voltam, é difícil saber...

Mas como o senhor vê o *status* da história política frente à "nova história"? Em sua introdução ao livro *Jeux d'échelles*, o senhor diz que a nova história colocou a questão dos indivíduos.

— É preciso ser bem claro a esse respeito. Todo mundo sabe que, durante bastante tempo, a *Annales* foi reticente em relação à história política, mas isso não quer dizer que a revista ignorava totalmente o político. No fundo, *Les rois thaumaturges*, de Marc Bloch, é um livro de história política. Quando, nos anos 60, foram se desenvolvendo propostas em torno da história política ou da história da cultura política, elas foram acolhidas pela *Annales*. Penso, por exemplo, nos trabalhos de Maurice Aguillon. Esse tipo de enfoque tem tudo a ver com a *Annales*.

Houve também, o que é bem diferente, uma espécie de restauração da reflexão sobre o político, ligada essencialmente à historiografia da Revolução Francesa, como nos trabalhos de François Furet e Mona Ozouf. Ambos vinham da história social, mas a tese de Furet, no fundo, era que, para compreender a Revolução Francesa, era preciso compreendê-la em termos políticos. Ou seja: sua lógica não era de tipo social, como se pensou durante muito tempo. Era preciso pensá-la em termos de dinâmica política. As teses de Furet não ganharam a unanimidade, mas nem por isso deixam de ser muito importantes. Ele pensava em termos de uma lógica da ação, ou uma lógica do discurso, mais do que em termos de atores individuais. A micro-história insiste nos atores, suas escolhas etc., mas é preciso ver claramente que são atores *socializados*. As escolhas e as estratégias que encontramos no método micro são escolhas sociais, nada têm a ver com a soberania do indivíduo, nem com o ponto de vista da liberdade dos indivíduos. Não é esse o campo do historiador!

No que diz respeito ao político, penso que certos problemas podem ser colocados. Por exemplo, tomemos o trabalho de Robert Decimon sobre a cultura política do século XVI/início do XVII, sobre a Liga. É verdade que ele confronta as trajetórias individuais e o projeto coletivo. Ou, também, naquele livro que fiz com Arlette Farge sobre seqüestros de crianças, o problema de fundo era um problema político, que dizia respeito à sacralização do rei. Houve como que uma ruptura da convenção implícita entre multidão e soberano, no meio do século XVIII. Para tomar um exemplo contemporâneo, vou citar a pesquisa de um antropólogo, Marc Abélès, sobre as microestratégias políticas dos atores locais num departamento francês. Como é que as pessoas existem politicamente? Esse é um dos níveis onde podemos nos encontrar. Não acredito muito que possamos nos encontrar naquilo que faz a ciência política, nem no enfoque tradicional sobre os indivíduos.

No fim dos anos 80, François Furet deu uma entrevista a *Estudos Históricos* e disse que a École des *Annales* não tinha uma identidade específica.[3] O que o senhor pensa disso?

— É um problema complicado. Em primeiro lugar, não acho que exista uma "École des *Annales*". Sempre resisti a essa facilidade de linguagem. Penso que não há um corpo de doutrina que nos permita falar em uma "escola". De tal modo que, quando se fala em escola, é por comodidade, ou para fazer existir algo ou, como no caso de Furet, para afirmar: "Dizem que há uma escola, mas ela não existe". Não acho que exista uma escola, mas ao contrário de Furet, não penso que não exista coisa alguma. Penso que há um movimento. Esse movimento é bem mais amplo, heterogêneo, misturado, contraditório, como são todos os movimentos, como os movimentos políticos, ideológicos, e isso nada tem de novidade. Mesmo porque, na época em que Furet considerava que ele fazia parte do movimento da *Annales*, nos anos 60/70, quando ele era até um dos representantes mais autorizados desse movimento, que semelhança havia entre aquilo que ele fazia e o que faziam Le Roy Ladurie, Pierre Goubert, ou Marc Ferro? Nenhuma. Que relação havia entre o que fazia Furet e o que fazia Braudel? Mas, naquela época, ninguém ligava. Se não me engano, François Furet teria dito certo dia: "A École des *Annales* são as pessoas que eu encontro no elevador". Já eu usaria a imagem de um ônibus. No ônibus, há gente que entra e que sai, mas é sempre a mesma linha. Esse problema é relevante para mim, já que estou escrevendo uma história da *Annales*. É verdade que há um monte de coisas diferentes dentro desse movimento. Mas acredito que, apesar de tudo, há um pequeno número de convicções fortes em comum.

A primeira delas é a de que a história é uma ciência social. Essa afirmação não é desprovida de conteúdo, nem de implicações. A segunda é que a história tem a vocação do confronto com as demais ciências sociais. Ao longo da história da *Annales*, as modalidades de confronto mudaram, até recentemente. Mas a idéia de que a relação entre história e ciências sociais nasce de uma diferença parece ser uma idéia forte e constitui parte da identidade da revista. O terceiro aspecto que me parece importante, ainda que nem sempre tenha sido um tema constante — hoje é muito presente — é a idéia de experimentação na história. Não no sentido das ciências da natureza, mas no sentido de que a história funciona por meio de um jogo de hipóteses e verificações. Hipóteses explícitas e verificações empíricas. Este elemento esteve presente nas origens da *Annales*, e ressurgiu recentemente.

[3] Ver O historiador e a história: um relato de François Furet, *Estudos Históricos*, nº 1, 1988, p. 143-61.

Nada disso garante uma identidade. Não há uma carteirinha da *Annales*. A revista, hoje, é menos eclética do que era 15 anos atrás, mas ao mesmo tempo é aberta. Não existe ortodoxia, a revista pode aceitar coisas bem diversas. Mas penso que a reflexão crítica — a tal "virada crítica", da qual gente como Furet ficou de fora — foi um meio de estreitar a identidade da revista. Na esteira da *Annales* há gente como eu, que sou mais micro-historiador, e gente como Bernard Lepetit, que foi assumidamente macro-historiador. Isso não nos impediu de trabalhar juntos, nem de conversar. Parece-me desejável que uma revista seja um espaço de troca.

O senhor acha que a *Annales* é importante para a identidade do historiador?

— Eu pessoalmente estou mal colocado para responder, já que, por muito tempo, fui o secretário, hoje sou um dos diretores, e fui, junto com Bernard Lepetit, um dos animadores da "virada crítica". Isto posto, a revista não é a única. Inspirou muitas outras experiências no mundo, de tal modo que o seu êxito relativizou a sua importância, o que é normal. Muitos colegas estrangeiros escrevem na revista, ela não é a propriedade do nosso grupinho. Há autores que escrevem muito numa revista e depois vão para outro lugar. Chartier, por exemplo, colaborou muito até o fim dos anos 80, mas hoje oferece menos textos, e não penso que isso expresse um desacordo. Ele publica mais nos Estados Unidos, talvez no Brasil, na Argentina? Este é também o meu caso.

Penso que a revista ainda representa, não uma autoridade, mas um lugar de referência, em relação a uma corrente. Um historiador francês deve ler *Annales*, do mesmo modo que deve ler *Past and Present*, e muitas outras revistas. Isso faz parte das referências da profissão, é um meio de transmitir as coisas.

Mas muitos historiadores franceses ainda são pouco abertos à bibliografia estrangeira, não é mesmo?

— É verdade. Mas o fato é que, no conjunto, os historiadores franceses tendem a deixar de ser provincianos. Não se pode dizer que Braudel fosse realmente provinciano. Mas é verdade que nós viajamos mais, damos mais cursos no exterior, participamos mais de seminários, de coletâneas, e talvez nossos livros sejam mais traduzidos. Refletimos juntamente com colegas americanos, com colegas alemães, italianos ou argentinos — não conheço o Brasil — tanto quanto com os nossos colegas franceses. Hoje isso é também mais fácil do ponto de vista técnico. Não gosto da palavra globalização, mas temos essa chance de poder internacionalizar os debates. As questões não se limitam à França. Damos realmente maior importância do que nossos predecessores àquilo que acontece lá fora. Não são as mesmas coisas que acontecem, mas têm repercussão em nosso país.

Nesse movimento de internacionalização dos debates, o senhor acha que a revista *Annales* ainda tem a mesma influência?

— Não sei como se mede influência. Penso que a *Annales* permanece como um pólo forte, mas era a única revista nessa linha em 1950, e agora não está mais só. Acho que é melhor assim. Vou muito aos Estados Unidos, tomo parte em debates lá, sem dúvida nos tornamos mais próximos. Mas sou sensível à origem francesa, ou melhor dizendo, à experiência de nosso meio, até mesmo às divergências ligadas a essa originalidade. Penso que muitas questões se tornaram comuns, o que não quer dizer que respondamos da mesma maneira. A *Annales* não é mais única, mas não creio que alguém, em algum lugar, faça exatamente a mesma coisa. O mundo tornou-se policêntrico, há vários centros de debates e, nesse sentido, pode-se dizer realmente que o lugar da *Annales* é menos importante. Mas a revista é mais lida no mundo inteiro e os artigos são mais traduzidos do que antigamente.

Fazer um balanço não é fácil. Não vejo que haja algum monopólio francês. Quanto mais são debatidas as questões que colocamos, mais somos capazes de debater as questões que os outros nos colocam, e isso é melhor tanto para a disciplina quanto para a *Annales*.

Uma última pergunta, a respeito do seu trabalho pessoal. O senhor está preparando uma nova publicação?

— Eu disse que estava escrevendo um livro sobre a história da *Annales*, mas não é bem isso. Trata-se da história das relações entre história e ciências sociais na França, desde o fim do século XIX. É dentro desse quadro mais geral que vou situar a história da *Annales*. Quero mostrar, e isso é um tema sobre o qual venho insistindo há bastante tempo, que não existe uma École des *Annales*, mas sim uma série de figuras, de espaços de trabalho, de colocações de problemas, de configuração das relações entre disciplinas, e que, no fundo, a história da *Annales* é a história de como essas diversas configurações foram sendo levadas em conta. Vou tentar reconstituir a lógica, mas também a sociologia da maneira pela qual os problemas foram colocados, os atores — historiadores, sociólogos, antropólogos — foram confrontados e, a partir disso, compreender qual foi a originalidade da experiência francesa.

Começo bem antes da *Annales*, nos anos 1870-80, quando as disciplinas das ciências sociais entram na universidade. Em seguida tento reconstituir esses jogos de competição e de equilíbrio, que são a história das comunidades científicas, para entender como as questões se colocavam. Dei uma idéia da minha pesquisa no texto da introdução que redigi para o livro que fiz com Lynn Hunt nos Estados Unidos. Fiz uma longa apresentação, pois é um livro dirigido para os Estados Unidos e que trata do período pós-45. Neste momento, estou trabalhando com o período do fim do século XIX/início do XX. Espero chegar ao término dentro do tempo previsto, que é curto. Não será muito fácil.

·Richard Morse·

Esta entrevista foi realizada por Helena Maria Bousquet Bomeny em Washington, D.C., em abril de 1988, e editada por Dora Rocha.

Você é um historiador norte-americano conhecido por seu interesse pela América Latina e particularmente pelo Brasil, onde não só morou durante algum tempo, mas estabeleceu relações intelectuais e de amizade que se mantêm até hoje. Quando e como começou sua ligação com o Brasil?

— Minha primeira visita foi em 1941, quando estava voltando de uma viagem ao Chile e à Argentina. O navio parou em Santos, desci, fui a São Paulo, não gostei muito, peguei um daqueles velhos aviões alemães para o Rio de Janeiro e passei três dias em Copacabana, no Luxor Hotel. Isso foi antes de os Estados Unidos entrarem na guerra, Depois disso terminei meu curso de graduação na Universidade de Princeton, fui para a guerra, e ao voltar iniciei a pós-graduação na Universidade de Colúmbia. Decidi então ir ao Brasil para escrever um livro. Eu queria escrever um livro, não queria escrever uma tese, não queria entrar para o mundo acadêmico. Aquela coisa de São Paulo havia ficado na minha mente: por que surgira aquela cidade enorme que todo o mundo dizia ser a Chicago da América do Sul, e que forças econômicas teriam eliminado de sua paisagem quase todos os sinais de uma tradição arquitetônica anterior? Ganhei uma bolsa de estudos e voltei ao Brasil, já em 1947. Dessa vez fiquei 14 meses: um ano em São Paulo, um mês no Rio e um mês viajando até Porto Alegre, Minas, Bahia.

Foi nesse período que você conheceu Sérgio Buarque de Holanda?

— Foi. Ele era diretor do Museu Paulista e foi uma pessoa espetacular. Lembro-me sempre dele passeando pelos enormes corredores do museu com Herbert Baldus, o grande etnólogo alemão que estava em São Paulo naquela época. Ele me ajudou muito, fizemos uma grande amizade. Mas antes de Sérgio Buarque, conheci Antônio Cândido. Logo no começo fui para a Faculdade de Filosofia, na praça da República, e lá encontrei Fernando de Azevedo e seus dois assistentes, que eram Antônio Cândido e Florestan Fernandes. Os dois se tornaram então, e continuam a ser até hoje, grandes amigos e mentores. Cândido foi especialmente importante para mim devido ao seu talento em combinar interpretações literárias e sociológicas. Já naquela época, embora estivesse na sua fase mais sociológica, era reconhecido por alguns como o crítico literário mais brilhante e mais promissor do Brasil.

Seu projeto na época era estudar a cidade de São Paulo.

— Sim. Eu havia feito um pequeno plano de trabalho, mas ao chegar a São Paulo, quase que imediatamente cortei os três primeiros séculos coloniais. Era demais. Comecei então com a época da Independência. Eu não conhecia muito a história urbana, e minha maior influência foi realmente o livro de Mumford sobre a cultura das cidades, que é um livro de muita sensibilidade escrito por um planificador que acreditava no potencial dos seres humanos de fazer cidades. Ele começou com as cidades pré-históricas e clássicas, Atenas, Roma etc., até nossos dias, e tinha uma avaliação de que a cidade grega era boa, a romana era péssima, a medieval era boa, e a cidade industrial fora obviamente uma tragédia. Mumford pertencia àquele grupo que queria refazer a idéia de comunidade, um pouco na linha dos ideais urbanos que temos agora, e por isso em meu estudo, ao invés de seguir uma orientação mais marxista, ou mesmo economicista, na perspectiva de Henri Pirenne, optei por uma orientação mais culturalista, sem dar muita atenção à dialética da história. Procurei pensar as cidades a partir dos momentos em que se poderia perceber a experiência da comunidade. Busquei aqueles momentos ricos de promessas, muito mais do que os determinantes históricos. Enquanto escrevia meu livro, *Formação histórica de São Paulo. Da comunidade à metrópole,* li antropólogos como Robert Redfield, que se preocupavam igualmente com a polaridade comunidade/sociedade, clássica desde Durkheim. No entanto, minha idéia não era fazer uma história linear das cidades, passando de um tipo ideal para outro, e sim indicar na metrópole atual o potencial de restauração da noção de comunidade, de uma maneira muito mais complexa e pluralista.

O caminho que escolhi para tratar da história da cidade de São Paulo foi portanto identificar alguns momentos culturais importantes e tentar perceber a mentalidade das pessoas. O primeiro momento muito importante para mim foi o do estabelecimento da Academia de Direito, com a publicação das primeiras revistas etc. Depois o momento do romantismo, exemplificado por Álvares de Azevedo e seguido de um segundo capítulo, quando Castro Alves veio para a Faculdade de Direito. Em seguida o momento de 1890, a *Belle Époque*, e finalmente o momento do modernismo. Os capítulos do meu livro seguem um pouco essa ordem, e para estabelecê-la foram fundamentais as "dicas" de Antônio Cândido. Depois ele mesmo escreveu um artigo para o IV Centenário da cidade, tomando precisamente a idéia de comunidade literária a partir do século XVII e utilizando uma documentação muito consistente. A periodização estabelecida dessa maneira ajudava a perceber as mudanças econômicas, as mudanças políticas, o processo de educação, a recepção de idéias estrangeiras etc.

Seria então uma inversão completa da perspectiva marxista: você parte da cultura para entender a economia.

— Não tanto para entender a economia, mas para entender, a partir da literatura, o que hoje se chama de mentalidades. E mentalidades de pessoas inteligentes, perceptivas. Entender como essas pessoas percebiam as mudanças e identificar as próprias mudanças que se estavam operando. Para mim isso era muito difícil. De um lado, eu tinha que ler a literatura, e de outro, tinha que tomar conhecimento das mudanças, tema sobre o qual quase não havia monografias ou qualquer tipo de material organizado, como estatísticas etc. O que havia era alguns estudos sobre a evolução de casas de saúde e hospitais em São Paulo. Não havia quase nada sobre movimentos operários, e era preciso recuperar episódios importantes. Então eu ia para os jornais, mas não é possível ler 130 anos de jornal e pegar tudo em todos os campos. Pouco a pouco fui testando minhas idéias com outros amigos que fiz ali, como por exemplo João Cruz Costa — que tinha uma visão da história do desenvolvimento intelectual das cidades e naturalmente falava muito sobre o positivismo — e Luís Saia — que era diretor do Patrimônio Histórico e Artístico Nacional em São Paulo, conhecia toda a arquitetura a partir da época colonial até nossos dias e também tinha essa visão de uma cidade moderna que podia ser uma cidade funcional, um pouco a visão de Mumford. Luís Saia foi uma influência importante. Outra pessoa foi Décio de Almeida Prado, que conhecia toda a história do teatro. Muito importante também foi Oswald de Andrade Filho, Nonê, que era artista e me apresentou a artistas modernistas, como Anita Malfatti, Lasar Segal, Di Cavalcanti e outros. Havia ainda Alice Canabrava, que estava fazendo uma história econômica que foi muito útil em termos de fontes documentais. Ela, sim, tinha essa visão do desenvolvimento econômico. Não cheguei a conhecer pessoalmente Caio Prado, mas li seus livros publicados na época.

O grupo com que você se identificou em São Paulo, sobretudo Antônio Cândido e Sérgio Buarque, trabalhava na fronteira entre história e literatura. Na sua experiência acadêmica nos Estados Unidos você encontrou algo semelhante?

— Talvez sim. Nos meus dois primeiros anos do curso de graduação, quando eu tinha 17, 18 anos, tive dois professores que promoviam pequenos simpósios para alunos que tinham interesse em literatura: Allen Tate e R. P. Blackmur. Eu nem sabia na época, mas ambos eram o que depois se chamou de *new critics*. Os dois faziam exegese de texto. Depois as pessoas os criticavam, dizendo que eles só viam os textos e não o contexto histórico-social. Não era verdade. Tate era um homem do Sul, que escreveu duas biografias de famosos líderes do Sul do país e estava muito consciente da história, do significado da guerra civil etc. Os dois escreveram biografias históricas e intelectuais. Blackmur escreveu as biografias de Henry Adams e Henry James, que para ele foram duas figuras emblemáticas.

Outra influência que recebi mais tarde, na pós-graduação, foi a de Jacques Barzun, que deu um curso sobre a história intelectual e cultural da Europa no século XIX. Ele falava sobre música, teoria econômica, e totalmente sem esforço transitava por todos os campos, por todas as chamadas disciplinas. E tive também meu próprio orientador em história da América Latina, que orientou minha tese, Frank Tannenbaum. Ele sempre dizia que se você quer entender a Revolução Mexicana precisa ler os romancistas. Portanto, não foi no Brasil que descobri esse tipo de perspectiva. O que me impressionou em São Paulo foi que todas ou quase todas essas pessoas que mencionei se conheciam, conheciam a obra um do outro, formavam uma espécie de comunidade. Na universidade norte-americana isso era mais difícil. Os dois professores a que me referi, Tate e Blackmur, foram postos um pouco à margem da universidade porque eram escritores "criativos". Barzun não, ele foi muito importante, central. Tannenbaum fez muito esforço para não ser um latino-americanista — dos 15 livros que escreveu, só seis eram sobre a América Latina —, de modo que ele também teve um papel mais central na universidade, Mas, em geral, quem estudava América Latina caía numa espécie de gueto.

— Em algum momento você viveu uma experiência, a de comunidade na universidade americana?

— Sim, nos primeiros anos, por influência de Tate e Blackmur. Havia também um professor espanhol, Augusto Centeno, que era heterodoxo e me abriu os olhos para Garcia Lorca, San Juan de La Cruz, Ricardo Güiraldes, figuras muito importantes tanto da cultura hispânica como da América Latina. Ele tinha uma visão da Espanha como tendo realmente uma civilização que valia a pena, e sabia explicar por que e como através da literatura. Também estava lá Américo Castro, o grande homem da geração de 98 da Espanha... O fato é que, junto com alguns amigos, inventei uma pequena comunidade dentro da universidade. Não era uma coisa preexistente, como em São Paulo, onde qualquer aluno daquela época podia identificar as figuras que tenho mencionado. E isso se repetiu na Universidade de Colúmbia, que era uma universidade enorme, onde era preciso saber fabricar uma comunidade passageira entre certas pessoas. Se não for assim, a alternativa é você fazer tudo sozinho. Muitos jovens não têm capacidade de saber o que querem e seguem a corrente, não enfrentam esse desafio de tirar coisas da universidade. Se você sabe o que quer, a universidade americana tem muita utilidade.

Que diferenças você apontaria entre a cidade de São Paulo e a cidade do Rio de Janeiro nesse seu momento de chegada, especialmente do ponto de vista da experiência intelectual?

— Minha visão não é muito equilibrada, porque depois de ter trabalhado quase 10 meses em São Paulo, eu sabia que precisava pesquisar certas coisas no Rio, sobretudo no Arquivo Nacional. Então, fui para o Rio, passei um mês na Casa do Estudante, ia ao arquivo quase todos os dias e também à Biblioteca Nacional, onde encontrei muita coisa porque já sabia o que queria. Ao passo que em São Paulo, no começo, passei dois ou três meses praticamente só falando com pessoas para tentar formar uma imagem do trabalho que faria. No Rio, fiz também um esforço para ver pessoas como Gilberto Freyre, que ia quase todas as tardes para a livraria José Olympio. Fui lá, conversei com ele e outros autores. Fui ao poeta Manuel Bandeira, que me recebeu, falei com Tristão de Ataíde e outros.

Você manteve contato continuado com esse grupo do Rio?

— Não propriamente. Além disso não se tratava de um grupo, eram personalidades. Eu já conhecia a poesia de Bandeira, falei com ele sobre modernismo, conversei com Alceu Amoroso Lima, Tristão de Ataíde, sobre toda aquela coisa da igreja que eu tinha encontrado nas pesquisas sobre São Paulo — até citar no meu livro um livro dele sobre o que era o modernismo em São Paulo. Mas não posso avaliar que tipo de comunidade existia no Rio da mesma forma como identifiquei para São Paulo.

Ainda sobre a relação entre literatura e história, como você se coloca hoje diante da discussão sobre interdisciplinaridade?

— Tenho resistido sempre à idéia de seminários interdisciplinares porque neles os especialistas em disciplinas distintas vão e discutem coisas, traduzem coisas em sua própria linguagem e não estabelecem realmente uma comunicação entre si. Por isso eu gosto de falar em transdisciplinaridade. É claro que existem campos de interesses definidos, alguns brigam pela economia, arte, literatura etc. Mas todas as disciplinas que são praticadas são muito amplas, quer dizer, a sociologia pode ser orientada para relações interpessoais, para um trabalho de campo de certa natureza, ou pode ser sociologia no sentido de Weber, sociologia da arte etc. Na minha própria carreira passei muitos anos estudando a cidade. Por ter estudado São Paulo, me interessei pelo desenvolvimento do fenômeno urbano na América Latina, e para entender isso entrei um pouco na história econômica. Havia para mim uma constelação de interesses que abrangia história econômica, história política, história social e a própria literatura.

Com o tempo me encaminhei para fazer a sociologia da cultura intelectual dentro das cidades, e por isso me vi dentro de um campo multidisciplinar, transdisciplinar.

Você não considera portanto a interdisciplinaridade como uma questão epistemológica.

— A analogia que faço às vezes é que o seminário interdisciplinar é como o problema da desagregação nos Estados Unidos. Se é necessário um programa de desagregação, de mandar negros para escolas de brancos e brancos para escola de negros, é porque se quer corrigir uma coisa que nunca deveria ter acontecido. A solução deste problema reside no coração, e não no sistema de tráfico entre escolas. Entre os mestres que mencionei, Tannenbaum, por exemplo, tinha um PhD em economia e dizia que para se entender o México era preciso ler os romancistas. Ele transitava pela filosofia política, a história do pensamento político, a própria história, a antropologia etc. Barzun, igualmente, era quase um musicólogo e sabia toda a história das idéias do século passado, podia escrever sobre os romances de detetive de Sherlock Holmes como sobre o *Ulisses* de Joyce.

Se bem entendo, a discussão sobre a interdisciplinaridade vem corrigir uma distorção no sentido da especialização que não deveria ter ocorrido.

— Diante da imensidade de conhecimento que temos, a especialização é necessária até certo ponto, mas é preciso estabelecer uma dialética com uma visão um pouco mais holística. Eu, por exemplo, durante muitos anos dei aulas de história da civilização ocidental para jovens de 18 anos.

Nessa fase eles liam desde Platão até Max Weber e tinham interesse nisso, podiam especular, relacionar essas pessoas com a vida deles etc. Mas o sistema universitário obriga-os a escolher, já no segundo ano, uma especialização. Isso fazia com que, no curso de doutorado em história da América Latina, muitos alunos chegassem a mim preparados só para estudar América Latina e só história. Ler um livro sobre Revolução Francesa para entender um pouco mais o século XIX na América Latina, não para todos, mas para alguns, era uma coisa que não entrava em sua visão de eficiência profissional. Você percebe que aquela constante dialética inicial com o passar do tempo se evapora na universidade. Talvez isso seja um pouco exagerado nos Estados Unidos, devido ao nosso desejo de ser eficientes, claros, explícitos, pragmáticos, empíricos, mas também é produto da burocratização geral do ensino superior, do ensino de massa. Produto das pequenas ilhas feudais que aparecem em cada departamento, que não querem que outras pessoas interfiram para avaliar o seu trabalho ou os seus critérios de promoção, e isso já é evidente no Brasil também.

Portanto, o Brasil não está tão protegido assim do que poderíamos chamar dessa doença da modernidade...

— Não, o Brasil está muito exposto a isso. Talvez tenha algumas terapias próprias, algumas resistências próprias, ou talvez um pouco mais disponibilidade, tanto de alunos quanto de professores propensos a alentar visões um pouco mais sinópticas da coisa. Da mesma forma isso existe também em certa medida nos Estados Unidos.

Seu livro *O espelho de Próspero* não foi publicado nos Estados Unidos. Foi lançado no México em 1982 e saiu no Brasil em 1988. A recusa dos editores norte-americanos em publicá-lo deveu-se a um problema político?

— Não tanto político, mas sentimental. Você pode publicar um livro aqui dizendo que a América Latina tem uma grande cultura, mas quando você diz que essa cultura talvez seja mais interessante, quando você a usa como um espelho para criticar a cultura norte-americana, isso fica realmente difícil de entender para os americanos. Porque eles têm uma visão evolucionista da história, pensam que os Estados Unidos evoluíram muito e que a questão é como fazer para ensinar a América Latina a ser civilizada.

Mas, mesmo para os latino-americanos, se for lida num sentido conjuntural, sua tese pode também parecer problemática: como é que a América Latina pode ser exemplo, se não conseguiu resolver as questões mínimas que a democracia colocou para a cultura ocidental?

— Sim, mas é preciso entender que a resolução de problemas não esgota a questão da cultura, que é uma coisa quase autônoma, que tem sua vida própria. Digamos que os Estados Unidos já resolveram todos os seus problemas: o racismo diminuiu, ganhamos as duas guerras mundiais, praticamente solucionamos os problemas de pobreza, escolaridade etc. (é bem verdade que surgem outros, como a Aids ou as drogas). Mas isso não impede que a cultura americana — sempre falo em cultura em termos de mentalidades, como dizem os franceses — seja um pouco paroquial, um pouco provinciana. O *Espelho* foi escrito para o público norte-americano realmente como uma terapia, mas não foi ainda publicado aqui em parte porque o autor reconhece que a América Latina é uma civilização, e em parte porque os editores americanos — um deles ficou zangadíssimo comigo — reconhecem que os Estados Unidos têm apenas "problemas" e portanto precisam de "soluções" — e não de "terapias".

Os latino-americanos podem encontrar certo interesse no livro, mas, por outro lado, ele apresenta matizes ou ênfases que eu não teria acentuado se o tivesse escrito diretamente para a América Latina. Agora, eu gostaria de frisar que mesmo que eu tivesse escrito esse livro para um público latino-americano, eu não teria dado receitas. Porque a política é a expressão de uma cultura, do modo de ser de uma sociedade, não possui fórmulas automáticas. Em certos pontos, sim, há questões constitucionais, questões sobre a natureza do direito, por exemplo, que podemos formular. Mas de toda maneira, o processo político é produto de uma sociedade, e é difícil para um estrangeiro dizer: "No Brasil existem tais problemas e deve-se agir de tal modo".

Entre os comentários publicados no Brasil por ocasião do lançamento do *Espelho* foi dito que "o Brasil vai mal, exceto para Morse". Como você responderia a isso?

— Uma das críticas mais recorrentes é a de que eu não tomo uma posição forte contra a ditadura no Brasil, não falo da situação atual etc. Não falo porque todo o mundo fala das ditaduras, dos militares, disso e daquilo, e é precisamente pela escassez de trabalho, entre a produção acadêmica norte-americana, com uma visão mais abrangente, que procurei outro caminho, evitando as complicações das conjunturas atuais.

As grandes ideologias da Europa foram produzidas no século XVII, quando a Inglaterra se encontrava em meio à guerra civil, com a maior parte de sua população vivendo em extrema pobreza. Os grandes alemães do começo do século XIX surgiram em uma época em que não existia a Alemanha, existiam pequenos principados. Havia a Prússia, com uma forma de governo um pouco como a do Paraguai de hoje. Foi precisamente pela impossibilidade da situação de uma Alemanha inexistente que surgiram um Hegel, um Kant, um Goethe e, no campo da música, um Beethoven. Não estou dizendo com isso que surgirão ou que se deva cultivar grandes gênios na América Latina — talvez esta não seja mais uma época de gênios. O ponto fundamental é que a criatividade humana continua em qualquer circunstância. É esta visão "civilizacional" que estou procurando, não uma visão de conjunturas. Um livro que só fala de conjunturas está morto em dois anos. Agora, sem dúvida, quando você começa a falar nas premissas das crenças de uma sociedade — ou nas premissas ideológicas, no sentido de Bakhtin ou de Louis Dumont —, você tem que adotar um discurso de tipos ideais. Suponho que a "realidade" de Atenas tenha sido mais próxima da do Recife ou Tegucigalpa do que das construções platônicas ou aristotélicas. Estas, no entanto, só poderiam ter sido formuladas naquele ambiente.

Você sustenta no *Espelho* que na Ibero América houve uma recusa consciente à influência das revoluções científica e religiosa, e que isso marcou a diferença em relação à América anglo-saxônica.

— Realmente, eu uso essas duas revoluções para diferenciar a América do Norte da América do Sul. Ambas as revoluções — a da "ciência" e a da "consciência" — orientaram-se no sentido de estabelecer provas objetivas (*certainty* ou "certificados") ou provas subjetivas (*certitude* ou "certeza") que forneceriam fundamentos mais sólidos para a crença do que a doutrina, a autoridade ou a tradição. Nenhuma das duas, porém, conseguiu fincar pé na Península Ibérica com a mesma força que no resto da Europa ocidental. O que eu sugiro é que isto aconteceu não porque os países ibéricos estivessem com seu desenvolvimento estagnado, mas sim porque na primeira metade do século XVI eles eram mais modernos do que a França e a Inglaterra. Eles já tinham solucionado o problema da Igreja, do Estado, da autoridade, e também questões que chamaríamos jurídicas, como por exemplo o direito do povo se rebelar em caso de tirania. Os livros dos jesuítas espanhóis foram proibidos na Inglaterra no começo do século XVII porque eram radicais demais, diziam que o povo podia matar o monarca. Por isso mesmo, os países ibéricos não estavam interessados em visões revolucionárias do mundo, quer fossem científicas, quer fossem religiosas, que pudessem desafiar seu sistema de legitimação. É claro que esta não foi uma opção completamente consciente, foi uma rejeição subconsciente, um processo muito complexo.

Eu também digo no *Espelho* que a incidência das revoluções foi diferente. A revolução religiosa, por exemplo, atravessou a Europa numa direção horizontal, da Alemanha para os Países Baixos e a Inglaterra, enquanto a revolução científica se consolidou ao longo de um eixo vertical entre a Alemanha e a Itália. Situando-se à margem dessas duas linhas de força, os povos da Península Ibérica não tiveram a experiência direta dessas revoluções, essas revoluções não envolveram suas sociedades, não entraram no processo formativo de orientação das pessoas. Mas isso também não impediu que depois exercessem algum tipo de influência. E agora, que estamos vendo que o mundo individualizado do protestantismo e o mundo cientificista e manipulativo nem sempre se combinam muito bem, porque são duas lógicas diferentes, é interessante o caso da América Latina, onde você tem cientistas excelentes, muitas seitas protestantes, a noção de individualismo moderno etc. e, simultaneamente, uma resistência à racionalização completa da sociedade.

Você mesma, aqui na Califórnia, está tendo a experiência de uma sociedade racionalizada, onde é difícil fazer amigos. Todo latino-americano que vejo aqui me diz: “No meu país tenho tantos amigos, aqui é difícil fazer amizades”. Se estamos falando de relações humanas e de seres humanos, e você tem uma sociedade onde a amizade é muito mais calculada, muito mais racionalizada, muito mais instrumental, esse povo tem problema. Aliás, talvez seja exatamente essa qualidade humana, essa possibilidade de sempre fazer exceções o que explica em parte os problemas políticos da América Latina.

O *Espelho* é um trabalho de 1982 que só em 1988 foi publicado no Brasil. Você hoje reveria algumas das posições assumidas no livro?

— Escrevi um artigo intitulado “Notas para uma ideologia nova”, um pouco como rodapé ao livro, que será publicado na revista do Instituto de Estudos Avançados da USP. Nesse artigo reconheço que talvez a tese do *Espelho* possa parecer para alguns um pouco determinista. Algumas pessoas criticam o livro, considerando que eu pareço supervalorizar as idéias políticas pós-medievais dos países ibéricos e ver como única solução a recriação de um sistema patrimonialista, tomista, seja lá o que for. Eu gostaria de deixar claro que vejo essas idéias como uma manifestação da época e que, por casualidade, aquela filosofia tomista também tinha elementos democráticos que representaram uma ameaça para a Inglaterra.

Outra coisa importante que digo nesse artigo, quando falo das premissas ideológicas das culturas, é que sempre existe uma série de subestruturas e superestruturas, não no sentido de Marx, mas no sentido de uma estratigrafia histórica, na qual algumas coisas mudam com as épocas e outras não, ficam ali. Quem formula isso com muito mais detalhes do que eu é Louis Dumont, em seu livro sobre o individualismo, já lançado no Brasil, onde ele aplica o conhecimento da Índia para a compreensão do Ocidente. Se eu vejo na América Latina algumas coisas que ele extrai da história da Índia, isso quer dizer que estamos falando de premissas muito amplas, porque as diferenças entre as duas são enormes. Esse mesmo raciocínio poderia ser estendido à África, ao Japão etc., na medida em que se esteja procurando um denominador comum para a visão da sociedade, ao invés daquela visão mais individualizada, atomística. Para Bakhtin, por exemplo, a ideologia seria a emanação de um povo, uma sociedade, uma nação, e não uma construção de políticos ou politicólogos.

Você acredita então na existência de uma matriz comparável em todas as sociedades, não obstante a diversidade das culturas?

— Acho que sim. Conheço alguma coisa sobre as Américas, mas não sei quase nada sobre a Índia e a China. Mas do meu ponto de vista, a experiência ocidental é ainda uma coisa muito nova e heterodoxa dentro de uma vaga matriz que se manifesta de diversas maneiras. É claro que a diferença entre a China e o Japão é enorme, a diferença entre grupos e sociedades africanas é enorme, a diferença entre o Ocidente e o Oriente é enorme. Mas também pode haver correspondências. O Japão, por exemplo, conseguiu se transformar numa sociedade industrial, coisa que foi mais difícil para a América Latina, a despeito de sua inserção no mundo ocidental. As diferenças pequenas às vezes podem impedir coisas que as grandes diferenças facilitam.

A resistência em aceitar modelos de racionalização explicaria, para você, a pouca penetração do marxismo na América Latina. Mas o marxismo tampouco vingou nos Estados Unidos, embora o caldo cultural fosse aí mais propício a modelos racionalizados.

— O marxismo foi um fracasso na sociedade americana, exceto nos anos 30, depois da Grande Depressão, quando apareceram movimentos de intelectuais e do proletariado. Esse fracasso se explica porque no século passado se pensava que havia tantas oportunidades — geográficas, tecnológicas etc. —

que a ascensão das pessoas era um processo natural e factível. Os imigrantes viam muito mais seu futuro e o de seus filhos como fruto do esforço particular. Havia uma grande mobilidade da população, não do campo para a cidade, mas da grande cidade para lugares remotos. E havia também uma certa resistência àquelas grandes visões sistemáticas do mundo social: não somos um país muito intelectualizado nesse sentido, somos muito mais pragmáticos, orientados para o suposto "senso comum". Finalmente, não tínhamos uma camada realmente aristocrática, uma camada de alta-burguesia — quando se fala nas *Daughters of the American Revolution* é uma coisa meio *nouveau riche,* meio piada. Não havia, talvez, ressentimento entre as classes, porque em princípio havia o suficiente para todos — excetuando-se, é claro, o caso da escravidão, que os historiadores americanos costumam chamar de "*peculiar institution*".

O marxismo foi inventado na Inglaterra, fruto da visão de Engels e Marx sobre Manchester. Mas a Inglaterra era mais ou menos próspera no século passado, recebia dinheiro do mundo inteiro, da Índia, da América Latina, e pouco a pouco seu sistema político foi cooptando as massas, estendendo os sufrágios. Só recentemente, nos últimos 20 ou 30 anos, a Inglaterra tem produzido marxistas com vigor de entendimento.

No meu tempo de universidade, entre 1939 e 1943, dava-se muito pouco Marx, achava-se que ele havia sido uma pessoa para outras situações. Naquela época estávamos entrando na guerra, havia outros problemas e não sentíamos as crises da sociedade. Também não se falava em Weber.

Mas a presença de Weber é muito forte em sua obra.

— Mas isso veio depois. Aliás, foi nos anos 30 que Parsons e Merton, nossos grandes sociólogos da época, começaram a popularizar, pelo menos entre os intelectuais, essas correntes de pensamento. Quando comecei a dar aulas na Universidade de Colúmbia, em 1949, essas idéias estavam em voga e eu imediatamente peguei Weber para estudar a América Latina. Para quem quer identificar a mentalidade, a cultura política, Weber oferece paradigmas. E então peguei aquela coisa do Estado patrimonialista: naquela época, falava-se da América Latina feudal, e Weber faz uma distinção muito clara entre feudalismo e patrimonialismo. Agora, uma crítica que se pode fazer aos meus ensaios dessa época é que eles não tinham uma dialética. Com a continuidade de meus estudos sobre a cidade, sobretudo a cidade do século XIX, foi que tomei consciência do interesse de uma análise que incluísse elementos mais próximos da análise marxista, como as tensões entre as classes, as relações de propriedade, os meios de produção etc. Além disso, tive que ensinar Marx nos meus cursos, e reconheci sua importância. Eu não diria que sua influência é marcante no que escrevo hoje, mas tenho por ele grande respeito.

Quanto a Weber, acho que sua presença no meu trabalho ainda é vital, só que estou procurando outras coisas. Estou começando a trabalhar um pouco com poesia, não tanto com o mundo das instituições e das dominações, mas com os processos mentais através dos quais as pessoas tomam consciência de sua situação. Nesse aspecto a Escola de Frankfurt tem sido importante para mim, assim como Foucault.

Em seus textos, não só é evidente a presença de Weber, como, especialmente, a presença daquilo que é chave no pensamento de Weber: a questão da racionalidade, do desencantamento. Minha impressão é que o encantamento que a América Latina produz em você vem exatamente do fato de ela não estar completamente desencantada. Em um de seus textos você chega a dizer que na própria cidade de São Paulo, que é uma das mais desenvolvidas e complexas, encontra-se um poeta que a chama de "Paulicéia desvairada": é moderna mas é ensandecida, é racional mas ainda é encantada.

— Pelo menos era para Mário de Andrade, que sofreu muito, tinha muitas dúvidas. Há uma referência a isso no *Espelho,* mas em texto mais recente elaboro uma comparação entre Mário e T. S. Eliot, mostrando que se trata de duas perspectivas sobre a cultura ocidental. Não se trata de um pensamento de centro e outro da periferia, porque Mário de Andrade sabia muito mais coisas. O pobre Eliot estava procurando, através dos modernos e através de Shakespeare, Dante, dos gregos, chegar ao primitivismo, que ele não conhecia, só através dos livros de antropologia. Mário leu os mesmos livros de antropologia, na mesma época, mas o primitivo o cercava, estava por toda parte: no Amazonas, na cultura índia, na cultura africana. Além disso, Mário era musicólogo, e, como nos diz Gilda de Melo e Souza, através da música popular ele absorveu uma maneira de fazer cultura brasileira um pouco sem pensar, sem racionalizar. Escolhi comparar Mário e Eliot porque os dois apresentam certas semelhanças na maneira de funcionar mentalmente, embora suas situações pessoais tenham-lhes ditado estratégias bastante diferentes para definir a arte, a cultura e a tradição. O fato de Eliot ter sido conservador e Mário meio socialista não tem nada a ver, suas posições políticas são epifenômenos.

Há um comentário bastante freqüente segundo o qual a historiografia norte-americana é uma historiografia conservadora, porque muito influenciada por Weber. Como você vê isso?

— Não vejo assim. Não acho que exista uma relação necessária entre Weber e uma historiografia conservadora. Weber fez uma crítica feroz das eventualidades do sistema capitalista. Você pode tomar suas observações e orientações e radicalizá-las. Além disso, não sei se realmente Weber é tão importante na produção acadêmica norte-americana.

O problema da historiografia americana é que grande parte dela está baseada no que se pode chamar de "teses". Você tem, por exemplo, uma tese de que o agricultor foi uma força política importante nos Estados Unidos. Outros dizem: "Não, o agricultor não foi uma força política importante". O que há são essas divisões. Você não tem muitas pessoas com aquela densidade de pensamento em vários níveis, como acontece mais na Europa. Em parte isso se deve ao fato de que nossa cultura política funciona como uma colisão de interesses. Em relação à permanência ou não da discriminação dos negros, por exemplo, você tem posições dos dois lados, mas não análises profundas sobre a natureza da opressão na sociedade, sejam quais forem as vítimas. Então, sempre temos que inventar novos campos de estudos: vem o problema do feminismo, que produz uma nova série de estudos que não têm nada a ver com a situação dos negros, vem o problema dos chicanos etc. É o que eu chamo de "tribalização da história". Falta-nos uma visão mais genérica do conjunto da nossa história, que é uma história um pouco amputada, um pouco curta, só tem dois ou três séculos — não é muito, é?

Falta uma visão sistêmica?

— Sim, nossa sociedade não tem uma visão sistêmica. A América Latina, por exemplo, tem uma visão católica — falo do catolicismo como uma visão intelectual do mundo, não como teologia —, mas essa visão também não chega a ser sistêmica, é mais arquitetônica. Os franceses têm grande fama de serem sistemáticos, os ingleses menos. Na história da sociologia, você pode falar em Saint-Simon, Montesquieu, mas em muito poucos ingleses até o nosso século. Os alemães também têm o hábito da sistematização. Acho que filosoficamente, no século passado, eles foram os mais importantes.

Como você avalia, no conjunto da historiografia americana, o trabalho dos brasilianistas? E por que você reage tão incisivamente a ser considerado como um deles?

— Uma pessoa muito mais importante do que eu, Octavio Paz, ao ser convidada a colaborar em uma revista que preparava um número especial sobre o México, disse o seguinte: "Não vou colaborar porque não sou um escritor mexicano. Sou um escritor". Em escala muito modesta, essa é um pouco a minha posição. Um brasilianista quer dizer um especialista em Brasil, e não sou isso.

O termo brasilianista foi criado, se não me engano, nos anos 60, dentro da Associação dos Historiadores Latino-Americanistas dos Estados Unidos, a chamada *Conference on Latin American History.* Talvez a pessoa mais influente aí tenha sido Lewis Hanke, um historiador da América espanhola que se interessou pelo Brasil, visitou o país e orientou alunos em história brasileira. Ele considerava o Brasil tão grande e tão diferente da América espanhola que propôs a criação de um comitê especial para estudos brasileiros dentro da associação. Depois da Revolução Cubana e de Fidel Castro, houve uma derrama de dinheiro proveniente de fundações para o estudo da América Latina nos Estados Unidos. Com isso expandiram-se enormemente os quadros de professores latino-americanistas e começaram a surgir os mexicanistas, os argentinistas e outros que tais. Hoje existe uma associação de andinistas, outra para o estudo da Centro-América e do Caribe.

Por uma razão ou outra, os brasileiros achavam esquisito haver uma associação de brasilianistas nos Estados Unidos, assim como seria estranho uma sociedade de norte-americanistas no Brasil. Mas o problema foi que aqueles brasilianistas, mesmo muito jovens, produziram suas teses, e essas teses chegaram a ser muito importantes no Brasil por que não havia no país estudos sobre certos tópicos. A República Velha, por exemplo, estava muito pouco estudada. Para editar a *História geral da civilização brasileira,* Boris Fausto teve que pedir capítulos a John Wirth, Joseph Love e outros, que estavam trabalhando com história regional. Mesmo para a história mais recente, Alfred Stepan pôde ir ao Brasil, entrevistar generais — coisa muito difícil para um brasileiro naquela época — e fazer o seu livro sobre os militares brasileiros. Thomas Skidmore escreveu sobre a história de Getúlio a Castelo — não existia nada sobre isso — e seu livro foi usado em todas as universidades e até nas escolas. Os brasileiros ficaram um pouco chateados com isso e começaram a suspeitar de todos aqueles *brazilianists.* Havia sempre um certo receio de que essas pessoas fossem agentes da CIA — como agora, nos Estados Unidos, todo colombiano é suspeito de ser um narcotraficante. Mas os brasileiros têm senso de humor, e saiu uma edição da *Veja* com d. Pedro I a cavalo dizendo "*Independence or death!*", e Tiradentes com a corda no pescoço, exclamando num inglês pouco idiomático "*Get over with this fast!*".

Você escreveu um artigo sobre os brasilianistas — "Brazilianists, God bless' em! What in the world is to be done?" — que é um texto quase cruel, muito crítico. Qual é a história desse texto?

— Esse artigo foi escrito em 1981 a pedido de Kenneth Maxwell, um historiador inglês que escreveu um livro muito bom sobre a Inconfidência

Mineira e era presidente daquela Associação de Brasilianistas. Ele me convidou para dar uma palestra na reunião anual sobre a situação dos estudos brasileiros nos Estados Unidos, e eu fiz uma coisa espontânea, falando um pouco sobre as pequenas hipocrisias.

Nessa palestra lembrei que em 1947 fui para o Brasil pesquisar e ao voltar fui para a Universidade de Colúmbia. Naquela época quase não havia nos Estados Unidos estudos de sociologia, ciência política ou economia sobre a América Latina. Havia muita coisa sobre literatura, não brasileira, mas hispano-americana, mas em geral tudo era muito fraco, muito medíocre. No campo da história, havia certas pessoas razoáveis e outras um pouco mais diletantes. As pessoas se sentiam livres para escrever sobre qualquer coisa, uma mesma pessoa poderia escrever um livro sobre o período colonial, a época moderna, o Brasil, o México ou a Espanha. Havia uma certa liberdade. Eram pessoas que realmente tinham um certo elo afetivo com a região de estudo. A antropologia era a disciplina mais madura precisamente porque os antropólogos não sentiam a menor necessidade de se desculpar por não escreverem sobre as sociedades metropolitanas.

A explosão dos estudos latino-americanos em nosso país aconteceu depois de Cuba. Nesse momento, começou-se a dizer: "Não temos especialistas, há todos esses comunistas em Cuba, o que acontecerá se a Rússia se apoderar de todo o continente, onde irão chegar esses guerrilheiros, essas revoluções de camponeses? Temos que conhecer isso melhor". Então, começaram a ser oferecidas bolsas de estudos substanciais. Foi uma época em que os salários universitários começaram a aumentar e, de repente, pessoas que em outras circunstâncias teriam sido banqueiros, diplomatas ou jornalistas decidiram: "Ah! Isso é interessante! Temos dinheiro, quatro meses de férias por ano, podemos viajar pela América Latina...". Com isso, muita gente foi recrutada, e a América Latina passou a ser considerada uma especialização, assim como na CIA e no Departamento de Estado surgiam o que chamamos *desks:* "Brasil Desk", "Honduras Desk" etc.

Sem passar pela história da civilização européia, esses novos especialistas começaram a estudar diretamente a América Latina, que é incompreensível sem aquele contexto enorme. Eles também treinaram economistas, sociólogos, politicólogos, todos com os melhores métodos modernos de investigação, mas sem um amadurecimento do campo. Isso não aconteceu com os estudos sobre a Ásia, por exemplo. Neste caso, sempre pareceu lógico, mesmo para os que tinham interesse na política atual, que era preciso conhecer o que é o budismo, o confucionismo, Lao Tsé etc. Duvido que haja muitos latino-americanistas especializados no período colonial da

América espanhola que saibam latim. Ora, o latim foi o idioma das universidades, e acho que houve qualquer coisa como 150 mil graduados pelas universidades coloniais da América espanhola. Nossos especialistas não podem ler os trabalhos desses graduados, que certamente seria interessante conhecer, mesmo que sejam ruins.

Sua discordância com os brasilianistas vem portanto do fato de eles fazerem estudos especializados, regionais?

— Não, porque se um estudo regional é emblemático, ele pode ser muito bom. O estudo do francês François Chevalier, de 1950, sobre uma área de fazendas do norte do México, por exemplo, é um estudo muito bom. Mas dizer que a história do México ou a história do Brasil é a justaposição de uma série de histórias locais, é algo que não se sustenta, é algo que cria uma espécie de vácuo intelectual e cultural. As histórias escritas dessa maneira tendem a ser um pouco periodísticas. A questão está em ver a região como uma peça de um *puzzle* ou como um microcosmo.

Existe também a idéia de que tudo o que foi feito no Brasil antes da chegada dos brasilianistas é um pouco antiquado, impressionista. No entanto, os livros de Gilberto Freyre, Caio Prado, Sérgio Buarque de Holanda, fornecem matrizes intelectuais para o conhecimento do Brasil. Os brasilianistas não dão isso, eles dão informação. Se você pegar os estudos de Fernando Henrique Cardoso, Otávio Ianni, Florestan Fernandes, principalmente sobre São Paulo, Santa Catarina, Paraná e Rio Grande do Sul, feitos mais ou menos na mesma época que os dos brasilianistas, aí também você terá hipóteses sobre o funcionamento da sociedade. Os americanos vêem isso de maneira preconceituosa, como "idéias marxistas", mas esses autores conseguem dar vida à sua história, o que eles fazem é uma aventura intelectual.

Você considera os trabalhos dos brasilianistas mais acadêmicos do que intelectuais?

— Sim. O problema é que muitas vezes eles tiveram professores amadores, para os quais bastavam o senso comum, o empirismo, o pragmatismo e as boas fontes. A contribuição dos brasilianistas foi essa: uma questão de fontes e métodos mais sistemáticos do que o dos brasileiros. Eu mesmo, quando estava pesquisando sobre São Paulo, li muitos estudos escritos por brasileiros que realmente não eram muito úteis porque não apresentavam documentação: a bibliografia era escassa, os autores não tinham acesso ao que era escrito fora do país, e sobretudo havia muito amadorismo. Havia realmente pouca sistematização ou modernização no ensino da história no Brasil.

Em sua opinião, quais são os melhores trabalhos de brasilianistas?

— O de Joseph Love sobre o Rio Grande do Sul, o de Kenneth Maxwell sobre a Inconfidência e o de Ralph de la Cava sobre padre Cícero. São trabalhos que têm maior empatia com as sociedades de que tratam, com o que está na mente popular ou na mente dos líderes. Descrevem essas sociedades não apenas do ponto de vista funcional, mas levando em conta as mentalidades, as crenças etc. De la Cava, por exemplo, conhecia muito bem o catolicismo, o que em geral é difícil para um americano. Talvez sua origem italiana tenha ajudado, mas o fato é que ele conseguiu ver os fenômenos religiosos no Ceará dentro do contexto de funcionamento da Igreja Católica na Europa, na Itália etc.

O trabalho do Maxwell também é muito bom. Geralmente os ingleses são um pouco melhores quando estudam a América Latina. Primeiro, porque eles têm, senão um certo respeito, ao menos um entendimento do que é tradição. Segundo, porque eles vêm de uma sociedade meio ilógica, que tem sobrevivências de outras épocas, como a rainha, a *House of lords* ou ainda pequenas discriminações sociais, toda uma série de coisas que foram eliminadas nos Estados Unidos. Em geral um europeu pode entender melhor a situação da América Latina porque ele também convive com uma certa inércia, com persistências, com tradições.

Esses nomes que citei são ilustrativos. Poderia mencionar vários outros, mas não pretendo fazer um inventário. Inevitavelmente eu omitiria alguns autores importantes.

Se eu pudesse traduzir numa frase seu pensamento a respeito dos brasilianistas, poderia dizer que sua reação negativa a eles decorre do fato de eles fazerem história por profissão e não por vocação, no sentido weberiano?

— Sim. Isso é uma coisa geral nas universidades, e seguramente também acontece no Brasil. Ainda existem americanos que estudam a América com paixão, mas há outros que podem fazer livros interessantes, úteis, bem informados, e no fundo estão irritados com a América Latina.

Você caracterizaria a história produzida na América Latina como uma história ensaística, de literatos, hermeneutas, inventores, em contraste com a historiografia norte-americana, mais sistemática, mais racional, mais próxima dos padrões e técnicas da ciência?

— Em primeiro lugar, o trabalho dos especialistas norte-americanos em América Latina não é necessariamente representativo da produção intelectual norte-americana. Mais importante do que a distinção entre o empirismo norte-americano e holismo latino-americano é o fato de que a América Latina está buscando sua própria identidade, e portanto está mais voltada para o futuro. Um historiador famoso do México, Edmundo Gorman, escreveu um livro chamado *Invenção da América*. Isso não ocorreria a um norte-americano. Os Estados Unidos são um país que já foi feito. Os protestantes o fizeram com as próprias mãos. Invenção na América era trabalho mesmo, não era uma coisa filosófica.

Se você pensa em qualquer país da América Latina hoje, a pergunta é sempre: para onde vai a Argentina? Para onde vai o Brasil?. Todos os problemas do início do século XIX ainda estão lá: a escravidão — porque uma grande parte da população ainda vive como escravos —, a legitimação de uma forma de governo, parlamentos representativos, interiorização do impulso de invenção tecnológica etc. Automaticamente as pessoas estão orientadas para a invenção de alguma coisa no futuro (o que de maneira alguma implica falta de competência profissional ou de rigor intelectual). E eu acho que isso é interessante para os Estados Unidos, porque nós também devemos pensar um pouco mais no futuro. Estamos entrando num período, não de crise, mas de incerteza, de perda de valores, de necessidade de novas premissas políticas. Precisamos tomar consciência, não dos próximos cinco anos, mas dos próximos 50, 100 anos.

Sei que você é um pouco avesso a autodefinições, mas a gente acaba ouvindo definições a seu respeito. Você é um liberal pluralista, um idealista, no sentido de que privilegia a história das mentalidades em detrimento da história das forças produtivas...

— Gosto também desse tipo de historiografia, mas não é o que me interessa fazer. Há outros que fazem muito melhor, e acho cacete ter que fazer as pesquisas que esse tipo de análise requer. Aliás, já fiz isso quando trabalhei com a história urbana. Não que esse tipo de historiografia não seja importante e necessário, mas *ça va sans dire* que os americanos seguramente o farão. Hoje penso que posso fazer o que quero lendo livros bonitos.

Há um outro tipo de definição que já ouvi a seu respeito: "Morse é uma pessoa brilhante, mas é um louco irreverente".

— Às vezes, retoricamente, tenho que usar uma espécie de tratamento de choque. Sou um pouco irreverente *vis-à-vis* do *establishment*, sobretudo no campo dos estudos latino-americanos, onde se investe muito nos Estados Unidos. Mas acho que algumas coisas que tenho escrito têm sido úteis, sobretudo para os jovens, porque minhas perguntas são muito de criança, quero saber coisas muito gerais sobre a sociedade, sobre identidade etc. Não me interessam as perguntas de adultos, do tipo "qual foi a produção de açúcar de Cuba em 1983"? O que eu pergunto é: por que estamos aqui? O que é poesia? Por que gosto de Mário de Andrade? Quando escrevo um pequeno ensaio sobre ele, é algo que sai de dentro de mim. Quando as pessoas olham para dentro de si não sei o que elas encontram, talvez um certo vazio.

Ao longo desta conversa, fiquei muito impressionada com a presença do Brasil em você. Você gostaria de dizer alguma coisa ao público brasileiro?

— Uma coisa que considero muito importante para o Brasil é a presença africana. Nos países afro-americanos — é preciso lembrar o Caribe também — não existe o mesmo problema dos chamados países segmentados, como o México, a Guatemala, Peru, Equador. A presença dos índios aí era muito forte, e a conquista espanhola representou uma imposição sobre a sociedade. No Brasil, não obstante os horrores da escravidão, ao africano não restava outra possibilidade senão a integração. Eles foram misturados desde o começo, de propósito, para não falarem entre si a própria língua. Então tiveram que conhecer a língua e as instituições do povo dominante, tiveram que se integrar.

Outras razões também fizeram com que o Brasil, um país enorme, não se tornasse um país segmentado como o México, o segundo em tamanho na América Latina. Houve aquela farsa de uma mãe-pátria completamente insignificante. A Espanha foi uma coisa muito mais séria para os mexicanos, argentinos etc. Acho uma coisa linda que Portugal tenha deixado esse país enorme, esse continente que é o Brasil, com uma língua impenetrável para os outros países. Vocês podem entender os outros, mas eles não podem entender vocês. E isso é uma espécie de piada para vocês. Vocês têm que ter esse sentido de humor, porque os latino-americanistas todos falam espanhol, mas não podem falar com vocês. A não ser essa tribo especial de brasilianistas, pessoas tão sérias que foram criadas especialmente para o Brasil. E vocês *make fun of them.*

Outra coisa é que a história do Brasil... Eu já disse isso uma vez numa conferência no Texas, a que estava presente entre outras pessoas Afonso Romano de Sant'Anna. Lá a presença mexicana é muito forte, e então eu disse que não podemos comparar a história do México com a do Brasil. Para a história do México, o elemento emblemático é a perna do general Santana. Em 1837, uma coisa assim, houve uma guerra com os franceses, chamada em inglês "French Pastry War", porque os mexicanos teriam derrubado uma loja que vendia doces. Os franceses queriam castigá-los, e numa batalha o general Santana, um caudilho mexicano, perdeu a perna. O incidente resultou na expulsão dos franceses, e a perna do general foi levada para um imenso mausoléu. Mas o problema é que os estrangeiros seguiram sempre voltando ao México — franceses, norte-americanos, ingleses etc. —, e os mexicanos tinham sempre que se organizar para expulsá-los. E isso resultou numa periodização para a história do México: Santana, Juarez, Porfírio Diaz, outros presidentes.

Agora, no Brasil, o órgão do corpo humano mais importante foi o pênis de d. Pedro I, porque em vez de ser amputado, como no caso da perna, foi injetado na burguesia nacional, na figura da marquesa de Santos. Houve então uma confraternização entre os portugueses e a burguesia nacional. O Brasil também não teve aquela guerra violenta contra os invasores de fora, e por isso eu disse naquela época que a história do Brasil não tem periodização. Os historiadores reagiram: "Morse veio nos dizer, a nós, brasilianistas, que quem estava governando o Brasil no século XIX era uma série de barões, de marquesas, de viscondes, e que ninguém sabe quem são eles".

As únicas pessoas que sabiam eram José Honório Rodrigues, que queria ser parente de todos eles, e Sérgio Buarque de Holanda, que era parente de todos eles.

•Robert Darnton*•

Robert Darnton, historiador norte-americano, conhecido do público brasileiro sobretudo pela publicação de *O grande massacre dos gatos* (Graal, 1986) e *Boêmia literária e revolução* (Companhia das Letras, 1987), veio ao Brasil dar o curso "Literatura e Revolução na França, 1770-1790", na V Jornada de Estudos Americanos realizada em agosto de 1989 na Fundação Casa de Rui Barbosa. Durante sua estada no Rio de Janeiro, Darnton concedeu esta entrevista a Lúcia Lippi falando de sua perspectiva sobre o trabalho histórico, de sua conexão com os antropólogos e de seu projeto de constituição de uma *République des Lettres*.

Quando o senhor começou a se interessar por história?

— Devo confessar que me interessei primeiro por literatura e filosofia, ainda como estudante. Depois de certo tempo, pensei: isto é muito bonito, mas não há seres humanos verdadeiros, não há contato com a Humanidade, especialmente na filosofia. Assim, comecei a estudar história social e senti que havia pelo menos uma ilusão de contato sólido com outras pessoas. Acho que um dos objetivos — metafóricos, pelo menos — de minha própria carreira de escritor é Gogol, o romancista russo, que escreve sobre "almas mortas" (*dead souls*). Para mim, história é uma tentativa de entrar em contato com "almas mortas".

Mas isto pode ser confundido com uma espécie de misticismo...

— É claro, por isso procuro disfarçar com uma grande dose de pesquisa empírica, indo aos arquivos e descobrindo material. Passei a maior parte de minha carreira como historiador sujando as mãos com trabalho nos arquivos, com o objetivo de descobrir sobre as vidas interiores, assim como

---

* Esta entrevista foi transcrita, traduzida e editada por Lúcia Hippolito.

sobre as vidas exteriores, de pessoas que viveram há 200 anos. Isto me mobiliza e me satisfaz enormemente. Mas não se trata de algo auto-evidente, porque a tarefa implica pensar em si próprio dentro de outras formas de pensamento. Metodologicamente, isto não envolve intuição, não envolve qualquer espécie de vínculo literário com a fé, como diria Kierkegaard. Ao contrário, é científico.

Entretanto, quando emprego a palavra "ciência", tenho que fazê-lo entre aspas. Isto é, rigor científico significa que acredito ser possível compreender outras formas de pensamento, porque elas realmente existiram e deixaram traços de sua existência nos arquivos, assim como em fontes impressas. Dessa forma, o grande desafio é reunir esse material disperso em diferentes espécies de fontes, com o objetivo de reconstruir um mundo simbólico que teve existência real. E mundos simbólicos são como idiomas: são sociais, não individuais. É claro que são também individuais, mas a estrutura básica de referência é coletiva. Eis por que tento combinar história social e história cultural: porque acredito ser possível reconstruir a estrutura completa de um mundo simbólico ou, como prefiro dizer, a "gramática" de uma cultura, em oposição à sua "filologia".

E por que o senhor escolheu a França do século XVIII, ao se fixar no estudo da história?

— Confesso que não sei. Deveria saber, concordo, porque passei 25 anos de minha vida estudando a França. Portanto, eu deveria ter uma resposta para a sua pergunta, mas não tenho. Como exemplo do tipo de resposta que talvez pudesse ser correta — já que não posso psicanalisar a mim mesmo —, deixe-me dizer uma coisa. A fascinação pela França do século XVIII é, num certo sentido, auto-evidente. A França é a capital cultural e política da civilização ocidental. Aquele período conheceu um grande florescimento cultural, literário etc. Se pensarmos apenas no iluminismo e na Revolução Francesa, já é o suficiente para interessar qualquer um. Mas além do interesse nestes dois temas específicos e em suas mútuas conexões, a França do século XVIII constitui, eu não diria um laboratório perfeito, mas uma área perfeita para se estudar problemas históricos em geral. Por exemplo, qual era a natureza da difusão ideológica? Qual foi o ingrediente ideológico da revolução? Como ocorrem as revoluções? Há toda uma série de questões, questões abstratas que podem ser aplicadas a qualquer país, creio eu.

No meu caso específico, existem três áreas de questões que estudei: 1. o papel dos intelectuais; 2. a difusão da palavra impressa (livros, jornais etc.); 3. a opinião pública, como unia força na criação de uma nova civilização democrática, vamos dizer assim. Estas três questões vinculam-se especificamente com o iluminismo, a Revolução Francesa, os assuntos clássicos estudados por historiadores. Mas tentei estudá-las de uma maneira não-clássica, original, aproximando ciências sociais e técnicas conceituais e metodológicas abstratas.

Por isso, eu identifico algumas similaridades e algumas diferenças entre seus estudos e os de Pierre Bourdieu. Poderia detalhar um pouco isto?

— Inicialmente, você poderia pensar que minha maneira de estudar história é muito diferente da maneira de Bourdieu estudar sociologia. Afinal de contas, ele utiliza uma língua especial, com sua terminologia própria, para expressar relações sociais. Já no meu caso, quando escrevo emprego uma espécie muito concreta de inglês e normalmente não faço afirmações teóricas sobre o que estou escrevendo. Isto é típico de historiador. Talvez Bourdieu não seja um sociólogo típico; tem ambições teóricas, o que eu não tenho. Não estou tentando descobrir alguma lei absoluta da história; aliás, nem mesmo acredito nisso. Entretanto, Bourdieu em particular é um bom amigo meu, e já trabalhei com ele, até mesmo em Paris. Quando ele vai a Princeton, trabalhamos juntos. Lemos o trabalho um do outro, e ele já publicou alguns trabalhos meus em sua própria revista. Portanto, nós realmente nos sentimos intelectualmente muito próximos.

Eu poderia ilustrar o que estou dizendo com uma referência a uma das conferências que dei aqui no Rio de Janeiro, onde tentei explicar a importância da literatura para a Revolução Francesa. Para fazê-lo, empreguei mais amplamente vários termos sociológicos, mas não utilizei nenhum dos termos de Bourdieu. Agora, eu poderia reescrever toda aquela conferência na linguagem de Bourdieu, empregando palavras como *habitus*, *champ intellectuel*, doxa, *dominant/dominé* etc. Quase todas as idéias desenvolvidas por Bourdieu caberiam muito bem na minha comunicação.

Evidentemente, conheço o trabalho de Bourdieu, e sem dúvida ele me ajudou a identificar o que era central para o meu tema; ajudou até mesmo a pensar sobre o meu objeto de estudo. Aí vai um rápido exemplo. Discutindo literatura, eu não estava tentando indicar os grandes temas metafóricos dos livros, ou mesmo como os textos funcionavam esteticamente. Acho que isto é válido, e é claro que admiro as pessoas que assim procedem, mas tenho um objetivo diferente. Eu estava tentando mostrar como a literatura se tornou uma maneira de articular relações de poder. Portanto, quando Rousseau chegou ao que Bourdieu chama "o campo literário", desafiou a posição dominante estabelecida por Voltaire. Ao fazê-lo, redefiniu a própria literatura.

Poderia explicar melhor este ponto?

— Acho que isto pode ser demonstrado através de uma leitura atenta da retórica de Rousseau, por exemplo em *La nouvelle Héloise*, seu grande romance. Ali Rousseau estabelece uma nova relação entre autor e leitor. Esta suposta relação é totalmente diferente da estabelecida por Voltaire. Voltaire finge que o escritor não está lá. Todos os personagens são manipulados por um narrador, como se fossem bonecos e o narrador soubesse de tudo. Rousseau escreve um romance epistolar e tenta mostrar ao leitor as contradições espontâneas dos corações humanos. Ele insiste que seu livro não é absolutamente um romance, mas verdade nua e crua. Portanto, supõe-se que o leitor seja completamente dominado pelo contato direto com os sentimentos. Não se trata simplesmente de sentimentalismo nem de pré-romantismo. Trata-se, isto sim, de uma nova retórica, que recria a própria literatura como uma forma de comunicação. E isto aconteceu em pleno século XVIII! A retórica de Rousseau assumiu um poder enorme, que tento discutir em um dos capítulos do meu livro, *The great cat massacre*,[1] isto é, o que significou ler Rousseau no século XVIII.

Bourdieu reconheceria isto como uma transformação do que ele chama doxa, a ideologia dominante da literatura e os bens simbólicos da literatura como um campo intelectual. Acho que eu ficaria muito feliz em ter minha interpretação reinterpretada nos termos de Bourdieu. Mas não utilizo aqueles termos, porque acho que não são necessários; posso afirmar meu ponto de vista sem ser explicitamente sociológico. Entretanto, se você me desafiar a dizer se há uma espécie de sociologia por trás de meu pensamento, eu concordaria. Eu o ligaria com Bourdieu e com outros sociólogos. Nos Estados Unidos, Robert Merton tem muita simpatia pelas coisas que escrevo, e já trabalhamos juntos.

Há mais uma coisa. Na inspiração sociológica de um novo tipo de história cultural, a figura-chave, além de Bourdieu, não é Durkheim, embora para Bourdieu Durkheim seja a figura-chave. Mas para mim é Max Weber, e é o conceito de sistemas simbólicos, vinculado ao que Weber chama de afinidades eletivas. Portanto, o ponto não é estudar um campo cultural ou um assunto, mas a maneira como um assunto se relaciona com outro; todo enfoque é relacional, relativo. Em Weber, por exemplo, você tem religião e capitalismo como temas que precisam ser vinculados. Comigo acontece o mesmo, mas não

[1] O grande massacre dos gatos.

posso nem de longe ser comparado a um gigante como Weber. Apenas estou tentando estudar a importância peculiar da literatura para os franceses.

Veja bem, para um americano, é surpreendente como os franceses levam a literatura tão a sério. Temos literatura nos Estados Unidos, é verdade, mas não esperamos que nossos romancistas se tornem presidentes da República. Acho que já mencionei esta extraordinária passagem de Giscard d'Estaing, quando estava concorrendo à presidência da França e lhe perguntaram: "O que é mais maravilhoso do que ser presidente?" Sua resposta foi: 'Ter escrito um romance!'. Para um ouvido americano, isto é uma coisa muito estranha. A glória do romancista, o prestígio das letras, isto é avassalador na França. As ruas da França têm nomes de poetas, o que não acontece nos Estados Unidos. Talvez aconteça um pouco no Brasil, mas é um outro sistema cultural. Por isso, para mim a conexão significativa é como os franceses vinculam a literatura — neste sentido de Bourdieu, de um campo com seu próprio capital simbólico, como ele diria — a outras coisas, como a política, por exemplo.

O que o senhor pensa de Mannheim? Hoje ninguém mais fala nele.

— Na realidade, no meu próprio seminário em Princeton ensino Mannheim a meus alunos. Algumas vezes discutimos *Ideologia e utopia*, outras vezes seus *Ensaios*. Acho que o Mannheim mais útil para mim é aquele que escreve sobre os intelectuais e a *intelligenzia*. Acho que é um argumento muito interessante, além de muito útil, porque Mannheim se refere ao envolvimento do intelectual do ponto de vista histórico, a partir de uma perspectiva sociológica. Entretanto, ao reler Mannheim achei-o bastante inconsistente, conceitualmente.

Quando saiu da Alemanha e emigrou para a Inglaterra, Mannheim tinha um secretário que tomava conta dele, carregava sua bagagem etc. Sabe quem era este secretário? Norbert Elias. Hoje em dia, Norbert Elias é considerado um gigante, e Mannheim foi quase esquecido. Eu também considero Elias muito inspirador, e ao falar de Rousseau na verdade citei Elias como um exemplo da visão sociológica e antropológica da cultura, como algo que se pode encontrar expresso em uma forma primitiva já em Voltaire. Eu diria mesmo que esta outra forma de sociologia ainda está viva mas, honestamente, prefiro ficar com Elias do que com Mannheim.

Fala-se muito também a respeito de seus vínculos intelectuais com os antropólogos.

— Quando comecei a ensinar em Princeton, lá por 1968, dei um curso chamado "História das mentalidades". Nessa época, isso era a coisa mais "quente" na França. As pessoas estavam muito interessadas no estudo das mentalidades coletivas, o que não significa a pura e simples história das idéias, mas a maneira como as pessoas comuns compreendiam o mundo. Dando este curso, entrei em contato com um homem de olhar muito vivo e aspecto divertido, o antropólogo Clifford Geertz. Conversamos muito, e eu lhe falei sobre o curso. Ele respondeu: "Parece muito com o que eu faço". Em breve começamos a dar o curso juntos. Ele sentava numa ponta da mesa e eu na outra, e os alunos se sentavam entre nós. Foi inicialmente um seminário. Pois bem, há 15 anos damos este curso juntos, e a cada ano as leituras são diferentes, o debate é diferente, o que para mim tem sido uma verdadeira educação em antropologia.

Quando comecei a fazer pesquisa, comecei a ver coisas que não teria visto de outra forma — e foi o início do estudo que chamei *The great cat massacre*. Até mudei a maneira como estava organizando o livro, para torná-lo mais antropológico. Escrevi uma primeira versão, muito parecida com uma história social convencional, com montes de informações sobre salários, taxas de emprego, organização operária em sindicatos. Mas depois decidi subordinar isto tudo e começar realmente com as coisas cruciais, isto é, um mundo simbólico dos trabalhadores.

The great cat massacre foi muito comparado com o trabalho de Geertz, *The Balinese cockfight*. Gosto disso, porque meu livro teve muita inspiração dele. Entretanto, gostaria de dizer que não me sinto simplesmente aplicando a antropologia de Geertz. Também aprendi muito com os outros antropólogos bastante conhecidos, como Victor Turner, Mary Douglas e Evans-Pritchard, que considero o maior de todos. Há muitos jovens antropólogos nos Estados Unidos, como Renato Rosaldo, Keith Basso, por exemplo. Talvez não sejam conhecidos no Brasil, mas há toda uma escola de antropologia simbólica, que está florescendo e que é altamente interessante para os historiadores. Mas os antropólogos estão também interessados em história, e temos um ramo novo da antropologia histórica, ou da história antropológica, que representa um desenvolvimento muito importante.

No momento, estou preparando um livro sobre história antropológica com Natalie Davis, uma historiadora de Princeton que partilha de meus interesses em *anthrohistory*, como provavelmente iremos chamar em novo ramo. Queremos avançar o debate e não apenas anunciar uma nova verdade; apresentar o campo como um argumento. Vamos publicar alguns dos nossos ensaios, os ataques a eles, as réplicas, as tréplicas. Queremos construir juntos um livro sobre este novo discurso.

Seria um tipo de enfoque hermenêutico?

— O termo "hermenêutico" aterroriza algumas pessoas, porque soa muito pretensioso. Mas se você classificar como um enfoque interpretativo para a cultura, isto não aterroriza ninguém. De fato, isto sequer faz sentido, porque todos os dias estamos tentando interpretar coisas. Quando você vê um sinal vermelho no trânsito e pára, está interpretando. A noção de interpretação como uma atividade humana básica não é uma noção extravagante. Mas levar isto mais longe e dizer. "Vamos fazer uma ciência interpretativa, que será antropológica, sociológica, histórica, e até mesmo filosófica, por que não dizer?", já começa a soar um pouco pretensioso, se você faz a filosofia, a antropologia, a sociologia e a história clássicas. Sinto que por toda a parte, até mesmo aqui no Brasil, há este movimento geral em direção a uma ciência social sincrética, que na França é chamada *les sciences humaines*, as ciências humanas. Não sei se vocês possuem uma expressão similar em português.

Ciências humanas, igualmente.

— Pois é. Como historiador, acho a idéia maravilhosa. São as "Humanidades", e muitas destas coisas estão conectadas com a teoria literária. Assim, pessoas como Roland Barthes, Mikhail Bakhtin, o próprio Foucault e outros são também muito importantes para este tipo de história cultural, ou antropologia, ou sociologia. O fato de a revista que você dirige incluir antropólogos, sociólogos e historiadores me sugere que você também simpatiza com esta tendência. Acho mesmo que eu deveria aprender com você, sinto que somos "companheiros de viagem".

Muito obrigada. Agora eu gostaria de saber um pouco sobre suas relações com os historiadores franceses. Quando o senhor foi para a França, como passou a se relacionar com François Furet, Michel Vovelle, Georges Duby, por exemplo?

— Não que minha autobiografia seja muito importante, mas talvez possa servir como um exemplo do desenvolvimento de um estilo internacional de ciências humanas. Eu pertenço a uma geração que, acredito, é a primeira a trabalhar de um maneira verdadeiramente internacional. Trata-se simplesmente da sorte do nascimento. Nasci em 1939 e, quando cheguei à maioridade, ir à Europa era muito fácil para os estudantes americanos. Era barato, já havia os aviões a jato, as bolsas de estudo da Fundação Fullbright e outras facilidades. Nós simplesmente fomos para a Europa e começamos a trabalhar nos arquivos, da maneira como trabalham os historiadores europeus. Começamos a estudar a história européia à maneira dos europeus, ao invés de fazê-lo à maneira americana, que sempre foi meramente ler os livros escritos por historiadores europeus ou americanos e descobrir umas poucas fontes impressas.

Entretanto, comecei completamente só, porque não conhecia ninguém na França. Uma vez, eu estava em Oxford fazendo meu trabalho de pós-graduação e fui à França pesquisar nos arquivos. Durante seis semanas, acho que não falei com uma única pessoa, exceto o vendedor de bilhetes do metrô. Era muito solitário. Mas desde então, especialmente com o pessoal da Escola dos *Annales*, acho que passei a conhecer todos os historiadores franceses, porque todos eles foram a Princeton e trocamos experiências. Emmanuel Le Roy Ladurie, Pierre Goubert, François Furet, todos eles foram. E me recepcionaram muito bem em Paris.

À medida que fiquei mais velho e publiquei alguma coisa, descobri que eles me tratavam, senão como um igual, pelo menos sem condescendência. Como se estivéssemos todos envolvidos no mesmo projeto. Assim, houve uma abertura e uma generosidade de espírito da parte dos historiadores franceses, o que contradiz inteiramente a reputação que têm, de serem superiores e detestáveis. A partir daquela época, venho colaborando intimamente com autores franceses. Meu último livro eu publiquei com Daniel Roche.

Mas o senhor encontra distinções fundamentais entre os historiadores franceses e americanos?

— Não. Para mim, as distinções não são tão fundamentais. Mas é claro que isto traz algumas complicações porque significa que, no americano, perdi minha inocência. Como você certamente sabe, o terreno ideológico na França é muito complexo, é um terreno minado, e a explosão pode acontecer a qualquer momento. A primeira coisa que um francês quer saber — se você não é um completo estranho, mas faz parte do jogo geral — é se você é de esquerda ou de direita. Assim, senti que tinha perdido minha inocência na França. Todos os meus livros foram publicados em francês, e fui associado pelos franceses mais com uma tendência de esquerda do que de direita. Portanto, ao lado deste ideal de uma comunidade internacional de pesquisadores, na qual todos participamos juntos, há algumas complicações. Ser considerado um americano afrancesado não me importa, mas a divisão esquerda-direita incomoda.

O senhor estuda a França no século XVIII. Os franceses não reagem a isto?

— Ah, sim. Eles sempre me dizem: "*Pourquoi vous, un américain, étudiez l'histoire française?*" (Por que você, um americano, estuda a história da França). Acontece o tempo todo. Mas não entre profissionais, estes compreendem. Há um programa de televisão na França chamado *Apostrophe*, ao qual compareci duas vezes. E eles sempre perguntam: "Por que você continua a estudar a França? Como americano...". E sempre dou a mesma resposta, a mesma que dei a você: "Mas é uma coisa muito interessante para se estudar"! Acho uma resposta ótima.

Mas não detecto nenhuma tendência monopolista da parte dos franceses. Ao contrário, sinto que trabalhamos numa causa comum. Na realidade, trabalho muito intimamente ligado a Roger Chartier, por exemplo. Ele e eu trocamos *papers* constantemente. E também temos boas discussões; isto é muito saudável, gosto muito disto. Sinto-me muito mais próximo de alguns historiadores franceses do que de outros, o que é natural, mas as diferenças nacionais não constituem absolutamente uma barreira. Veja bem, o livro que estou escrevendo agora está sendo redigido diretamente em francês, e sinto que, evidentemente, tenho mais público na França do que nos Estados Unidos, porque se trata de história francesa, afinal de contas.

Como o senhor interpreta o debate atual sobre a Revolução Francesa, reavivado, num certo sentido, pelas comemorações do bicentenário?

— Acho que o primeiro ponto a enfatizar é o seguinte: o marxismo está morto. Honestamente, acredito que o colapso do marxismo e da interpretação marxista-comunista representa a tendência dominante nos últimos 10 anos. Isto pode soar estranho ou mesmo suspeito, como uma espécie de *yankee talking*, conversa de quem está de fora, mas quando comecei a estudar a revolução, a interpretação ortodoxa era marxista. E o grande "papa" da Revolução Francesa era Albert Soboul. Soboul foi muito bom para mim; o primeiro artigo que publiquei na vida foi publicado por ele. Há coisas maravilhosas a seu respeito. Fui, inclusive, ao seu funeral. Admiro muito sua tese de doutorado, mas acho que sua *História da Revolução Francesa* não se sustenta. As evidências não comprovaram a idéia da burguesia francesa como uma classe social desenvolvida pelo novo modo de produção capitalista que cresceu com a Revolução Industrial. Isto não pode ser demonstrado. Nós já possuímos uma história social bastante precisa desde então, estudos detalhados sobre as cidades, por exemplo. A tese de Maurice Garden sobre Lyon é um trabalho magnífico, e o autor é de esquerda. Porém, ele não encontrou nada parecido com uma burguesia industrializante naquele grande centro comercial. Outros exemplos poderiam ser citados. Portanto, acredito que o conceito marxista de classe em Soboul, de uma burguesia que se industrializa e derrota o feudalismo, não faz sentido.

É interessante observar que os marxistas mais jovens não estudam história econômica. Michel Vovelle estuda religião e as atitudes em relação à vida depois da morte, escreve sobre assuntos como o purgatório. Acho que isto é sintomático do fato de que o tipo de história cultural que eu próprio faço é partilhado pelos marxistas mais jovens. Sinto que tenho muito em comum com Michel Vovelle, que é também um amigo meu. Posso muito bem colaborar com ele. Mas acho que a visão sobotiliana da revolução é insustentável. Este é o primeiro ponto: a velha e dogmática ortodoxia marxista entrou em colapso na França.

O segundo ponto é mais interessante, entretanto. Quando construímos uma nova interpretação geral da Revolução Francesa, a tendência principal, como eu a vejo, é enfatizar a cultura política, o lado político da revolução, e eu partilho desta tendência. Acho que é uma ênfase merecida. Não obstante, o que me preocupa é uma reação exagerada na direção da política e da cultura, o que poderá negar a importância do conflito social. Assim, diante do trabalho de François Furet,[2] que também é meu amigo e a quem admiro, minha tendência principal seria dizer: não vamos eliminar aquilo que podemos aprender com a velha história social. Afinal, havia pessoas famintas nas ruas de Paris, e elas não estavam só apertando o cinto e dizendo. "Dêem-nos pão". Essas pessoas também tinham ideais. Na realidade, desenvolveram sua própria ideologia *sans-culottes*, como bem demonstrou Albert Soboul.

A afirmação de que a Revolução Francesa representa uma espécie de "ruptura no circuito semiótico" — expressão de Furet — não faz justiça à história social, a menos que ele possa demonstrá-la. Creio que Furet precisa pegar seu livro *Penser la Révolution Française* e tratá-lo como algo mais do que um programa contando o que os historiadores deveriam escrever sobre a Revolução Francesa; precisa demonstrar que realmente escreveu sobre a história da revolução. Não acho que seus livros, desde então, tenham feito isto. Ao contrário, com todo o respeito, eu os interpreto como uma recaída na antiga e ultrapassada história das idéias. É verdade que há uma nova tendência em seus livros, porque a metáfora dominante é espacial. Furet afirma que o colapso da monarquia deixou um espaço aberto, que foi preenchido pelo conceito de soberania nacional. E esse conflito excluiu qualquer possibilidade de uma oposição leal: portanto, para ele o Terror estava inscrito na Revolução Francesa desde o início, desde 1789; isto é, 1793 estava inscrito em 1789. Acho que isto não está correto. Além disso, acho que é apenas uma afirmação, não está provado.

[2] Ver entrevista com François Furet em *Estudos Históricos*, n. 1, 1988, p. 143-61.

Penso que o ponto-chave, ao se estudar o Terror, abrange todo o processo de radicalização entre 1789 e 1793. Furet tem uma resposta a esta objeção: ele já disse que a tese das circunstâncias não funciona, e que eu represento a tese das circunstâncias. Acho que tenho uma réplica a esta resposta, que é: 1. a tese das circunstâncias é muito mais forte do que ele poderia aceitar, pois pode explicar muita coisa; e 2. o essencial talvez possa ser explicado de outra forma como, por exemplo, o *momentum*. A mim parece que quando você tem uma máquina política como o Terror, ela cresce cada vez mais e não se pode pará-la de um dia para o outro. Dessa forma, depois da batalha de Fleurus, em 1794, quando a França deixou de ser ameaçada pelo exterior, certamente não ocorreu o fim do Terror. Na verdade, ele ficou mais forte, em parte por causa do *momentum* — a máquina estava lá, funcionando — e em parte por causa da visão jacobina de homens como Robespierre e Saint-Just. Assim, eu poderia aceitar uma interpretação que afirme que a elite radical detinha o controle da máquina do Estado e a utilizava para impor um certo tipo de ordem política radical e utópica no país, mas acabou fracassando. Para mim, isto não é problemático como interpretação, e é muito mais convincente do que uma que afirme que o Terror existiu desde o início, desde 1789.

Este é o tipo de diferença que existe entre o seu trabalho e o de Furet?

— Sim, seriam estas as diferenças. Entretanto, você pode nos unir, Furet, eu próprio e outros especialistas, se pensar nas diferenças existentes entre nós e os marxistas. Portanto, esta é uma diferença menor encontrável entre os novos não-marxistas que tentam interpretar a revolução. Aliás, quero enfatizar que nunca escrevi uma história da Revolução Francesa, nem pretendo escrever. Acho que já há muitas histórias boas.

Talvez eu tenha uma espécie de envolvimento ideológico — e sem dúvida Furet apontaria o dedo para mim e sorriria, ao me ver admitir isso — que é: admito uma simpatia pela revolução e por seus ideais. Acho que foi um momento em que as pessoas comuns sentiram que poderiam controlar a história, determinar seu próprio destino e fazer a história acontecer, ao invés de apenas sofrer suas conseqüências; a noção de que a história pertence a todos e não é simplesmente um jogo praticado pelas elites. Isso pode soar como populismo ingênuo, mas acredito nisso e acho que os ideais de liberdade, igualdade e fraternidade são ideais muito válidos. Não negarei o compromisso emocional e ideológico da minha parte, compromisso com a esquerda.

Ao mesmo tempo, minha tentativa de fornecer uma interpretação geral da Revolução Francesa — não a história, mas uma interpretação como a que forneci aqui em minhas Conferências — é não apenas no sentido de compreender o que entendo como o caráter básico da revolução, mas também no sentido de desenvolver um argumento sobre o que chamei "a construção social da realidade"; portanto, um conceito teórico básico que nasce da antropologia. A realidade é construída por pessoas, coletiva e não individualmente, e o que aconteceu na Revolução Francesa foi a destruição violenta de um tipo de realidade: o Ancien Régime, que era ao mesmo tempo um sistema cultural e social. Essa realidade foi esmagada em 14 de julho de 1789 e sucessivamente em todos os surtos revolucionários. Em seu lugar, os revolucionários criaram um novo sistema, que não era apenas político, mas também cultural, e que alterou profundamente a vida cotidiana. Esta é a maneira como eu olharia para a Revolução Francesa, que considero muito diferente da visão de Furet.

François olha para a teoria política, lê Rousseau, lê Mably, lê alguns discursos da Assembléia Nacional e acha que está explicando a revolução. Talvez eu não esteja sendo justo com ele, mas não acho que isto seja correto. Uma tendência melhor, do meu ponto de vista, é a de Mona Ozouf. Seu livro sobre os festivais revolucionários é uma pequena obra-prima, na minha opinião, e realmente faz este tipo de história. Se você pegar Ozouf, ou Starobinski, por exemplo, aí sim, você estará penetrando profundamente no processo revolucionário. Não somente funciona melhor como interpretação, mas também como um tipo de história muito mais promissor do que aquele que apenas olha para textos filosóficos e discursos políticos.

O senhor disse que tem mais relações com os historiadores franceses do que com os americanos. Que lugar o senhor ocupa no meio dos historiadores americanos?

— Não estou bem certo de qual seja o meu lugar no contexto dos historiadores americanos, porque para qualquer um é difícil se ver em seu próprio contexto.

Mas o senhor se vê como um, "estranho no ninho" dentro dos Estados Unidos? Não posso acreditar nisso.

— Não! Você não pode ser professor em Princeton e se apresentar como marginal. De fato, sinto-me bastante afortunado. Acredite se quiser, mas posso constituir uma família, porque tenho um leito para me abrigar, mesmo trabalhando com história. É engraçado, mas ainda acho difícil acreditar que sou pago para fazer uma coisa que me diverte tanto. Mas o mundo está organizado de tal forma, pelo menos em Princeton, que tenho condições de manter uma família com três filhos, alimentá-los, vesti-los, educá-los etc., estudando a França do século XVIII. É quase bom demais para ser verdade. Portanto, não faço muitas perguntas a esse respeito e toco o trabalho adiante, por medo que este belo sonho possa desaparecer.

O senhor tem estado muito ativo nos últimos tempos, estimulando a formação de associações para os estudos sobre o século XVIII.

— Temos a Internacional Society for 18th Century Studies, da qual sou o atual presidente, com um mandato de quatro anos, devendo terminar em 1991. Abaixo dela há 20 National Societies, portanto é uma espécie de ONU, reunindo história, literatura, filosofia, economia, jurisprudência, todos os assuntos que de alguma forma dizem respeito à civilização do século XVIII, definida de uma maneira bastante ampla. Temos uma National Society nos Estados Unidos, muito ativa, que publica várias revistas e promove encontros o tempo todo. Hoje, creio que ela já tem de oito a 10 seções dentro dos Estados Unidos e possui cerca de 3 mil membros. É uma organização extremamente ativa. Há uma sociedade francesa, também fortemente ativa, uma alemã, uma italiana etc.

Meu esforço mais maduro tem sido tentar criar esta sociedade em outros países, onde ela seja útil a estudiosos que possam estar isolados. A maior parte de meu trabalho, por conseguinte, tem sido na Europa oriental, no mundo comunista. Fico encantado ao receber, todas as semanas, cartas de lugares, não apenas como a Polônia e a Hungria, que hoje constituem sociedades abertas, mas como a Tchecoslováquia, a Alemanha Oriental e até mesmo como a Romênia, para não mencionar a União Soviética. Esta, por exemplo, acaba de fundar a Sociedade Soviética para os estudos sobre o século XVIII. Um dia me chegou pelo correio a constituição dessa nova sociedade. Eles queriam associar-se à Internacional Society, e o estatuto estava cheio de palavras como *glasnost*, *glasnost*. Isto significa uma discussão mais aberta sobre problemas intelectuais. Os soviéticos foram admitidos em nossa International Society, e a maior parte de minhas energias, nos últimos anos, tem sido dedicada a este tipo de atividade.

Devo acrescentar que recentemente recebi também uma carta de Pequim, do professor Li Ping Wei, um apaixonado estudioso de Rousseau. Ele me enviou sua tradução de *Emile*, que tomou a maior parte de sua vida. Foi a primeira vez que esta obra-prima de Rousseau foi publicada em chinês, em dois alentados volumes. E agora, *Emile* está à disposição de 1 bilhão de chineses. O professor Li Ping Wei está agora traduzindo *La nouvelle Héloise*, que discutimos aqui há pouco. Ele também está fundando a Sociedade Chinesa para os estudos sobre o século XVIII.

Espero reunir todos estes colegas num seminário Leste-Oeste. Recebi um financiamento de uma fundação americana para criar este seminário e para fornecer aos estudiosos da Europa oriental um mês de total liberdade em uma capital do Ocidente, com todas as despesas pagas, para que eles possam ter seminários, discussões, fazer pesquisas, comprar livros, o que quiserem. Este seminário Leste-Oeste acontecerá uma vez por ano durante os próximos quatro anos, e depois seguirá em frente autonomamente, espero.

Gostaria muito de poder criar um seminário Norte-Sul, se conseguir dinheiro de outra fundação, e uma Sociedade Brasileira para os estudos sobre o século XVIII poderia beneficiar-se disto. Os estudiosos de diferentes campos, como história da arte, economia etc., poderiam reunir-se para discutir seus problemas comuns, a partir de diferentes pontos de vista. E, dada sua identidade coletiva, poderiam melhorar suas próprias possibilidades para estudos e pesquisas posteriores e poderiam até mesmo viajar a Paris por um mês, algum dia.

É este o seu sonho, uma *République des lettres*?

— É isso mesmo. Para mim, o ideal verdadeiro é o ideal dos séculos XVII e XVIII, da *République des lettres*: um mundo aberto, no qual os estudiosos estarão constantemente trocando idéias, discordando, debatendo e, pelo choque de idéias, criando algo novo.

O senhor gostaria de fazer suas despedidas?

— Minha esperança é que, ao vir ao Brasil, eu possa vir a ser de alguma utilidade para os pesquisadores brasileiros, especialmente, é claro, para aqueles que trabalham com o século XVIII e que gostariam de se associar a esta *République des lettres*, mas também para outros estudiosos. E espero poder aprender alguma coisa com vocês, porque não quero que pareça que eu trouxe para vocês um "pacote" pronto.

O importante em vir aqui não é apenas me divertir, o que certamente estou fazendo, mas compreender melhor como os brasileiros pensam a cultura etc. Ainda não cheguei a nenhuma conclusão, mas espero que haja um diálogo e que as pessoas não cheguem dos Estados Unidos como se trouxessem uma mensagem importante, como se fossem pessoas importantes, com profecias, histórias ou o que seja. Mas que nós cheguemos como colegas da *République des lettres*, prontos para debater. Acho que é importante frisar bem este ponto.

É muito bom vir ao Brasil, não só porque é muito bonito — não estou acostumado a ter tanta beleza em volta, distrai muito a minha atenção, pois venho de um contexto puritano, onde se pensa que se deve apenas trabalhar, o tempo todo —, mas é fantástico também ver esta grande sociedade em potencial cercada de tanta pobreza, e eu gostaria de saber o que pode ser feito a esse respeito.

•Tulio Halperín Donghi[*]•

Ao portenho Tulio Halperín Donghi cabe, como a poucos, a qualificação de historiador latino-americano. Foram várias as gerações de estudantes que, graças à sua obra, puderam conceber uma visão global da América Latina. A seus trabalhos sobre a história argentina Halperín acrescentou inúmeros outros de história comparada de distintos países latino-americanos e uma história geral da América Latina desde as independências nacionais.

Há vários anos Tulio Halperín trabalha na Universidade da Califórnia em Berkeley, mas sem nunca abdicar da condição de cidadão pleno de todas as Américas. Sorte de quem com ele se encontra em algum evento ou lugar e pode desfrutar de sua sabedoria e fina ironia. A entrevista que se segue foi feita por Diego Armus e Mauricio Tenorio Trillo em Berkeley, Califórnia, em novembro de 1993.

1. Um historiador latino-americano na academia norte-americana: das "circunstâncias do intercâmbio intelectual nos Estados Unidos" à "esquizofrenia" do intelectual na América Latina

O senhor concluiu seus estudos na Universidade de Buenos Aires. Foi para Paris, onde trabalhou com Braudel. Retornou a Buenos Aires. A partir de 1966, logo depois do golpe militar ocorrido naquele ano, iniciou uma demorada peregrinação pelo mundo acadêmico anglo-saxão, com paradas em Harvard e Oxford, para se fixar finalmente em Berkeley, onde vive há mais de duas décadas. Gostaríamos que o senhor, como observador e participante desse mundo universitário, comentasse o que significa ser um historiador latino-americanista na Europa ou nos Estados Unidos e que mudanças observou nesses últimos 20 anos.

— De um ponto de vista meramente autobiográfico, entre a conclusão de meus estudos em Buenos Aires e meu "ingresso no mundo acadêmico

[*] Esta entrevista foi traduzida por Francisco de Castro Azevedo.

anglo-saxão", transcorreu uma etapa não muito longa, mas que sempre me pareceu mais importante que a que veio em seguida, na qual trabalhei e ensinei na Argentina.

Quando comecei a circular pelo mundo, não sabia que isto acabaria se tornando mais ou menos definitivo, porém mesmo depois minha situação não chegou a ser aquela típica de um historiador que faz história latino-americana nos Estados Unidos: quase todas as minhas publicações estão em espanhol e foram escritas para um público que não é o que a história latino-americana tem nos Estados Unidos.

De qualquer forma, essa experiência atípica confirma algo que é óbvio — que fazer história da América Latina, e não necessariamente de uma nação latino-americana específica, é menos difícil nos Estados Unidos (e também em alguns centros europeus) do que em qualquer país da América Latina.

Lembro-me de que, quando decidi escrever na Argentina aquela que se tornaria a *Historia contemporanea de América Latina*, a minha fonte para a Venezuela acabou sendo a *Historia constitucional* de Gil Fortoul, uma obra que, datada de 1907, francamente me parece superior a muitas posteriores.

Não se trata, porém, apenas de dificuldades bibliográficas, mas também do fato de que a perspectiva latino-americana, muito presente entre os fundadores de nossas historiografias nacionais, foi depois bastante marginalizada, até mesmo para o período colonial, a tal ponto que sua redescoberta — pelo menos no caso da Argentina — está ligada à dispersão de nossos melhores colonialistas no período de turbulências por que o país passou recentemente.

O senhor vê diferenças entre um historiador latino-americanista francês, um inglês e um norte-americano?

— Certamente, pois pertencem a tradições historiográficas diferentes e funcionam em sistemas acadêmicos também diferentes. Acho que conheço razoavelmente bem a situação da história latino-americana nos Estados Unidos e na Inglaterra, e aquilo que as distingue se verifica também em outros campos historiográficos.

Nos Estados Unidos, a carreira do historiador o leva a enfrentar uma sucessão de provas que lembram as de uma corporação medieval: tem que fazer determinadas coisas em determinada ordem, e isto se reflete naquilo que produz desse modo ritualizado, que adquire não apenas certa regularidade de ritmo, mas freqüentemente também certa previsibilidade no que diz respeito ao conteúdo. O resultado é uma corrente de produção historiográfica homogênea, sólida e quantitativamente rica.

Na Inglaterra, ao contrário, encontramos uma produção muito mais irregular em volume e ritmo, bem como em qualidade. O resultado é menos previsível — as coisas ruins são ruins de verdade, mas a proporção das contribuições que trazem novidades valiosas e importantes é surpreendentemente alta, levando-se em conta o número de pessoas que rondam a profissão e os parcos recursos investidos. É como se entrasse em ação uma lei de rendimento decrescente, sobre a qual, no clima atual de penúria, não convém tecer comentários demorados, para não darmos más idéias aos que já nos tratam com tanta mesquinhez.

O fenômeno da fragmentação, que atinge a disciplina histórica como um todo, leva ao surgimento quase cíclico de histórias especializadas que se pretendem novas. Como avalia seus resultados?

— Essa fragmentação reflete vários processos de mudança que vieram avançando paralelamente.

Um deles foi a passagem para o primeiro plano da história do período independente da América Latina (para a qual é difícil evitar de todo o marco nacional), com o encerramento de um extenso período em que, tanto na Europa como nos Estados Unidos, o núcleo da história latino-americana esteve no período colonial. A história colonial tradicional tinha uma unidade geográfica, a América espanhola ou portuguesa, e uma unidade temática, o próprio fenômeno colonial, que começou a ser tratado sob uma perspectiva institucional e administrativa, mas passou a ser cada vez mais associado à implantação de relações de dominação a partir da conquista.

Essa concentração no período colonial foi ultrapassada quando a história encontrou um novo lugar entre as disciplinas sociais que se ocupavam de uma América Latina que começava a ser analisada sob uma ótica implicitamente atualista — ou seja, a partir de 1960. Desde então delineia-se uma divisão crescente entre colonialistas, mexicanistas, chilenistas e tantas outras especializações que antes não eram tão marcadas e que continuam sendo minuciosamente especificadas nos anúncios de vagas para docentes nos *colleges* e universidades.

Mas essa fragmentação reflete também um fenômeno que excede o campo latino-americano: a descentralização da disciplina como tal, acentuada em suas conseqüências pelas dificuldades cada vez maiores que o avanço profissional enfrenta, obrigando os historiadores a chamarem a atenção para as suas contribuições, que declaram ser sempre audazmente originais, seja isto verdade ou não. Isto aumenta a impressão de dispersão, devido à presença de tantos enfoques e temas que proclamam aos gritos sua novidade.

O senhor acredita que em um futuro próximo surgirão histórias que ofereçam visões gerais, hoje perdidas nessa fragmentação?

— Não sei. O pressuposto é que se faz a história de alguma coisa porque se deseja ver mais claramente algo que já se percebe difusamente. Enquanto não renascer uma certa fé na presença de certo núcleo temático no próprio objeto, talvez seja preferível evitar a proposta de visões gerais que têm como ponto de partida estímulos extrínsecos, sejam eles profissionais ou acadêmicos. O que na verdade está por baixo dessa fragmentação temática, intensificada talvez por razões até certo ponto frívolas, é a descentralização da visão da sociedade, que temo reflita mudanças na própria sociedade. Dessa forma, a reunificação temática pode depender bem menos do que se passa na historiografia do que daquilo que acontece no mundo.

Insistindo na questão da fragmentação, e também no modismo dessas novas histórias, pode-se dizer que as duas que irromperam com mais força ultimamente são, de um lado, a história dos discursos e das representações, onde tudo é texto e, de outro, as questões de gênero. Até que ponto são promissoras essas vertentes?

— Eu diria que a história dos discursos pode ser comparada em seus efeitos à irrupção de um gás que acaba permeando tudo, mas ao custo de sua presença ir-se tornando cada vez mais tênue. Cada vez mais lemos trabalhos sobre discursos que, não fosse pelo uso que fazem da palavra "discurso", seria impossível distinguir do que se costumava chamar de história das idéias (o que não é necessariamente um mal).

Quanto à história de gênero, penso que se trata de algo muito diferente, uma vez que, antes mesmo de constituir um enfoque novo, aborda um tema importantíssimo de que a história tinha se esquivado. Por outro lado, trata-se de um tema extremamente difícil, porque apresenta, e com a máxima gravidade, os problemas de qualquer história que ambicione dar lugar a grupos subordinados. Uma das conseqüências de ser grupo subordinado é deixar muito poucos rastros, e a escassez de testemunhos impõe uma certa audácia na interpretação. O problema torna-se ainda mais complexo porque a história de gênero, que ambiciona reconstruir esse tema específico, se acha inserida ao mesmo tempo em um esforço mais amplo que visa conseguir que o grupo subordinado que lhe oferece seu tema deixe de ser subordinado.

Temos aqui uma das conseqüências da descentralização da disciplina: as interpretações necessariamente audazes que essa temática impõe são com freqüência orientadas a reivindicar para o grupo, cujo passado explora e com o qual se identifica, o direito de ocupar o lugar central que ficou vazio.

De qualquer forma, essa circunstância pode até aumentar as dificuldades da tarefa, mas não a torna menos legítima nem necessária.

Para terminarmos com os problemas do campo fragmentado e das novas histórias, o que ultimamente está sendo colocado em evidência é a questão do meio ambiente e das tecnologias na perspectiva histórica. Existem aqui realmente subcampos?

— Não sei. A história da tecnologia aborda um tema importantíssimo. Ou, talvez melhor, temas. Não sei se é fácil avançar no estudo de inovações tecnológicas precisas para a reconstrução de um processo histórico centrado nos avanços da tecnologia.

Além disso, acontece um problema muito curioso com o florescimento e a exaustão de tantos subcampos (embora não me pareça ser este o caso da tecnologia). No início está o aparecimento de um livro fascinante, com o qual o subcampo faz seu ingresso triunfal, mas os que vêm em seguida são cada vez menos fascinantes, na medida em que se parecem demasiadamente com o primeiro, e a gente termina se perguntando se o que havia ali era uma nova subdisciplina ou somente um novo livro.

Como argentino com vários lustros no meio acadêmico norte-americano, o senhor acha que tem interlocutores neste país, sejam eles latino-americanistas ou não?

— Se interlocutores significa pessoas com as quais gosto de me encontrar e tenho sobre o que falar, estou certo de que sim. As diferenças provêm sobretudo da geografia deste país, que faz com que às vezes, para se ter as conversas que em Buenos Aires acontecem no café da esquina, seja necessário pegar um avião e ter o encontro em um desses hotéis horrendos, em frente de um café também horrendo (embora estes últimos tenham melhorado consideravelmente). Em suma, as diferenças estão mais nas circunstâncias do intercâmbio intelectual do que em seu conteúdo.

No entanto, fala-se muito, tanto entre latino-americanos como entre certos norte-americanos, da tradição antiintelectual norte-americana. Qual tem sido a sua experiência a respeito com os latino-americanistas e não-latino-americanistas?

— Parece-me excessivo falar de uma tradição antiintelectual norte-americana. É possível que aqueles que a denunciam o façam como reação a dois aspectos que resultam igualmente chocantes para os latino-americanos. Um é a total falta de veneração, e até mesmo de compreensão, da tradição continental européia, sobretudo a franco-alemã (digamos de Descartes a Heidegger), que, de nossa parte, tendemos a colocar no centro do firmamento intelectual. Lembro-me de que em um exame de doutorado ouvi um colega, acho que sociólogo, liquidar Hegel com a afirmação de que ele só teria dito coisas sem importância. Mais que de uma tradição antiintelectual trata-se da identificação excludente com a tradição intelectual anglo-saxônica, que traz como conseqüência, para dizê-lo à mexicana, o menosprezo de tudo o que nela não se encaixa. Como as conseqüências nos aborrecem, e com razão, nos recusamos a admitir que esta é a contrapartida negativa de algo muito positivo: a existência de uma tradição vernácula muito mais forte que a nossa, pobres latino-americanos, que desde que tivemos de renunciar ao que a Península Ibérica nos legou nos vimos obrigados a ser abertos e hospitaleiros, porque em caso contrário ficaríamos sem nada.

O outro aspecto igualmente chocante é a concepção de trabalho que acolhe idéias como a de um campo de especialização profissional nem melhor nem pior que os outros. Isto escandaliza o intelectual latino-americano, que cultiva a esquizofrenia e prefere, ao invés, considerar-se ao mesmo tempo um marginalizado total e o legislador secreto do mundo, e que não se reconcilia com a idéia de que não é nenhuma das duas coisas, devendo limitar-se a fazer o trabalho pelo qual é pago.

Depois de morar tantos anos nos Estados Unidos, o senhor continua sentindo-se parte dessa esquizofrenia peculiar do intelectual latino-americano?

— Sim e não. De um lado, basta colocar um pé em Buenos Aires para reincorporar-me a esse outro contexto. De outro, o meio acadêmico norte-americano tem mostrado ultimamente que gostaria de esquecer como estão as coisas no país relativamente ao lugar do intelectual. Isto se reflete, por exemplo, na evocação recente, tão nostálgica e afetuosa, daqueles que se passou a apresentar como "os últimos intelectuais norte-americanos", os quais na década de 30 não tinham sido ainda absorvidos pelo mundo acadêmico; ou na descoberta fascinada da historiografia francesa, em um momento nada brilhante para ela, o que também tem a ver com o atrativo que se descobriu no perfil do grande intelectual europeu; ou ainda na exacerbação recentemente assumida pelas polêmicas ideológico-historiográficas, que vistas de fora do mundo acadêmico poderiam parecer batalhas navais em um vaso de água, mas se justificam pela ilusão de que aqueles que nelas se enfrentam encarnam já esse tipo distinto de intelectual.

Existem ainda outros elementos mais positivos no contexto dessa metamorfose, que temo seja quase totalmente imaginária. Um deles é o surgimento da lingüística como nova rainha das ciências, depois de um extenso período em que a história esteve sujeita à arrogante hegemonia das ciências sociais.

Para terminarmos com os contrastes entre a América Latina e os Estados Unidos, poderia nos dar suas impressões sobre o nacionalismo norte-americano, que se nos apresenta como um sentido maduro de consciência democrática?

— No que diz respeito à América Latina, o nacionalismo norte-americano tem duas conseqüências negativas. A que de imediato choca mais é a identificação de alguns estudiosos norte-americanos com a empresa nacional dos Estados Unidos, o que os leva a ignorarem que seu impacto sobre a América Latina esteve longe de ser sempre positivo. Mas essa corrente, aguerridamente apologética, mantém uma influência limitadíssima no campo dos estudos latino-americanos. Mais insidiosos são outros efeitos negativos do enraizamento da vida acadêmica norte-americana em uma tradição intelectual forjada em uma experiência histórica específica, que faz com que seja ignorado ou distorcido tudo quanto nela não se encaixa, transformando implicitamente os Estados Unidos em paradigma universal.

As conseqüências disso são percebidas a cada passo. Em um nível algo rudimentar pode-se vê-las nos comentários sobre a ex-União Soviética: com certa freqüência, descobre-se que muito do que se descreve como invenção aberrante do totalitarismo stalinista faz parte de um patrimônio institucional comum a muitas nações européias (por exemplo, a figura do juiz de instrução, cuja mera existência — à margem do uso monstruoso que dele fez o regime — provoca explosões indefectíveis de surpresa indignada).

No campo dos estudos latino-americanos, tais conseqüências se fazem sentir de maneira um pouco mais sutil. Assim, na história das idéias é esquecida a contribuição de qualquer tradição que não seja a ibérica, embora com freqüência ela só seja admitida como um fato histórico deplorável. É claro que com esses pressupostos não se consegue entender nada do que foi nossa vida das idéias nos últimos dois séculos.

Curiosamente, seguindo uma tendência que se vem acentuando a partir do fim do socialismo, a aceitação do gabarito norte-americano difundiu-se entre nós graças à influência crescente que a esquerda norte-americana exerce sobre as nossas esquerdas. Exemplo notável disso são as tentativas de redefinir a problemática das relações entre os indígenas e a nação com base nas pautas propostas pelo movimento dos *native Americans* nos Estados Unidos, que de forma alguma parecem as mais relevantes para um contexto histórico muito distante do norte-americano.

Neste sentido, o senhor acredita que os temas do multiculturalismo, tão caros à esquerda norte-americana, terão alguma influência na América Latina?

— Acredito que sim, na medida em que a inspiração norte-americana se torna cada vez mais avassaladora em todas as áreas. Não posso, porém, adivinhar como essa influência se fará sentir. O que presenciamos nos Estados Unidos é o desdobramento final de um processo de assimilação que no passado conseguiu incorporar com êxito grupos étnicos inteiros, em vez de indivíduos, através de seu ingresso enquanto tais no sistema político. Como resultado, este país parece muito mais um mosaico multicultural do que na realidade é. Na medida em que continua sendo um sujeito político, o grupo étnico manterá sua coerência depois de ter-se esvaziado quase por completo de seus conteúdos culturais específicos.

Hoje, continua sendo praticado o mesmo método de assimilação quase indolor, porque inadvertida, que funcionou eficazmente no passado, mas a situação é radicalmente nova. A ascensão econômica e social que constituía o prêmio para os que se entregavam a esse processo de assimilação tornou-se muito mais difícil, precisamente no momento em que a tarefa de incorporação também se tornou mais difícil em razão da índole dos grupos a que ela agora deve se estender. No caso dos hispânicos, vanguarda de um avanço que reflete a mudança de sinal no equilíbrio demográfico em escala continental, é difícil imaginar que meio século de convivência em Miami, San Antonio e Los Angeles possa provocar neles as metamorfoses já consumadas com os irlandeses, os italianos e os judeus de centros urbanos mais antigos do norte e do leste. Mas tudo isso tem muito pouco a ver com os problemas de uma sociedade que, como a latino-americana, foi estratificada em castas, e é difícil esperar algo de bom da importação dessas receitas para uso em um contexto irremediavelmente exótico, quando elas já perderam sua eficácia até mesmo em seu ambiente nativo.

2. A historiografia latino-americana nos Estados Unidos: da lógica editorial e da "respeitabilidade acadêmica" à crise dos "catecismos"[1]

Passando para outro tema, qual a densidade da presença da produção latino-americana no mundo acadêmico norte-americano? A impressão que se tem de dentro dos Estados Unidos é que aqui se publica muitíssimo, porém se traduz muito pouco. Mesmo correndo o risco de personalizar e sabendo que isto não lhe agrada, o caso de sua *Historia contemporanea de América Latina* é bastante ilustrativo —- está na 13ª edição em espanhol, foi traduzido para uma meia dúzia de línguas, mas somente no final de 1993 apareceu publicado em inglês. De maneira geral, não é necessário ser especialista para constatar a ausência de historiadores latino-americanos, que deram contribuições importantes mas não foram traduzidos. Além das razões óbvias do setor editorial, tudo parece indicar que no ambiente acadêmico norte-americano dominam as auto-referências.

— Na minha opinião, a escassez de traduções tem causas bastante simples. O público para esses livros, já em si mesmo reduzido, em geral domina o idioma em que eles estão escritos. Para que um livro sobre a América Latina aspire a um público amplo o suficiente para viabilizar comercialmente sua publicação em inglês é necessário que alcance um certo nível de generalidade, e a maior parte desses livros tem origem fora da América Latina (não convém, todavia, esquecer o sucesso da obra de Cardoso y Faletto e o do ainda mais entusiasmante *Las venas abiertas de América Latina*, de Galeano).

Quanto ao livro acadêmico, destinado a um público necessariamente mais restrito, existem outras circunstâncias que militam contra a abundância de traduções. Em primeiro lugar, existe nos Estados Unidos uma idéia muito precisa da estrutura que deve ostentar uma obra que aspire à respeitabilidade acadêmica, e mesmo os autores mais inovadores sabem que devem observá-la — por exemplo, todo livro precisa de um capítulo final de conclusões, embora estas tenham sido apresentadas à exaustão ao longo do trabalho e o capítulo acrescentado não acrescente em verdade mais nada. As obras latino-americanas que não se enquadram nessas regras retóricas rígidas aparecem por isso mesmo como suspeitas de pouco rigor.

Além do mais, boa parte dessas publicações acadêmicas só são possíveis graças a subvenções, e no critério para a distribuição destas influi uma

[1] Trata-se de um artigo sobre o estado da historiografia latino-americana incluído em Christopher Mitchel (org.), *Changing perspectives in Latin American studies: studies from six disciplines*, Stanford, Stanford University Press, 1988.

peculiaridade cada vez mais anacrônica da vida profissional norte-americana: é quase impossível obter-se uma posição permanente na universidade sem ter publicado um livro em uma editora universitária. Não surpreende que instituições que se ocupam em fomentar a vida acadêmica dêem prioridade a assegurar a estabilidade dessa mesma vida acadêmica, em lugar de difundir obras de historiadores latino-americanos, em última instância acessíveis em sua língua originária.

Caso esteja de acordo, gostaria que passasse a comentar a área de intercâmbio historiográfico entre a produção latino-americana e a norte-americana. Há alguns anos, em um ensaio em que avaliava o estado da historiografia latino-americana, o senhor defendia que a Revolução Mexicana foi provavelmente um dos poucos temas que produziu não apenas uma pesquisa muito vasta, mas também debate.[2] Com referência a esse caso, ou a qualquer outro que o senhor queira citar, quais as diferenças que acredita existirem em matéria de preocupações, agendas e estilos de trabalho entre o que se faz na América Latina e o que se faz nos Estados Unidos?

— No caso da Revolução Mexicana, o que me interessava destacar não era tanto a existência de debate mas a acumulação de material suficiente sobre a mesa para que o leitor não ficasse dependente de apenas uma das versões em debate.

Quanto à pergunta central, acho que se descobre cada vez mais uma perspectiva comum naquilo que se faz na América Latina e nos Estados Unidos, em parte como decorrência de certa internacionalização da profissão. Meu ponto de vista a respeito pode estar um pouco distorcido pela experiência argentina, na qual a internacionalização foi até certo ponto forçada, mas não são poucos, por exemplo, os historiadores peruanos que hoje a enfrentam por razões estritamente econômicas.

Essa internacionalização não se traduz em homogeneização, mas multiplica contatos que possibilitam a mútua fecundação das duas tradições historiográficas, que nesse meio-tempo perderam boa parte de sua rigidez original.

A abertura dos historiadores norte-americanos à influência européia, que está finalmente alcançando os que se ocupam da América Latina, teve efeitos análogos, embora menos contundentes, aos que entre nós provocou

---

[2] Trata-se de um artigo sobre o estado da historiografia latino-americana incluído em Christopher Mitchel (org.), *Changing perspectives in Latin American studies: studies from six disciplines*, Stanford, Stanford University Press, 1988.

a crise do marxismo. Onde antes existia uma diferenciação bastante nítida entre dois estilos historiográficos muito precisos, hoje predomina, nos dois lados, certa balbúrdia devida à multiplicidade de discursos. Mas por trás dela se descobre, por exemplo, que no campo da história colonial as perspectivas dos historiadores norte-americanos e dos latino-americanos estão muito mais próximas do que há 20 anos — em parte porque a perspectiva deles mudou, mas sobretudo porque a nossa mudou muito mais.

Acontecia antes que com freqüência falávamos línguas mutuamente incompreensíveis. Lembro-me de um estudante de pós-graduação argentino a quem coube, em um seminário sobre história européia, comentar uma série de artigos sobre a economia medieval. Na introdução de sua apresentação, foi enfático: "No fundo, todos esses trabalhos se ocupam da transição". Essa afirmação lhe parecia totalmente transparente e precisa, mas aos demais, inclusive ao professor, que nunca tinham ouvido falar do problema da transição entre modos de produção (expressão que tampouco lhes era familiar), não lhes dizia absolutamente nada.

Depois disso, ocorreu nos Estados Unidos uma abertura tardia à influência européia, que incluía a de um marxismo quase *in articulo mortis*. Foi assim que começaram a circular certas palavras, como "sobredeterminação", que durante algum tempo foram utilizadas sob qualquer pretexto, mas isto alterou menos a situação do que a dissipação da influência que teve entre nós o catecismo marxista.

Uma pergunta relacionada à homogeneização: atualmente tem-se a impressão de que existe na América Latina uma preocupação nova e mais intensa com o trabalho de arquivo — talvez não tão nova para os colonialistas. No entanto, na América Latina o tema do acesso a fontes apresenta um quadro bastante desconfortante, mais dramático na Argentina do que no México, por exemplo. Que comentários merece o tema dos arquivos? O senhor acha que, além da negligência dos governos, existe algo nos vínculos da sociedade civil construída ao longo de dois séculos que explique a escassez de fontes?

— Eu faria uma distinção entre a Argentina e o pouco que conheço do resto da América Latina. Nenhum outro país lida tão mal com as questões de arquivos e repositórios como a Argentina. Do outro lado do rio da Prata, Montevidéu conta com uma biblioteca nacional com um acervo bibliográfico menor, mas que tem e pode tornar disponíveis os livros que diz ter. O mesmo acontece com os arquivos uruguaios. No resto da América Latina o estado dos arquivos é menos calamitoso do que se poderia supor diante da situação geral dos países, que às vezes é pavorosa.

Mesmo na Argentina, porém, as coisas já apresentam melhoras — o controle feudal dos arquivos é menos freqüente do que há algumas décadas. Lembro-me de que no arquivo de Santa Fe, quando manifestei interesse em ler as atas municipais da colônia suíça de Esperanza, o diretor, um cavalheiro amabilíssimo, me informou que isto era impossível, porque ele as reservara para trabalhá-las ele mesmo no futuro, para o que precisaria aprender alemão, coisa que também se propunha fazer em algum momento. Na mesma época seu colega de Salta deduzira de uma leitura estapafúrdia das advertências de Toynbee contra a história de tesoura e cola que os arquivos eram centros de corrupção de talentos historiográficos, e esmerava-se em dificultar o acesso ao acervo que dirigia. Hoje a situação mudou, mas na Argentina, ao que parece, os arquivos provinciais funcionam melhor que o nacional, em parte porque dispõem de menos material para manejar e em parte porque este último encontra-se em estado patológico.

Mas, além desses aspectos institucionais lamentáveis e dando-se o devido desconto à minha ignorância sobre arquivos na América Latina fora da Argentina, a impressão que tenho é que, diferentemente, por exemplo, da sociedade norte-americana, que nos séculos XIX e XX produziu uma massa de informações que hoje se encontra impecavelmente acumulada, nas sociedades latino-americanas parece não existir o costume de acumular.

— Isto não tem a ver apenas com o interesse ou a indiferença a respeito do passado, uma vez que a documentação norte-americana não foi acumulada por curiosidade histórica. O que os arquivos recolhem são os resíduos de um Estado que funciona. É por isso, por exemplo, que a documentação deixada pela administração colonial é mais rica do que a deixada pelo início do período da independência.

Mas não se poderia dizer que, no caso norte-americano, grande parte da documentação do século XIX tem pouco a ver com um Estado que na verdade era muito pequeno, algo assim como uma rede de agências do correio?

— Isto é verdade quanto ao Estado federal, mas não no que diz respeito aos estados e mesmo aos condados.

Quando esses mesmos problemas são colocados no contexto da sociedade civil, as diferenças também são muito marcantes. Nos Estados Unidos há arquivos de instituições de todos os tipos. Pergunto-me se, no caso latino-americano, esse material realmente existiu ou se o que aconteceu foi somente um problema de negligência e falta de cuidado na preservação.

— É certo que o interesse ou a indiferença coletiva influi no fato de haver ou não preservação, mas acho que seus efeitos são em boa parte afetados pela ação ou inação do Estado. Enrique Barba dizia, por exemplo, que um exame de quanto a Argentina gasta nessas rubricas levaria à conclusão de que esse valor não é muito menor do que o gasto em outras partes, mas seu resultado muitíssimo inferior é devido a razões ligadas à crise crônica da política e da administração.

O senhor não acha, portanto, que essas diferenças na preservação de documentos têm a ver com sociedades civis dotadas de consciência histórica, e sim com burocracias eficientes...

— Na medida em que dependemos dos papéis que elas produzem, esta parece uma conclusão a que é difícil escapar, embora eu tenha de admitir que as burocracias eficientes não podem surgir no vazio.

3. América Latina: historiografias, historiadores e realidades nacionais

Em geral, se poderia dizer que nos Estados Unidos um latino-americanista é alguém que conhece algum período de algum país e que, além disso, leciona sobre a América Latina em geral. Para o senhor, o que é um latino-americanista na América Latina, se é que esta figura existe?

— Na América Latina, esta figura não precisa existir. Que lugar ocupa aí um latino-americanista na vida acadêmica? Rege uma cadeira de história latino-americana para estudantes que terão de aprendê-la em três ou quatro livros, porque não há mais que isso. O que há na América Latina são historiadores de um país ou de um período, que assumem também essa tarefa.

Mas existem exemplos de "latino-americanistas" latino-americanos, sendo o senhor mesmo um dos mais notáveis — historiadores que fizeram história latino-americana em sentido amplo. Geralmente são pessoas que viveram em vários lugares da América Latina por questões às vezes trágicas... Mas são poucos os casos. E das novas gerações de historiadores latino-americanos, os que hoje fazem história latino-americana o fazem porque parte de seu trabalho ou educação se desenvolveu nos Estados Unidos. Ainda assim, quando se fala de historiadores latino-americanos que ensinam história latino-americana quase sempre se trata de história mexicana, um pouco de história argentina e de história brasileira — mas geralmente permanece constante o peso da história mexicana. O senhor acredita que as antigas gerações de historiadores latino-americanos tinham uma perspectiva mais latino-americana que as novas gerações de latino-americanistas brasileiros, mexicanos, argentinos ou peruanos?

— Pode ser, embora no caso da Argentina talvez sejam mais numerosos os que passaram pelo México e aprenderam a ver em perspectiva latino-americana sem a intermediação dos Estados Unidos. Quanto à concentração em torno da história mexicana, parece-me que existem razões objetivas para tanto. Em 1810 o México tinha uma população que era a metade da população da América espanhola e, por outro lado, sua experiência histórica tem uma riqueza e variedade tais que nunca faltam temas novos e interessantes para pesquisa.

Além disso, eu me pergunto se a visão mais latino-americana das antigas gerações não era decorrência mais de deficiência que de um excesso. Com isto não quero dizer que talvez soubessem pouco da América Latina em conjunto, mas que quando desciam a um nível menor de generalidade as lacunas se multiplicavam. Finalmente, não acho que exista uma concentração exclusiva no México, na Argentina e no Brasil. A área andina parece-me hoje uma das mais dinâmicas.

Nessa perspectiva latino-americana, além das diferenças evidentes entre as tradições historiográficas anglo-saxônica e latino-americana, haveria diferenças entre as formas de escrever a história nos distintos países da América Latina? O senhor, historiador realmente latino-americano, vê alguma particularidade na maneira de escrever a história entre Argentina, Brasil e México, para citar três países?

— Sim, na medida em que a tradição historiográfica é distinta em cada país.

Muito distinta?

— Não tão distinta quanto entre os Estados Unidos e a América Latina, mas entre nossos países há diferenças historiográficas, de estruturação profissional da disciplina e de tradição ideológica. Parece-me, por exemplo, que o que torna Luis González um historiador tão notável só é possível no México. De fato, Luis González propõe uma imagem da experiência histórica mexicana mais próxima da de Lucas Alamán que da visão liberal e revolucionária, e o faz de uma maneira deliciosamente mexicana: escolhendo com tato admirável o veículo que lhe permitiria apresentar essa visão dissidente de maneira tolerável para o México de seu tempo — uma história de San José de Gracia que na verdade é válida para a metade do México. Esse exercício, a que devemos uma obra-prima, só pôde nascer no contexto político e ideológico mexicano, não podendo, portanto, existir um Luis González argentino ou brasileiro.

Quanto ao Brasil, tenho vergonha de confessar que não conheço sua historiografia tão bem quanto gostaria e deveria, mas me parece que tem uma tradição sem dúvida mais polida que a Argentina (que tem um passado de país de fronteira) e mesmo que o México. Tem além disso uma tradição institucional maior (não necessariamente de instituições que pagam salários, porque — e parece-me que também isso faz diferença — até pouco tempo boa parte das pessoas que faziam história não precisavam de salário). Sob esse aspecto, já no século XIX o Brasil poderia dar-se ares de uma Europa tropical, o que não valia para o México e menos ainda para a Argentina, que até ontem foi o país das rupturas institucionais.

Entre os três países mencionados, e nos últimos 10 anos, qual o senhor acha que tem uma história institucionalizada mais sólida?

— O Brasil, onde os militares desenvolveram uma política acadêmica parecida com a de Luis Echeverría no México. A diferença é que, enquanto Echeverría proclamava sua afinidade ideológica com os herdeiros de 68, para os quais criou um imenso e custoso aparato acadêmico, no Brasil essa afinidade certamente não existia. Ainda assim, graças em parte a uma prosperidade mais sólida que a mexicana, o Brasil dos militares lançou as bases de um aparato institucional que permitiu a rápida expansão do quadro de historiadores profissionais. Na Argentina, embora em um contexto econômico muito menos favorável devido à penúria crescente do Estado, os últimos 10 anos de estabilidade política introduziram um ritmo regular no trabalho dos centros acadêmicos que se reflete no surgimento igualmente regular de novas levas de historiadores com sólida formação profissional.

Os padrões não estariam mais elevados?

— Eu diria que a diferença está em que hoje existem padrões. O que antes caracterizava a Argentina é que a gente não precisava surpreender-se com nada. Não chegaria a afirmar que tudo o que se faz agora leva a marca do gênio, mas — para dizê-lo com simplicidade — certas coisas já não são toleradas.

No prólogo da última edição de sua *Historia contemporanea* o senhor reconhece que, embora tenha se esforçado para se manter imparcial diante das propostas otimistas da revolução ou do desenvolvimento, esse clima de idéias impregnou o livro, escrito nos anos 60. Qual o clima de idéias que acompanha a nova versão?

— O que o prólogo refletia era a percepção de uma situação nova que me parecia latino-americana e que agora me parece mais mundial. Está em curso uma transformação econômica muito radical promovida, como queriam os conservadores, pelo simples jogo das forças econômicas, e não porque a ideologia conservadora tenha ganho a batalha e com ela a lealdade dos donos do Estado. Eu diria que é o contrário: descobriu-se que o Estado já não pode influir no processo econômico como fez a partir de 1929, e a conversão ao conservadorismo parece às vezes uma tentativa de se fazer da necessidade virtude.

Esta renúncia ao controle da economia por meio da política não é devida apenas à descoberta de que o Estado pode fazer muito menos do que fazia, mas também ao fato de ser menos claro o que ele deveria fazer no caso de poder fazer alguma coisa, uma vez que teria de reagir a transformações rapidíssimas e de rumo incerto. Para dar um exemplo de que nós argentinos nos lembramos muito bem, na década de 70 era costumeiro se contrastar o êxito do Brasil na criação de uma estrutura industrial moderna com a manutenção da nossa, totalmente obsoleta, enquanto perdíamos tempo às voltas com a guerra civil. Hoje o que se afirma é que o grande problema do Brasil consiste em arrastar uma estrutura industrial totalmente obsoleta herdada do frenesi industrializador dos anos do milagre. Ao que parece, o esforço de preparar-se para o futuro só garantiu ao Brasil um futuro de três anos de prazo.

E por falar em pessimismo, o senhor já adiantou que um dos argumentos centrais da história argentina que está escrevendo é o do fracasso histórico da Argentina, um país que se prepara para um grande destino e, em um dado momento, vê esse destino lhe escapar. Essa experiência de fracasso é única na América Latina? Afinal de contas, em muitos outros lugares se insistiu nos grandes destinos nacionais...

— A frustração diante do fracasso de um destino de grandeza pode ser conseqüência, não do fracasso, mas da decisão inicial de que esse destino de grandeza existia. No México, por exemplo, durante muito tempo se acreditou, sob a palavra de Humboldt e outros, que ele era o país mais rico do mundo. Enquanto acreditaram que isto era verdade, os mexicanos se fascinavam e indignavam diante do mistério que era o fato de, em um país tão rico, serem eles quase todos pobres. Esse mistério tornou-se menos misterioso quando descobriram que seu país não é o mais rico do mundo.

A Argentina decidiu que tinha um destino de grandeza porque durante mais de um século achou que o que tinha para oferecer ao mundo era exatamente o que o mundo queria receber. O fim disto tudo provocou uma amargura muito compreensível, mas não coloca um problema histórico demasiado complicado.

E o Brasil...

— Acontece que tenho uma fé muito grande no Brasil, que é deveras um país jovem, um país de fronteira, coisa que o México talvez nunca tenha sido e a Argentina há muito deixou de ser.

Acho que é por isso que, toda vez que o Brasil deixa para trás uma de suas fases ruins, dá um salto impressionante para a frente e, embora a fase que agora está atravessando pareça ser a pior de todas, provavelmente ele a superará da mesma maneira.

Isto tem a ver com o tamanho?

— Com o tamanho, com a abundância de terra, com a existência de uma enorme reserva de mão-de-obra que a Argentina nunca teve. Boa parte dos problemas da Argentina provém deste último. Por exemplo, a classe trabalhadora que Perón encontrou figurava entre as mais bem pagas do planeta, o que explica muitos dos dilemas que enfrentou, em parte porque a abundância de terra que havia compensado isso já era coisa do passado.

·Warren Dean[*]·

O historiador norte-americano Warren Dean, professor do Departamento de História da New York University, é conhecido do leitor brasileiro principalmente por dois livros publicados aqui na década de 70: *A industrialização de São Paulo* (São Paulo, Difel, 1971) e *Rio Claro: um sistema brasileiro de grande lavoura, 1820-1920* (Rio de Janeiro, Paz e Terra, 1977). Em 1989 a Editora Nobel lançou seu *A luta pela borracha no Brasil*.

Esta entrevista, concedida pelo professor Dean a *Estudos Históricos*, foi realizada em junho de 1989 por Ângela de Castro Gomes e José Augusto Drummond, professor do Departamento de Ciência Política da UFF e mestre em ciências ambientais por The Evergreen State College, no estado de Washington.

J. D. — Como o Brasil se tornou um de seus principais objetos de estudo?

— Depois de 26 anos de estudos no Brasil, com várias idas e vindas, elaborei uma resposta para esta pergunta, que todo o mundo me faz, de modo que não sei se ela soará muito espontânea. Agora mesmo José Carlos Sebe Bom Meihy está fazendo um estudo em São Paulo sobre os brasilianistas, e tive que dar-lhe esta resposta. O que aconteceu foi mais ou menos o seguinte: eu estava fazendo a pós-graduação na Universidade da Flórida, interessado em estudar a América Latina, e era a época da Revolução Cubana. Fiz o mestrado sobre a história econômica de Cuba nos anos 30 e de repente percebi que seria impossível voltar a Cuba novamente, pois um americano naquela ocasião não teria a menor chance de ser convidado. Ao mesmo tempo, o Brasil parecia estar numa fase de pré-revolução. Achei então que poderia chegar no Brasil no momento certo, e que talvez tivesse alguma chance de ficar. O novo governo revolucionário certamente permitiria a permanência de um estrangeiro que já estava presente durante a revolução... Esta foi uma das razões. Realmente, um mal-entendido.

---

[*] Esta entrevista foi editada por Dora Rocha.

A. G. — Na época da Revolução Cubana havia um grande estímulo nas universidades americanas a pesquisas sobre a América Latina?

— Havia mais que um estímulo, havia ajuda financeira. Todos aqueles que estavam estudando a América Latina tinham alguma bolsa do governo, direta ou indiretamente. Lembro bem que a cada semestre, para receber minha bolsa, eu tinha que assinar um termo de compromisso, dizendo que eu era um bom americano e que o dinheiro que eu recebia reverteria em proveito do meu país. Esse era um dos vestígios da época de McCarthy, que ainda não havia terminado.

A. G. — Houve portanto uma conjunção de fatores: o senhor se interessou pelo Brasil numa época em que havia um interesse do governo americano em patrocinar estudos sobre a América Latina.

— Exatamente. Houve um período nos Estados Unidos, entre a Segunda Guerra Mundial e a Revolução Cubana, em que os estudos sobre a América Latina simplesmente entraram em colapso. Todos os meus professores de América Latina formaram-se na época da Segunda Guerra. Com a Revolução Cubana, surgiu uma nova onda de especialistas. Quando eu estava na Universidade da Flórida havia também um número bastante grande de estudantes do Caribe, e especificamente de Cuba. Alguns deles desapareceram na época da invasão da Baía dos Porcos. Foram participar da invasão.

J. D. — O senhor conheceu Neill Macauley, autor de *A Coluna Prestes*; revolução no Brasil?

— Nunca entrei em contato com ele. Ele estudava no Texas na época em que eu estava na Flórida, e foi para a Flórida quando fui para o Texas, de modo que nos cruzamos mas nunca nos encontramos. Mas ele era realmente uma pessoa muito metida. Participou da Revolução Cubana e caiu fora no momento em que descobriu que se tratava efetivamente de uma revolução comunista. Era uma espécie de flibusteiro.

J. D. — Esse interesse pela América Latina nas universidades americanas persiste até hoje?

— Sim, continua. Com a chegada de Johnson na Casa Branca, uma boa parte do apoio às pesquisas sobre a América Latina desapareceu. Johnson estava muito chateado com as universidades, porque quase todas elas se opunham à Guerra do Vietnã, e todos os conselhos que nós, os especialistas em América Latina, estávamos oferecendo ao Departamento de Estado eram exatamente na linha do não-intervencionismo. Ele preferiu ficar com os conselhos dos assessores militares e da CIA e não prestou mais atenção a nós, inclusive cortou as nossas bolsas. Tudo bem, pois com isso ficamos mais independentes.

Hoje em dia, acho que a continuação do interesse pela América Latina está mais ligada ao fato de que dentro dos Estados Unidos existe uma minoria bastante grande originária do Caribe e de outras regiões latino-americanas. A maioria dos cursos existentes sobre América Latina é oferecida exatamente nos estados que possuem uma população latino-americana, sobretudo os estados do sul e do sudoeste, além de Nova York. Acho que esta é uma razão mais sadia. Em todo caso, é um novo enfoque. Hoje mesmo, conversando com a representante da biblioteca do Congresso americano aqui no Rio de Janeiro, encarregada de comprar livros, descobri que existem 500 faculdades nos Estados Unidos que compram livros sobre a América Latina. Fiquei realmente impressionado.

J. D. — **Como o senhor avalia a produção sobre o Brasil, não só de americanos, mas de estrangeiros em geral, feita nos anos 60 e traduzida para o português nos anos 70? Como visitante assíduo do Brasil, que contribuição o senhor acha que esses trabalhos trouxeram aos meios acadêmicos brasileiros?**

— É muito difícil avaliar o impacto dessa produção aqui. Seria melhor vocês fazerem essa avaliação. Acho que todos nós, brasilianistas, ficamos surpreendidos com o número de comentários ou com a aceitação de nossos trabalhos por parte dos brasileiros. Sei que meus colegas americanos que fazem estudos sobre a Europa poucas vezes são traduzidos para as línguas européias. A possibilidade de um historiador americano obter aceitação por parte dos historiadores franceses, por exemplo, é mínima. Por isso mesmo ficamos surpreendidos e inclusive, eu diria, chocados. Porque 90% dos livros de brasilianistas que são publicados nos Estados Unidos são teses de doutoramento. E uma pessoa, depois de três ou quatro anos de estudos sobre qualquer país da América Latina, realmente não está capacitada a fazer uma avaliação madura sobre esse país. É muito difícil. Há alguns americanos que têm um *background* suficiente para fazer isso, pois são pessoas que já viajaram, são de famílias latino-americanas etc., mas em geral esses trabalhos não deveriam merecer grandes comentários por parte dos brasileiros.

Acho que isso aconteceu simplesmente porque, na época em que eu e outras pessoas da minha geração chegamos aqui, as faculdades brasileiras ainda eram subdesenvolvidas na área das ciências sociais. Eram poucas as pessoas que publicavam. Isso não me impede de considerar que os professores que tive aqui foram mais meus mestres do que os que tive nos Estados Unidos. Pessoas como Sérgio Buarque de Holanda, Florestan Fernandes, em São Paulo. Realmente, aqui eu tive a possibilidade de entrar em suas aulas e absorver suas opiniões, seus conceitos.

A. G. — O sucesso dos brasilianistas se explicaria assim pela carência de trabalhos publicados e pelo esvaziamento das universidades brasileiras devido à repressão desencadeada após 64?

— Esta seria uma das razões. Aliás, se vocês observarem o prefácio do meu livro *Rio Claro*, verão que o dediquei a Caio Prado Jr., que estava na prisão naquela época. Eu trabalhava quase completamente sozinho no Arquivo de São Paulo, porque várias pessoas que poderiam ter sido meus colegas brasileiros ou estavam no exílio ou estavam na prisão, ou haviam caído fora da faculdade. Eu tinha um sentimento de culpa muito grande naquela época.

J. D. — Um traço que marcou muito a produção dos brasilianistas foi a preocupação com as fontes históricas. Nós não tínhamos fontes de história contemporânea organizadas, e de repente um grupo de pesquisadores estrangeiros veio chamar a atenção para a importância do rigor documental. O senhor acha que sob esse aspecto os brasileiros aprenderam com os brasilianistas?

— Eu me sinto até um pouco envergonhado em falar disso. Meu último livro sobre a borracha é um estudo em que tenho bastante confiança quanto às fontes e interpretações, mas de modo geral não sei se minha bibliografia representa um modelo para os brasileiros ávidos de serem mais empíricos. Em contrapartida, acho que pessoas como Sérgio Buarque de Holanda e Caio Prado Jr. sempre construíram seus livros sobre um arcabouço de conhecimento de documentos muito grande e muito sólido. Apenas, eles não mostram isso. As notas de rodapé talvez sejam poucas. O conhecimento dos arquivos torna-se menos evidente porque eles têm um estilo fluente, bonito, sabem sintetizar uma grande quantidade de informações. Hoje em dia as teses de doutoramento brasileiras estão mais parecidas com as teses americanas, mas não sei se isso representa uma melhoria. Um terceiro nome a mencionar seria José Honório Rodrigues. Nele, o conhecimento dos arquivos era absolutamente evidente. Ele era realmente um pesquisador.

A. G. — O senhor também mencionou Florestan Fernandes como uma pessoa que o impressionou no Brasil. Haveria outros?

— O grupo que ele formou: Fernando Henrique Cardoso, Otávio Ianni, o grupo da cadeira de sociologia da USP de modo geral.

A. G. — Como foi seu contato com esses professores brasileiros? O senhor discutia seu trabalho com eles?

— Sim. E Sérgio Buarque de Holanda, por exemplo, me ajudou grandemente. Ele tinha autoridade para liberar a documentação do Arquivo do Estado de São Paulo e eu não poderia ter tido acesso a ela sem a sua ajuda. Esse tipo de colaboração foi muito importante para mim.

A. G. — O senhor tinha contato com esses pesquisadores apenas na universidade?

— Na universidade e em casa. Sérgio me convidou para a sua casa também. Além disso, alguns deles iam aos Estados Unidos de vez em quando. José Honório, por exemplo, conheci no Texas, quando ele estava passando um semestre lá. Florestan Fernandes lecionou no Canadá e passou por Colúmbia, em Nova York. Eu tinha a possibilidade de encontrá-los aqui e lá.

J. D. — A seu ver, as condições de pesquisa, de acesso aos documentos no Brasil, melhoraram nesses últimos 26 anos?

— Muito. Hoje existe o Cpdoc, um centro que reúne uma documentação preciosa. Há outros centros também. Como eu dizia outro dia, o Brasil tem uma vantagem, que é o fato de possuir uma documentação de história social bem mais rica do que qualquer país da Europa. É bem mais fácil pesquisar aqui, por exemplo, as condições da escravidão, da classe trabalhadora. Na Europa, os estudos normalmente são feitos com base numa documentação bastante limitada. Como o Brasil é um país que nunca sofreu revoluções ou guerras civis em grande escala, a documentação em geral sobreviveu. Sei que muitos cartórios queimaram e houve outros transtornos, mas o material existente sobre a época colonial e a época nacional é impressionante. E sempre se está descobrindo mais e mais.

A. G. — É interessante o senhor considerar que temos condições mais favoráveis do que a Europa. Porque embora não tenhamos sofrido guerras, sempre houve no Brasil uma "política" de descaso pelo documento que resultou em destruição.

— Mas é preciso lembrar que os países da Europa durante vários séculos talvez não tenham tido políticas muito diferentes. Também na Europa se queimou a documentação que não era conveniente às classes governantes. Também lá houve empastelamento de jornais, destruição de sindicatos etc. Imaginem o que não aconteceu na Europa na época do fascismo.

J. D. — E quanto ao grau de organização dos documentos no Brasil? Uma coisa é existir o documento, outra é encontrá-lo com facilidade.

— Ah, isso realmente é terrível, é um grande problema. Um aluno meu foi para Parati para estudar a história da escravidão e teve que passar um ano arrumando o arquivo, para só então começar a pesquisar. E infelizmente parece que tudo o que ele arrumou está hoje novamente desorganizado.

J. D. — Como o senhor vê hoje os livros que escreveu sobre o Brasil, *A industrialização de São Paulo* e *Rio Claro*, por exemplo? Ainda gosta deles?

— Realmente não perco muito tempo tirando-os da estante para relê-los. A bibliografia recente sobre as questões do desenvolvimento econômico na República Velha é muito rica. Não nego minhas posições no livro sobre a industrialização, mas se tivesse uma segunda vida talvez estudasse mais detalhadamente algumas questões que levantei ali. Acontece que ao longo da minha carreira tenho sempre passado de um assunto para outro. Não me interessa continuar na mesma senda, no mesmo trilho, fazendo a mesma coisa.

Acho que seria interessante hoje, para um historiador voltado para as questões com que trabalho em meu livro, fazer um estudo comparativo da experiência da industrialização ou da economia dos países latino-americanos durante a Primeira Guerra Mundial. Eu gostaria de saber exatamente o que acontecia nesses outros países e de conhecer as interpretações que têm sido feitas sobre essas experiências. Isso porque, depois de escrever *A industrialização de São Paulo*, descobri que em certos países da América Latina a Primeira Guerra era considerada um empecilho à industrialização, mas em outros era vista como um fator favorável. Como isso pode ter sido possível? Aliás, seria desejável um estudo comparativo do mundo inteiro em relação à Primeira Guerra, que de certa forma representou um choque mais forte do que a Segunda. Todo o mundo sabe, por exemplo, que os movimentos sindicais surgiram nos países da América Latina naquela época exatamente porque os preços dos alimentos subiram muito. E todos os países tiveram quase a mesma reação. Os estudos comparativos seriam interessantes. Talvez devêssemos promover simpósios sobre essas questões abrangendo toda a América Latina.

A. G. — Como o senhor vê o rótulo de "brasilianista"? Isso o incomoda?

— Não. Eu assumo. Podem me chamar de brasilianista, que eu não fico zangado. Eu nem sei como deveríamos ser chamados! O que há em comum entre mim e os outros brasilianistas que conheço nos Estados Unidos é que nós nos identificamos muito com o Brasil. Trata-se de um grupo que abriga um leque de posições políticas, interesses historiográficos etc., mas há um traço comum, que é o fato de nos sentirmos diferentes dos acadêmicos que estudam o resto da América Latina — e acho que também somos vistos por esse outro grupo com algumas restrições. De modo que a situação do Brasil acompanha nossas carreiras. Durante 20 anos não pude me aproximar do consulado brasileiro em Nova York, pois seria uma vergonha entrar por aquela porta. Havia muitos brasileiros em Nova York e eu também senti uma espécie de exílio. É curioso. Sou estrangeiro, estou aqui com um passaporte de outro país, não tenho filhos brasileiros como alguns historiadores brasilianistas têm, mas sou um estrangeiro diferente. Se algum dia eu fosse para o exílio, teria que vir para o Brasil. Dependendo do governo em Washington... Tenho um grande compromisso com o Brasil, sinto todas as decepções, as tristezas e as alegrias do país.

A. G. — Esse sentimento é comum a todos os brasilianistas?

— À maioria, sim. Você poderia nomear exceções, e eu também, mas não vou fazê-lo.

J. D. — Suas pesquisas mais recentes têm-se voltado para a chamada história ambiental. Quando começou seu interesse por esse tema?

— Houve um momento em que me considerei um especialista na história do desenvolvimento econômico na América Latina. Mas na medida em que consegui entender que a maneira como o desenvolvimento econômico estava se processando era insustentável por muito tempo, principalmente nos países já industrializados, comecei a ficar interessado na problemática histórica dos obstáculos à continuação desse tipo de desenvolvimento industrial. Fiz então todos os cursos de biologia da minha faculdade e depois obtive um certificado em ecologia no Jardim Botânico de Nova York. Isso começou mais ou menos em 1975, e por volta de 1980 comecei a escrever alguns artigos. Nos últimos 10 anos tenho me dedicado a esses estudos.

J. D. — Essa mudança de objeto foi radical, ou houve uma transição suave?

— Houve uma transição. Não lembro agora quando fiquei interessado em fazer um estudo parecido com o de Stein sobre Vassouras.[1] Mas acho que foi uma coisa ligada à ditadura militar aqui. A problemática da escravidão, na minha cabeça, de certa forma está ligada a governos ditatoriais, à situação de opressão. Por um processo freudiano de substituição, surgiu esse meu interesse. E no meio disso começou a surgir a problemática do meio ambiente.

---

[1] Stanley Stein, *Grandeza e decadência do café no vale do Paraíba*, São Paulo, Brasiliense, s.d.

A. G. — O senhor está falando de *Rio Claro*?

— Sim.

J. D. — Realmente, o primeiro momento em que se percebe no seu trabalho uma preocupação com o ambiente é o primeiro capítulo de *Rio Claro*. Ali o senhor fala na paisagem modificada pelo homem, na penetração nos sertões, nas plantações de cana-de-açúcar, depois de café...

— Tem razão. Aliás, os trabalhos de Sérgio Buarque de Holanda e também de Mário Nemi, que infelizmente não cheguei a conhecer pessoalmente, foram importantes nesse sentido, porque eles tinham a capacidade de estabelecer a situação nos primeiros momentos da colonização. Achei isso muito interessante.

J. D. — As fontes necessárias ao estudo da história ambiental são muito diferentes daquelas que o senhor utilizava antes?

— O tipo de fonte utilizado para estudos como *Rio Claro*, por exemplo, não ajuda muito. A documentação sobre compra e venda de terras não menciona o que foi feito com a floresta. Realmente, é muito difícil. Para o estudo que estou fazendo agora, sobre o desmatamento da Mata Atlântica, está sendo muito complicado obter informações sobre o período colonial. Os primeiros cronistas, a começar por Anchieta, oferecem algumas idéias, mas muito ligeiras, de passagem. Eles estão interessados em outras coisas. Só começam a aparecer informações mesmo no século XIX. E aí eu me baseio principalmente nos viajantes-cientistas da época, como Saint-Hilaire. E há muitos outros que foram esquecidos. A bibliografia começa no final do século XVIII e é bastante ampla.

J. D. — O senhor tem dado atenção ultimamente ao sistema de *plantation*, não apenas como sistema de produção econômica mas como sistema de circulação de conhecimento científico sobre o ambiente. O senhor chegou a essa temática via história ambiental ou via história do desenvolvimento econômico?

— Realmente, concluí e publiquei um estudo sobre o cultivo da borracha na história brasileira, que é um tipo de *plantation* muito diferente e até pouco tempo completamente fracassado. Mas o ponto fascinante para mim foi perceber que todas as tentativas de cultivo fracassaram devido a um relacionamento ecológico. A seringueira é atacada por um fungo que, quando a árvore não é plantada, mas distribuída naturalmente pela floresta, é mantido em equilíbrio. Então, a árvore escapa. Mas quando se planta milhares de árvores lado a lado, a quantidade de fungo aumenta terrivelmente e há uma epidemia que mata as árvores. Até hoje não foi descoberta uma solução econômica para esse problema. E foi por isso que voltei à questão agrícola brasileira.

Nesse estudo que estou fazendo agora sobre desmatamento, verifico que a *plantation* é uma das principais causas do problema, porque com ela a floresta desaparece. Por isso estou interessado em questões ligadas ao desenvolvimento das *plantations* que outros historiadores esquecem. Por exemplo, qual é a quantidade de lenha necessária para se produzir uma tonelada de açúcar? Quantas toneladas por hectare se produzia numa *plantation* nos séculos XVI, XVII, XVIII e XIX? Qual era a tendência? Quando foi preciso usar o bagaço como substituto da lenha? Evidentemente, quando a mata desapareceu por inteiro e você não teve o cuidado de replantar. Estou interessado nessas questões e em outras, porque o problema é muito mais abrangente. A *plantation* representa uma pressão enorme sobre a floresta primária, mas também há outras coisas, talvez mais importantes, como a introdução do gado, que impossibilita o retorno da floresta. A capoeira não cresce onde você solta o gado porque ele elimina a erva. Há mil questões ligadas à situação agrícola do interior que em geral não têm documentação. São coisas tão "normais" que ninguém comenta.

A. G. — Como o senhor fez sua pesquisa para o livro sobre a borracha?

— Ao mesmo tempo em que estava pesquisando sobre a questão do desmatamento, sempre examinava os catálogos das bibliotecas para ver se eles tinham alguma coisa sobre a borracha, a seringueira, a *Hevea brasiliensis*. Na última fase fiz meus estudos no Centro de Pesquisas sobre a Borracha, mas também estive em São Paulo, sul da Bahia, Manaus, Brasília, vários outros lugares.

A história da borracha no Brasil começa nos anos 60 do século passado. Faz 120 anos que os brasileiros estão tentando cultivar a borracha, mas não conseguem produzir economicamente. Foi isso o que me fascinou. Afinal, era um problema de história ecológica. O fungo não é um fator determinante para o problema do cultivo, é um fator limitante. Essa distinção é importantíssima. Quer dizer que o problema está nos seres humanos, que ainda não descobriram a maneira de enfrentar essa limitação. O problema é conosco, e não com o fungo. E essa dificuldade, que é científica, técnica, tem ainda outros lados, políticos, sociais e econômicos, que também são fascinantes.

Espero que minha interpretação seja rica, porque a situação é bastante complicada. Por exemplo, se os seringais nativos algum dia desaparecerem, como estão desaparecendo, a razão política para manter um preço subsidiado para a borracha, três vezes acima do mercado, também vai desaparecer. E os fazendeiros que plantam seringueiras vão perder o principal estímulo de que gozavam até agora para manterem suas tentativas de cultivar racionalmente a seringueira. Há dois grupos em conflito, o dos seringalistas e o dos fazendeiros, mas eles de certa forma também têm um interesse comum, que é manter o preço da borracha alto. Mas isso não elimina o conflito, ao contrário. Durante os últimos 100 anos, os seringalistas têm sido contra o cultivo da borracha, que vai eliminar sua razão de ser. Se os fazendeiros cultivadores algum dia alcançarem sucesso e puderem produzir pelo preço do mercado, os seringais nativos vão desaparecer, não vai haver nenhuma razão para continuarem, assim como aconteceu com outros produtos brasileiros. O cacau, originariamente, era silvestre. O algodão e a erva-mate também. A produção dos seringais nativos está em declínio nos últimos dois anos, está caindo muito, devido entre outras coisas a incêndios, à eliminação. Mas com o preço subsidiado há algumas fazendas funcionando. Algumas têm tido mais sorte em relação ao fungo. Em São Paulo eles têm plantado muito. Não sei como isso vai acabar.

A. G. — O senhor está chamando a atenção para o fato de que as questões do desenvolvimento econômico sempre envolveram questões ambientais. Mas até pouco tempo atrás essas questões ambientais não eram percebidas e menos ainda examinadas. O senhor chegou até elas a partir da preocupação com os problemas do desenvolvimento econômico?

— Sim. Ou talvez eu esteja simplesmente pegando uma onda depois da outra. Quando o desenvolvimento econômico era uma coisa em que todo o mundo acreditava, peguei o desenvolvimento econômico. Depois, quando todo o mundo se sentiu deprimido com a opressão política, peguei a escravidão. Agora que todo o mundo está fazendo barulho sobre o desmatamento da Amazônia, inventei um novo estudo "quente". Não sei...

A. G. — Mas há sempre uma ligação...

É claro que há. As *plantations* no Brasil trouxeram uma enorme contribuição à industrialização. Os insumos, as matérias-primas, sempre vieram principalmente do lado agrícola. E é interessante na história brasileira como, no momento em que um produto de exportação teve a possibilidade de concorrer no mercado internacional, esse produto voltou-se para o mercado interno. Açúcar, algodão, madeira. Tem acontecido freqüentemente.

J. D. — O senhor pertence a uma associação norte-americana de historiadores ambientais. O que une esses historiadores?

— Quase todos eles estão interessados na história dos Estados Unidos. Suponho que a maioria também seja, de uma maneira ou de outra, ativista no movimento ambiental. E provavelmente quase todos eles têm um *background* de alpinismo ou outra atividade de *outdoors*. Por todas essas três características, eu me sinto um pouco alienado. Inclusive pertenço a uma faculdade que não tem *outdoors*. Mas, afora isso, não sei se eles são muito unidos. Percebo que têm atitudes políticas muito diferentes e ideologias bastante contraditórias. Por isso mesmo as reuniões são bastante interessantes.

A. G. — O senhor diria que hoje existe um *boom* de história ambiental nos Estados Unidos?

— Não. Lembro que quando comecei a dar aulas sobre história do meio ambiente, já na Universidade do Texas, as pessoas chamavam o meu curso, "Evolution Course", de "Garbagge Course", curso de lixo. Hoje já melhorou muito, mas mesmo assim os historiadores acham que o normal é a história política, a história econômica, a história social. Na minha faculdade, sou muito mais ligado aos cientistas naturais do que ao pessoal das ciências sociais. Com uma exceção: temos um economista muito inteligente, muito bem preparado, que está dando um curso de história ambiental no Departamento de Economia.

A. G. — Como é feita essa conexão entre as áreas da história ambiental e das ciências naturais?

— Nós temos uma vantagem enorme nas nossas faculdades: exigimos dos estudantes que façam cursos fora de seus interesses principais. Então, todos os alunos de ciências sociais precisam fazer algum curso de ciências naturais e vice-versa. Os estudantes interessados em biologia, por exemplo, precisam passar por algum curso de história. Muitas vezes eles optam pelo meu curso, que é ligado aos seus interesses. De modo que eu sempre tenho uma platéia bastante simpática. São principalmente alunos de biologia, enfermagem, medicina. E eles entendem o sentido desse tipo de história, a história das epidemias, da tecnologia, porque tudo isso está ligado. É difícil ser professor de um curso tão complicado e com tantos lados, como se diria em inglês. De toda forma, encontro muita simpatia e estou feliz com meu esforço. Mas nunca trabalho com alunos de pós-graduação, porque esses acham que a história só pode ser política, social etc. Pior para eles.

A. G. — Há interesse dos demais professores pela sua disciplina?

— É curioso, porque os mais interessados são especialistas na história do Terceiro Mundo. Como entender os problemas da África sem entender os problemas do Sael, das secas, sem entender o mundo tropical, que é diferente da Europa e dos Estados Unidos? Acho que qualquer pessoa que estuda o mundo tropical começa a perceber que existe uma visão diferente das coisas, existem óticas diversas. Uma das vantagens da história ambiental é ser um ponto de encontro para os especialistas nos países do Terceiro Mundo.

Quanto aos cientistas, devo dizer que tenho uma grande vantagem. Embora Nova York não seja uma cidade que preste muita atenção à natureza, entrei em contato com especialistas do Jardim Botânico, porque a botânica me interessava mais. Lá se reúne um grupo de especialistas na Amazônia e nas florestas brasileiras — um deles morou alguns anos no sul da Bahia e estudou a floresta daquela região. Além de ter feito seus cursos, converso muito com eles, o que para mim é muito bom. Na nossa faculdade também temos um especialista na floresta temperada do hemisfério sul que está sempre indo ao Chile e à Argentina para estudar. De modo que Nova York tem alguns recursos e algumas pessoas com quem posso falar.

A. G. — Esses especialistas também estão preocupados com a recuperação das florestas, ou com o estudo de sua história?

— Sim. São cientistas, mas ao mesmo tempo têm todo o interesse em manter intactos alguns trechos das florestas. Descobri que os biólogos, especialmente, sempre estiveram interessados na história, pois para compreender a evolução da floresta eles precisam reler todos os viajantes, Saint-Hilaire, Von Martius e outros, para ver por onde passaram, onde fizeram suas coleções, para perceber que tipo de interferência do homem aqueles lugares já experimentavam. De modo que eles estão mais ou menos a par da mesma bibliografia dos historiadores no tocante a cientistas e viajantes. E isso já representa uma parte importante da história do Brasil. Além do mais, os melhores, os mais ativos entre eles, os que entendem o lado político da questão do conservacionismo, freqüentam as salas do poder em Brasília, conhecem as pessoas importantes, entendem o que é a situação fundiária, a situação do Incra. Senão você não teria nenhuma chance de contribuir para toda essa problemática da conservação das florestas.

J. D. — Quando falo em história ambiental no Brasil, muitas vezes me perguntam qual seria a diferença entre esse tipo de estudo e, por exemplo, a geografia humana ou a história regional. Com que campos acadêmicos já estabelecidos a história ambiental estaria mais aparentada?

— Acho que com a geografia. E nesse ponto o Brasil tem uma vantagem, porque geralmente os departamentos de história e geografia são ligados. Pelo menos o eram quando eu estava em São Paulo. Aliás, existem alguns geógrafos que considero historiadores. Entre eles, o que sempre me interessou foi Carl Sauer, que fez vários estudos sobre a América Latina, viajou muito para o México e para o Caribe. Tenho realmente uma ligação com os geógrafos e leio seus trabalhos com mais interesse do que os de qualquer outro grupo. Além deles, há os antropólogos; sobretudo para entender o relacionamento do homem com o meio ambiente em sociedades mais tradicionais. É essencial conhecer a visão dos antropólogos, já que muitas vezes eles estudam populações cuja maneira de viver persiste em ambientes mais ou menos intocados, ou pelo menos estáveis.

J. D. — Na academia norte-americana não existe a identidade de historiador ambiental: ele é sempre historiador da América do Sul, do Terceiro Mundo etc. Como o senhor vê isso?

— Em nossos meios acadêmicos, em geral o historiador é contratado por ser especialista em determinada área geográfica e época cronológica. Seus interesses substantivos não têm grande importância para seus colegas, que às vezes só os descobrem depois que o sujeito está contratado. Eu, por exemplo, estou mais ou menos preso à história do Brasil porque conheço os arquivos, conheço a bibliografia. Para mim seria interessante estudar as florestas de alguma outra região do mundo, mas também seria complicado. Felizmente, do meu ponto de vista, as florestas brasileiras estão muito ameaçadas...

A verdade é que não existe nos Estados Unidos uma cadeira de história do meio ambiente, ainda que as pessoas que publicam trabalhos nessa área sejam muito conhecidas exatamente por essa especialidade. Mas hoje já há historiadores ambientais conseguindo estudantes de pós-graduação, o que é essencial para se estabelecer um campo de estudo.

J. D. — A literatura de história ambiental nos Estados Unidos tem muitas vezes apontado o impacto das tribos indígenas sobre o meio ambiente, com a caça ao bisão, a domesticação de animais, a agricultura. Essas análises, que entram em choque com uma visão mais romântica do movimento ecológico menos especializado, para a qual o índio sempre soube conviver com a natureza, têm despertado polêmica, e mesmo a hostilidade de descendentes de indígenas. Como o senhor vê isso?

— Apontar esse impacto de certa forma é útil ao movimento preservacionista, mas acho que também é perigoso. É evidente que os indígenas também modificaram o meio ambiente, manipularam-no para conseguir uma produção maior em seu favor. E isso é tão universal na história de nossa espécie que é impossível negá-lo ou dizer que um certo grupo esteve acima disso. A prática da agricultura é a evidência mais forte de que a caça e a coleta não funcionavam mais. O fato de o meio ambiente estar modificado a ponto de não ser mais suficientemente produtivo é que cria a necessidade de se passar para um regime mais árduo, mais difícil. Mas, quando se faz muito barulho em torno disso, muita gente fica revoltada. Essa é uma das razões pelas quais é preciso falar sobre o assunto de forma equilibrada. Lembre-se que os índios chegaram à América do Norte há mais ou menos 14 mil anos e conseguiram manter um regime de caça e coleta por mais de 10 mil anos.

A. G. — A seu ver, já existe no Brasil um interesse significativo pela história ambiental?

— O surto de interesse pela problemática do meio ambiente em geral nos últimos 10 anos tem sido impressionante, inclusive nos meios acadêmicos. Cheguei a conhecer José Augusto Pádua e Carlos Minc na época em que eram estudantes, mas já estavam interessados em organizar algum tipo de movimento. Naquela época pareciam estar sozinhos, mas hoje evidentemente não estão mais. Em 1980 estive aqui para dar o mesmo curso sobre meio ambiente que estava dando em Nova York. Tive seis alunos, e diria que apenas um, um rapaz do Acre, entendeu todas as propostas do curso. Os outros não. Esse rapaz é hoje chefe do Departamento de História da Universidade Federal do Acre, e tenho algum orgulho de ter participado em sua formação.

Desta vez, quando cheguei aqui, lembrando o fracasso do último curso, decidi abordar outra temática, a história da agricultura, pois a UFF tem uma linha de pesquisa sobre a agricultura e este é um assunto que também me interessa. No primeiro dia de aula percebi que todo o mundo estava decepcionado, porque o que eles queriam era história do meio ambiente. Há 10 anos, quando ofereci essa temática, os alunos caíram fora. Acho que terei de voltar mais uma vez para dar esse curso...

A. G. — O senhor deve voltar várias vezes, porque tenho a impressão de que o interesse dos estudantes na história ambiental só irá aumentar. Muito obrigada.

Esta obra foi impressa pela
Markgraph Gráfica e Editora Ltda. em papel off set
Master Set para a Editora FGV
em agosto de 2003.